高等职业教育“十二五”规划教材
21 世纪高等职业教育汽车类规划教材

汽车保险与理赔

主　编　张　娜
副主编　董恩国　史翠玉

天津大学出版社
TIANJIN UNIVERSITY PRESS

内容介绍

本书从汽车保险概述开始，对我国现行的汽车保险合同与原则、汽车保险产品进行了详述；对汽车投保、理赔等有关保险实务进行了介绍；同时专门对汽车保险事故的损失评估、汽车保险欺诈与预防进行了介绍。

本书既可作为教材供交通运输、汽车保险与理赔、汽车市场营销、汽车服务工程、汽车维修工程、汽车运用等专业的本科、专科学生学习使用，也可作为保险公司及保险中介机构从业人员的实务培训用书，同时还可成为广大保户了解汽车保险与理赔相关知识的参考书。

图书在版编目(CIP)数据

汽车保险与理赔／张娜主编．—天津：天津大学出版社，2014.5(2016.12 重印)

高等职业教育“十二五”规划教材　21 世纪高等职业教育汽车类规划教材

ISBN 978-7-5618-5077-0

Ⅰ.①汽…　Ⅱ.①张…　Ⅲ.①汽车保险－理赔－中国－高等职业教育－教材　Ⅳ.①F842.63

中国版本图书馆 CIP 数据核字(2014)第 112685 号

出版发行　天津大学出版社
地　　址　天津市卫津路 92 号天津大学内(邮编:300072)
电　　话　发行部:022-27403647
网　　址　publish.tju.edu.cn
印　　刷　天津泰宇印务有限公司
经　　销　全国各地新华书店
开　　本　185mm×260mm
印　　张　10
字　　数　281 千
版　　次　2015 年 8 月第 1 版
印　　次　2016 年 12 月第 3 次
定　　价　25.00 元

前　言

汽车保险与理赔人员不仅要懂保险知识，更要懂汽车知识，因此这个行业需要复合型的人才。目前这种人才相当紧缺，因此国内许多院校的汽车、交通、保险类专业均开设了“汽车保险与理赔”这门课程，有些院校甚至专门开设了“汽车保险与理赔”专业，这为社会培养汽车保险与理赔的复合型高级人才提供了保障。

本书从汽车保险概述出发，对我国现行的汽车保险合同与原则、主要汽车保险产品进行了详述；对汽车投保、理赔等有关保险实务进行了介绍；同时专门对汽车保险事故的损失评估、汽车保险欺诈与预防进行了介绍。本书使用一些汽车保险与理赔典型案例，使学生更加容易了解理论和实践之间的联系，提高学生解决实际问题的能力。

本书为天津市东丽区职业教育中心学校“国家中职示范校汽车服务与营销专业建设成果”之一。本书在编写过程中注重学生职业能力的培养，结合实际工作任务要求训练技能，使学生在步入社会之前充分了解职业情境，增强学生走进企业后的适应性。

本书由天津市东丽区职业教育中心学校张娜老师统稿并担任主编，天津职业技术师范大学董恩国老师、天津市东丽区职业教育中心学校史翠玉老师担任副主编。天津职业技术师范大学职校（天津市塘沽区第一职业中等专业学校）硕士张颖也参加了编写工作。具体编写分工情况如下：史翠玉老师编写了第1章；张娜老师编写了第2章、第3章、第4章、第5章；张颖老师编写了第6章；董恩国老师编写了第7章。在编写过程中，东丽区职业教育中心学校的李春旭、李军、韩振、刘广博、许德磊给予了大力支持和无私帮助，在此谨致谢意。本书在编写过程中还得到了中国华安财产保险有限公司天津分公司薛静、中国平安保险有限责任公司天津分公司冯晓霖的大力支持，在此一并表示感谢。

由于时间仓促及编者水平所限，书中难免有疏漏不妥之处，恳请同行和读者提出宝贵意见，以便在今后的修订中不断完善。

编者

2015年6月

目　录

第1章 汽车保险概述

◎**理论知识**

☞风险的含义及其特性

☞保险的含义及有关保险名词的解释

☞汽车保险的含义及其特点

☞我国汽车保险业务的分类

◎**技能训练**

☞汽车保险及其产品体系认知

★案例导入

近年来,我国汽车工业飞速发展,汽车保有量迅速增加,随之而来的是与汽车相关的各种事故迅速增长。据全国公安机关交通管理部门统计,2009 年,全国共发生道路交通事故238 351 起,造成 67 759 人死亡、27 5125 人受伤,直接财产损失 9.1 亿元。汽车保险作为保险公司的第一险种,在解决公共交通安全问题中起到了举足轻重的作用。

通过阅读上述材料,思考如下问题。

(1)什么是风险?如何预防汽车风险事故的发生?

(2)什么是保险?汽车保险的作用是什么?

第1部分 理论知识

1.1 风险及其类型

保险界有一句话,"无风险就无保险"。这表明:保险与风险之间存在着内在的必然联系,而且风险的客观存在是保险经济得以产生、确立和发展的根据。因此,要清楚保险是什么,首先必须清楚风险是什么,什么样的风险可以向保险公司转嫁。

1.1.1 风险的含义

中国有一句俗话:"天有不测风云,人有旦夕祸福。"这句话是人们对自己的命运,对自然规律的不可预见性的一种无可奈何的总结。人们在日常生活中,经常会遇到一些难以预料的事故和自然灾害,小到失窃、车祸,大到地震、洪水。意外事故和自然灾害都具有不确定性,不幸事件一旦发生,就会造成人身伤亡、财产损毁,我们把这种无法预知的可能损失称为风险。换言之,保险学中的风险是指未来损失的不确定性。

这一定义与我们日常生活中所说的风险的含义是不同的。我们常说的做什么事情有风险,意思就是说把握不大,成功的可能性小。保险学中的风险有时也称危险,包含以下三层含义。

1. 风险是一种客观性存在的状态

我们说风险是一种状态，是指无论人们是否意识到风险，它都是客观存在的。例如，在充满有害物质或有害气体的环境中工作会损害人体健康，这一点不管人们对此是否了解，都不会改变这些物质和气体会损害人体健康这个事实的存在。在自然界和人类社会中，人们会面临各种各样的风险，而且都与人的利益相关，人们不能任意改变或消灭它。旧的风险解除了，新的风险又会产生。可以说，风险与人们的工作、生活是密切相关的。

2. 风险是与损失相伴随的状态

任何风险都与损失相联系，离开损失谈论风险毫无意义。例如，优美整洁的环境，有助于人们的身心健康和工作、学习效率的提高。显然，这与损失毫无关系，因此无风险可言。只有与损失相关联，才可谓之“风险”。

3. 风险是指损失的发生具有不确定性的状态

一切能够预测的损失发生或能够预见得到的后果，都无所谓风险。因为其结果是确定的，可以采取准确无误的方式来消除或化解它们。同样，如果肯定损失不会出现，也不存在风险，因为其结果也是确定的。只有当损失的发生无法预料的时候，就是说，当损失具有不确定性的时候，才有风险存在。当然，如果实际发生的损失远远大于预先估计可能出现的损失，也是一种风险。例如，预先估计可能发生 1 万元的损失，实际却发生了 10 万元的损失时，也可称之为“风险”，因为损失的实际结果偏离了预期的结果。

1.1.2 风险的组成要素

风险有三个组成要素，分别是风险因素、风险事故和损失。为准确而全面地理解风险的内涵，需要分析这三者的含义、三者之间的关系及它们与风险的关系。

1. 风险因素

风险因素是指引起风险事故发生的因素，增加风险事故发生可能性的因素以及在事故发生后造成损失扩大的因素。例如：粗心大意导致失窃，木结构的房屋导致火灾，冰冻的街面造成车祸和不卫生的环境引起疾病等。那么，粗心、木屋、冰冻、肮脏就分别是失窃、火灾、车祸和疾病这些风险事故的风险因素。

风险因素很多，但可概括为以下三类。

(1) 自然风险因素，即由自然力量或物质条件所构成的风险因素，例如闪电、暴雨、干燥的树林、木结构的房屋等。

(2) 道德与心理风险因素，即由道德品性及心理素质等潜在的主观条件产生的风险因素，如恶意(从而进行纵火、投毒等)、缺乏责任心、粗心大意等。

(3) 社会风险因素，即由社会、经济状况产生的风险因素，如动乱、战争、恐怖袭击、通货膨胀等。

2. 风险事故

风险事故是指造成损失的直接原因或条件。例如钱物失窃、火灾、车祸和疾病等，都是造成人们损失的直接原因。风险事故和风险因素的区分有时并不是绝对的，例如如果暴风雨毁坏房屋、庄稼，那么暴风雨就是风险事故；如果暴风雨造成路面积水、能见度差、道路泥泞从而引起连环车祸，那么暴风雨就是风险因素，车祸才是风险事故。在这里，判定的标准是看是否直接引起损失。

3. 损失

损失指人身伤害和伤亡及价值的非故意的、非预期的减少或消失,有时也指精神上的危害。在这一定义中,“非故意”和“不可预期”是构成“损失”的必要因素,如物品的馈赠和固定资产折旧就不能认为是损失。显然,风险理论中的“损失”的范围比一般意义上的“损失”要小得多。

损失既可产生于风险事故的发生,也可产生于风险因素的存在。

(1)风险事故造成的损失,是指风险事故实际发生后,对个人、家庭、企业和社会造成的损失,包括直接损失和间接损失。例如:财产本身损毁或灭失的损失,因财产损毁或灭失所导致收益的损失(如爆炸导致工厂停产,不仅损毁设备或产品,还导致产量减少);因财产损失所导致的额外费用的损失,人身方面的损失,责任方面的损失(即由于过失或故意,造成他人身体伤害或财产损毁而产生赔偿责任)。

(2)风险因素的存在本身所造成的损失包括以下类型。

①由于风险的存在,引起人们担心、忧虑而导致生理及心理上的紧张、痛苦和福利的减少。

②资源运用的扭曲,如由于风险的存在,使土地、劳动力、资本、技术、知识等资源过多地流向风险相对较小的部门或行业,而风险相对较高的部门或行业则缺少资源,从而影响了资源的最佳组合,或者使人们不愿意投资于长期的计划,降低了资源的使用效率。

③处理风险的费用,即由于风险的存在,必须进行风险处理,支出各种防灾减损费用,还要建立后备基金,以备补偿,使这笔资金不能用于生产经营,资本收益率降低。

4. 风险因素、风险事故和损失的关系

通过上述分析,我们可以理解风险因素、风险事故和损失之间的关系:风险因素可能引起风险事故,风险事故可能导致损失,风险因素的存在本身也可能引起损失。必须指出,风险因素、风险事故与损失之间的上述关系并不具备必然性,即风险因素并不一定引起风险事故和损失,风险事故也不一定导致损失。因此,尽管风险因素客观存在,人们还是有可能减少或避免事故的发生,或在事故发生后减少或避免损失。

1.1.3 风险的特性

风险具有以下五种特性。

1. 风险存在的客观性

风险是不以人的意志为转移、独立于人的意识之外的客观存在。如地震、台风、洪水、瘟疫、意外事故等,人们只能采取风险管理办法降低风险发生的频率和损失程度,而不能彻底消除风险。这是因为无论是自然界的物质运动,还是社会发展的规律,都是由事物的内部因素所决定的,由超出人们主观意识所存在的客观规律所决定的。人们只能在一定的时间和空间内改变风险存在和发生的条件,降低风险发生的频率和损失程度,而不能彻底消除风险。

2. 风险存在的普遍性

自从人类出现后,就面临着各种各样的风险,如自然灾害、疾病、伤害、战争等。随着科学技术的发展、生产力的提高、社会的进步和人类的进化,又产生了新的风险,且风险事故造成的损失也越来越大。例如,核技术的运用产生了核辐射、核污染的风险;航天技术的运用产生了巨额损失的风险。在当今社会,个人面临生、老、病、死、意外伤害等风险;企业则面临自然风险、技术风险、经济风险、政治风险等;甚至国家政府机关也面临着各种风险。总之,风险已渗入社会、企业和个人生活的方方面面,无时无处不在。

3. 某一风险发生的偶然性

虽然风险是客观存在的,但就某一具体风险而言,它的发生具有偶然性,是一种随机现象,是主观意识不能事先准确判定的。风险发生的偶然性源于导致任一风险事件发生的风险因素的本身具有偶然性。同时,风险因素的作用方向、强度、时间以及各种风险因素作用的先后顺序都会影响风险的发生。因此,风险的发生具有偶然性,这种偶然性使得风险本身具有不确定性,也意味着风险的发生具有突发性,人们对风险的发生事先无法准确把握、预测,从而造成人们心理上的某种不确定感。风险事故的随机性主要表现为:风险事故是否发生不确定、何时发生不确定、发生的后果不确定。

4. 大量风险发生的必然性

个别风险事故的发生是偶然的,而对大量风险事故的观察表明,其往往呈现出明显的规律性。运用统计学方法处理大量相互独立的偶发风险事故,其结果可以比较准确地反映出风险的规律性。根据以往资料,利用概率论和数理统计的方法可测算出风险事故发生的概率及其损失程度,并可构造出损失分布的模型,成为风险估测的基础。例如,西方学者通过对造成人身伤亡的风险事故的分析、统计,估算出一个人在一年中遭受意外伤害的概率为三分之一、在家受伤的概率为八十分之一、在行走时被车撞死的概率为十三万分之一、死于空难的概率为二十五万分之一。

5. 风险的可变性

风险的发生以及造成后果的程度,可以随着条件的改变、人们认识的深入、治理水平的提高和管理措施的完善而发生变化。随着科学技术的发展、环境的改变,人们面临的某些风险随之消失,而新的危险又可能产生。例如,人类使用煤油灯照明时,面临着打翻油灯而引发火灾的危险。随着科学技术的发展,人类照明由电灯代替了煤油灯,这种危险不存在了,但是又产生了由电给人类带来的新的风险,触电身亡、电引发的火灾时有发生。因此,风险在一定的条件下是可以转化的。

1.1.4 风险的分类

研究风险的分类,对于做好风险管理工作,特别是对于保险的经营,具有重要的现实意义。风险的分类方法有很多种,这里只介绍常用的几种。

1. 按风险损害的对象分类

按风险损害的对象分类,风险分为财产风险、人身风险、责任风险和信用风险。

(1)财产风险是指财产及其有关利益发生损毁、灭失或贬值的风险。如建筑物有遭受火灾、地震、爆炸等损失的风险,船舶航行有遭受沉没、碰撞、搁浅等损失的风险。

(2)人身风险是指人可能遭受死亡、伤残或疾病的风险。人的生老病死是自然规律,一旦发生必然给本人或家属带来经济上的损失和精神上的痛苦。

(3)责任风险是指对于他人所遭受的财产损失或人身伤害在法律上应负的民事损害赔偿责任的风险。例如,汽车撞伤了行人,如果属于驾驶员的过失,那么按照法律规定,就须对受害人或家属给付赔偿金。又如,根据法律、劳动合同规定,雇主对雇员在工作场所所遭受的意外事故承担赔偿责任。

(4)信用风险是指债权人因债务人不能履行偿付或拒绝偿付而导致经济损失的风险。例如,因买方订货的货款到期不能收回或票据到期不能兑现而使企业受损。

2. 按风险的性质分类

按照风险的性质分类,风险分为纯粹风险和投机风险。

(1)纯粹风险是指只有损失机会而无获利可能的危险,即造成损害可能性的风险,其所致结果有两种:损失和无损失。在现实生活中,纯粹风险是普遍存在的。例如,房屋失火、汽车碰撞等风险事故一旦发生,则只会遭到损失,绝无任何利益可得,所以属于纯粹风险。

(2)投机风险是指那些既有损失机会又有获利可能的风险,其所致结果有三种:损失、无损失和盈利。例如有价证券,证券价格的下跌可导致投资者蒙受损失,证券价格不变无损失,但是证券价格的上涨可使投资者获得利益。还有赌博、市场风险等,这些风险都带有一定的诱惑性,可以促使某些人为了获利而甘愿冒险,这些风险属于投机风险。

大多数纯粹风险都是可以承保的风险,而投机风险在一般情况下为不可承保的风险。

3. 按所致的环境变化因素分类

按所致风险的环境变化因素分类,风险可分为静态风险和动态风险。

(1)静态风险是指由于自然力的不规则变动或人的错误与恶行导致损失的风险。如冰雹、洪水、火灾等自然灾害,它们的发生不伴随社会的变动。

(2)动态风险是指与社会变动有关的风险,这种风险往往与人的主观欲望的改变或技术的改进、社会经济环境的变化有十分密切的关系。例如,新的服装款式的流行,消费者的喜好转移,使原销路看好的产品滞销造成的损失;再如经济危机使众多企业倒闭、工人失业,通货膨胀使居民手持现金、存款贬值等。

动态风险所引起的后果,常产生较为广泛的影响。静态风险一般都是纯粹风险,动态风险既包括投机风险,又含有纯粹风险。

4. 按风险发生的原因分类

按风险发生的原因进行分类,风险一般分为自然风险、社会风险、经济风险、技术风险、政治风险和法律风险。

(1)自然风险是指由于自然现象和物理现象造成损失机会的实质风险,一般为不可预料或不可抗力的风险。如洪水、地震、风暴、火灾、泥石流等所致的人身伤亡或财产损失的风险。

(2)社会风险是指由于个人行为反常或不可预测的团体的过失、疏忽、侥幸、恶意等不当行为所致的损害风险。例如,盗窃、过失,或因战争、罢工等导致人身或财产损害的风险。

(3)经济风险是指在产销过程中,由于有关因素变动或估计错误而导致的产量减少或价格涨跌的风险等。如市场预期失误、经营管理不善、消费需求变化、通货膨胀、汇率变动等因素所致经济损失的风险等。

(4)技术风险是指伴随着科学技术的发展、生产方式的改变而发生的风险。如核辐射、空气污染、噪声等所致人身或财产损害的风险。

(5)政治风险是指由于政治原因,如政局的变化、政权的更替、政府法令和规定的颁布实施以及种族和宗教冲突、叛乱、战争等引起社会动荡而造成损害的风险。

(6)法律风险是指由于颁布新的法律和对原有法律进行修改等原因而导致经济损失的风险。

1.2 保险及其分类

自古以来,人们就一直在寻求防灾避祸的方法,但真正意义上的保险制度形成于近代社会。保险虽然是对风险的承保,但它并不能承保所有风险,而只能满足符合可保条件的那些风险。随着经济、社会的发展,人们生活水平的提高,保险业也在不断地发展和完善。

1.2.1 保险的概念

保险是在一定生产方式下的经济补偿机制和制度,它与我们日常生活中所理解的"稳妥""有把握"的这种"保险"含义不同。"保险"作为专业术语,是从英文"Insurance"或"Assurance"翻译而来的。

所谓保险,是以合理计算的风险分摊金为基础,集合多数对同等风险有取得保障需要的人,建立集中的专用基金,对约定灾害事故发生所致的经济损失(或人身伤亡)进行补偿(或给付)的合同行为。这一定义包含四个方面的意思。

(1)保险是以保障经济安定为目的的补偿机制,以经济损失为前提条件。经济损失不是臆断,而是客观的事实。在现代社会中,经济损失一般意味着发生货币收支不平衡,而这种情况的出现是由于人身或财产发生的种种灾害事故导致了经济单位或个人收入减少、支出增多,以致破坏了收支平衡的局面。而当收支失去平衡时,其责任和后果完全由经济单位或个人承担,这样就带来了经济不稳定。保险就是为满足这种需要而产生的,对约定事故的损失给予赔偿或给付以维持经济单位或个人的货币收支平衡。它本质上是一种损失补偿机制,其作用是保障经济生活的安定。

(2)保险以多数经济单位或个人的互助共济关系为必要条件。所谓多数经济单位或个人的数量,虽然不可能具体地划定为几百人或几千人,但应该是能使大数法则发挥作用的数字。具体地说,就是必须根据概率论的科学方法,合理地计算保险费率,由多数投保人交纳保险费,积聚起来的保险基金,能用于支付少数人实际发生的灾害损失。所谓互助共济的关系,就是多数经济单位或个人都立足于同一立场交纳保险费,积聚保险基金作为补偿经济损失的手段,任一经济单位或个人一旦发生事故,都可以按照合同规定得到赔偿。实际上,参加保险的许多单位或个人,即使分别加入且互不相识,也很自然地发生着这种互助共济的关系。这种保险基金的利用并不根据保险费的数量和交纳次数进行,而且不论保险费积累多少,都可根据保险合同的签订,以保险基金来维持经济的安定。当然,大部分投保人还未意识到已经结成的这种互助共济的关系,但实际上,他们已经处于这种关系之中,并享受应有的保障了。换言之,互助共济的关系就是"我为人人,人人为我"的关系。

(3)保险的分摊金即保险费是根据一定的数理技术合理计算出来的。自然灾害和意外事故虽然不能凭主观预测出来,但综合来说客观的预测还是可以实现的。这是因为通过对过去发生的大量事故的结果的总结,可以从中测知特定事故在将来出现的可能性。我们把特定事故在过去实际发生的比率,叫作发生率,它被用于未来时,称为概率。把过去的发生视为概率,必须以过去的事实是将来的重演为前提条件,而这个前提条件则是根据大数法则进行测算的。大数法则认为，对某一特定事故过去的发生率通过大量观察可以得出一稳定的结果，只要一般情况不变，该事故的将来发生率即概率和过去的发生率相同。简言之，某特定事故的将来发生率即概率，和大量观察得出的发生率是相等的。以概率论的方法合理计算并核定保险费率，然后以此为依据收取保险费，这是保险的特点之一。同时，这也说明了保险是以交纳保资为必要条件的，即它是有偿的，当然并不一定意味着被保险人，确切地说，即受益者全体必须交纳全部的金额保资。

(4)保险是一种合同行为。保险经济关系是通过双方当事人(保险人和被保险人)在平等自愿的基础上签订保险合同(强制保险除外)来实现的。这种契约关系属于民事法律关系的范畴，受到国家法律保护。通常，保险人按照双方事先协商签订的合同，在约定的灾害事故发生后对被保险人履行经济补偿或给付责任。

《中华人民共和国保险法》(以下简称《保险法》)第二条规定：本法所称保险，是指投保人根据合同约定，向保险人支付保险费，保险人对于合同约定的可能发生的事故因其发生所造成的财产损失承担赔偿保险金责任，或者当被保险人死亡、伤残、疾病或者达到合同约定的年龄、期限等条件时承担给付保险金责任的商业保险行为。

保险活动作为一种法律行为，是通过保险合同来实现的，投保人按照合同或法律规定向保险人交纳一定数量的保险费，保险人则承担按规定补偿被保险人损失或给付保险金的责任。因为保险所承保的是风险这种特殊事物，而风险具有偶然性，往往容易产生纠纷，因此须用合同的方式加以固定，并受到法律的保护，世界上大多数国家均将调整保险关系的准则用法律的形式固定下来。

1.2.2　有关保险的名词解释

1. 保险标的

保险标的是保险保障的目标和实体，是指保险合同向双方当事人权利和义务所指向的对象，保险标的可以是财产、与财产有关的利益或责任，也可以是人的生命或身体。

保险标的是直接获得保险合同保障的物、民事权利、民事责任、人的身体与寿命等保险合同权利和义务的直接对象。不同的保险标的，保险价值的不同，面临的危险种类、危险因素数量、危险程度不同，直接影响着保险人所承担的义务，也使投保人所付的对价(保险费)随之变化。因此，保险标的是保险合同客体的重要组成部分，影响着保险合同的权利、义务内容。但它不等同于保险合同的客体。保险标的、保险利益、保险合同客体是三个既相互联系又相互区别的概念。其相互联系表现在，保险标的是保险利益的载体，保险利益是保险标的与投保人之间的经济利害关系。保险标的是保险合同客体的重要组成部分，但不等同于保险合同的客体。

2. 保险利益

保险利益又称可保利益，是指投保人对保险标的具有的法律上承认的利益。也就是说，被保险人对保险标的具有利害关系，在保险事故发生时，保险标的受到损害，他们的经济利益也随之遭受损害；或者在没有发生保险事故时，保险标的不受损害，他们则继续享有经济利益，这就表明他们对保险标的具有保险利益。

3. 保险人

保险人又称承保人，是经营保险业务收取保险费和在保险事故发生后负责给付保险金的保险公司。保险人具有以下法律特点。

(1)保险人是保险基金的组织、管理和使用人。保险人通过收取保险费而建立保险基金、经营保险业务,保险资金的分配和运用由保险人根据有关法律和合同规定办理。

(2)保险人必须是依法成立并允许经营保险业务的法人。由于保险业涉及社会公众利益,因此,各国法律对保险人的资格以及组织形式都作出了严格规定。世界各国除极少数国家(如英国)允许个人经营保险业务外,都以法人经营为主。《保险法》对保险公司的设立均作出了较其他行业更为严格的规定。

(3)保险人是履行补偿损失或给付保险金义务的人。保险人的这种义务不是因侵权或违约行为而产生的,而是法律规定或合同约定的义务。

(4)保险人是有权向投保人请求交付保险费的人。但人寿保险另有法律规定的除外。

4. 投保人

投保人是指对保险标的具有可保利益,向保险人申请订立保险合同,并负有交付保险费义务的人。投保人可以是自然人,也可以是法人。投保人为自己的利益投保必须具备以下要件。

(1)投保人必须具有权利能力和行为能力。权利能力是指法律关系主体依法享有权利和承担义务的资格。这是实际取得权利、承担义务的先决条件,并不是权利本身。行为能力是指法律关系主体能够通过自己的行为实现取得权利和承担义务的能力。

(2)投保人必须对保险标的具有保险利益。保险利益是指投保人对保险标的具有的法律上承认的利益。对投保人的这一资格限制是各国立法的普遍规定,也是保险不同于赌博的核心所在。

(3)投保人必须承担交付保险费的义务。保险合同为标准的有偿合同,投保人取得经济补偿的代价就是支付保险费。不论投保人为谁的利益而订立保险合同,均应承担支付保险费的义务。如投保人因故未付保险费,被保险人或受益人及其他人也可以代为交付,保险人不得拒收。

5. 被保险人

被保险人是指保险事故在其财产或其身体上发生而受到损失时享有向保险人要求赔偿或给付保险金的人。被保险人是受保险合同保障的人,以其财产、生命或身体为保险标的的保险事故发生后,被保险人享有保险金请求权。

被保险人与投保人是否相同视保险的具体情况而定。人身保险的被保险人,是以其生命或身体为保险标的的,并以其生存、死亡、疾病或伤害为保险事故的人,也就是保险的对象,也可说是指保险事故发生时,遭受损害的人。投保人不仅可以以自己的身体为标的订立保险契约,也可以以他人的身体为标的订立保险契约,如丈夫为妻子、父母为孩子购买人寿保险。

6. 保险责任

保险责任是指保险人承担的经济损失补偿或人身保险金给付的责任。保险合同中约定由保险人承担的危险范围,在保险事故发生时所负的赔偿责任,包括损害赔偿、责任赔偿、保险金给付、施救费用、救助费用、诉讼费用等。

被保险人签订保险合同并交付保险费后,保险合同条款中规定的责任范围,即成为保险人承担的责任。在保险责任范围内发生财产损失或人身保险事故,保险人均要负责赔偿或给付保险金。保险人赔偿或给付保险金的责任范围包括:①损害发生在保险责任内;②保险责任发生在保险期限内;③以保险金额为限度。所以,保险责任既是保险人承担保障的保障责任,又是负责赔偿和给付保险金的依据和范围,同时也是被保险人要求保障的责任和获得赔偿或给付的依据和范围。

7. 除外责任

除外责任是指财产保险合同中列明的保险人不承担经济赔偿责任的风险损失。保险合同列明的除外责任主要有三部分:①明确列入除外责任条款之内,如战争、军事行动、暴力行为、核辐射和污染等;②不在列举的保险责任范围之内,如其他不属于保险责任范围内的损失;③由于除外责任列举事项引起的保险事故损失,如由于被保险人的故意行为造成的火灾、爆炸等,即使火灾、爆炸属于保险责任,但却是除外责任中被保险人的故意行为所引起的,因而仍作为除外责任。

8. 保险期限

保险期限,也称"保险期间",指保险合同的有效期限,即保险合同双方当事人履行权利和义务的起讫时间。因为保险期限一方面是计算保险费的依据之一,另一方面又是保险人和被保险人双方履行权利和义务的责任期限,所以它是保险合同的主要内容之一。财产保险按保险期限的不同分为定期保险和不定期保险。定期保险以一定的时间标准即年、月、日、时来计算保险责任的开始与终止,其中,超过1年期的为长期保险,1年期以下的为短期保险,相应确定不同的费率标准。保险期限一经确定,无特殊原因,不得随意更改。

不定期保险,也叫航程险、航次险,其保险责任的开始与终止主要不是按确定的时间标准,而是根据保险标的的行动过程来确定,如船舶保险、货物运输保险均如此。

9. 保险价值

保险价值是指保险标的在某一特定时期内以金钱估计的价值总额,是确定保险金额和确定损失赔偿的计算基础。在财产保险合同中,保险价值的确定有两种方式:一种是定值保险;一种是不定值保险。

保险价值由投保人和保险人在订立合同时约定,并在合同中明确作出记载。合同当事人通常都根据保险财产在订立合同时的市场价格来估定其保险价值,有些不能以市场价格估定的,就由双方当事人约定其价值。事先约定保险价值的合同为定值保险合同,采用这种保险合同的保险,是定值保险。定值保险发生保险责任范围内的损失时,不论所保财产当时的实际价值是多少,保险人都要按保险合同上载明的保险价值计算赔偿金额。

保险价值可以在保险事故发生时,按照当时保险标的的实际价值确定。在保险事故已经发生,需要确定保险赔偿金额时,才去确定保险价值的保险,是不定值保险,采取不定值保险方式订立的合同为不定值保险合同。对于不定值保险的保险价值,投保人与保险人在订立保险合同时并不加以确定,因此,不定值保险合同中只记载保险金额,不记载保险价值。

在人身保险合同中,由于人的身体和寿命无法用金钱衡量,不存在保险价值的问题,只需在保险合同中约定一个保险金额,由保险人在保险事故发生时依约定给付,因此称为定额保险。

10. 保险金额

保险金额,简称"保额",是保险利益的货币表现,是投保时给保险标的确定的金额,是指一个保险合同项下保险公司承担赔偿或给付保险金责任的最高限额,即投保人对保险标的的实际投保金额,同时又是保险公司收取保险费的计算基础。

在不同的保险合同中,保险金额的确定方法和原则不同。

(1)在财产保险合同中,对保险价值的估计和确定直接影响保险金额的大小。保险价值等于保险金额是足额保险。保险金额低于保险价值是保险公司按保险金额与保险价值的比例赔偿的保险。保险金额超过保险价值是超额保险,超过保险价值的保险金额无效,恶意超额保险是欺诈行为,可能使保险合同无效。

(2)在人身保险合同中,人身的价值无法衡量,保险金额是人身保险合同双方约定的,由保险人承担的最高给付的限额或实际给付的金额。

11. 保险费

保险费是投保人为转嫁风险支付给保险人的与保险责任相应的价金。一般情况下,保险费按保险金额与保险费率的乘积来计收,也可按固定金额收取,《保险法》第十四条规定:“保险合同成立后,投保人按照约定交付保险费;保险人按照约定的时间开始承担保险责任。”这是保险法对保险合同当事人的基本权利义务的规定。保险合同成立后,投保人的基本义务是按照保险合同的约定交付保险费,保险人的义务是按照保险合同约定的时间开始承担保险责任。

保险费是被保险人参加保险时,根据其投保时所签订的保险费率,向保险人交付的费用。当保险财产遭受灾害和意外事故造成全部或部分损失,或人身保险中人身发生意外时,保险人均要给付保险金。保险费由保险金额、保险费率和保险期限构成。保险费的数额同保险金额的大小、保险费率的高低和保险期限的长短成正比,即保险金额越大,保险费率越高,保险期限越长,则保险费也就越多。

交纳保险费是被保险人的义务。如被保险人不按期交纳保险费,在自愿保险中,则保险合同失效;在强制保险中,就要附加一定数额的滞纳金。交缴保险费一般有 4 种方式:一次交纳、按年交纳、按季交纳、按月交纳。

12. 保险代理人

保险代理人是指根据保险人的委托,在保险人授权的范围内代为办理保险业务,并依法向保险人收取代理手续费的单位或者个人。在现代保险市场上,保险代理人已成为世界各国保险企业开发保险业务的主要形式和途径之一。

根据《保险代理人管理规定(试行)》的要求,保险代理人分为专业保险代理人、兼业保险代理人和个人保险代理人三种。其中,专业保险代理人是指专门从事保险代理业务的保险代理公司。在保险代理人中,只有它具有独立的法人资格。兼业保险代理人是指受保险人委托,在从事自身业务的同时,指定专用设备专人为保险人代办保险业务的单位,主要有行业兼业代理、企业兼业代理、金融机构兼业代理、群众团体兼业代理等形式。个人代理人是指根据保险人的委托,在保险人授权的范围内代办保险业务并向保险人收取代理手续费的个人。个人代理人展业方式灵活,为众多寿险公司广泛采用。

根据《保险法》和《保险代理人管理规定(试行)》,从事保险代理业务必须持有国家保险监管机关颁发的保险代理人资格证书,并与保险公司签订代理合同,获得保险代理人展业证书后,方可从事保险代理活动。

13. 保险经纪人

保险经纪人是完整保险市场的重要组成部分,是代表投保人、被保险人利益的保险中介组织,保险经纪人与保险人在主体性质和作业方式等方面具有本质的不同,具体表现在以下几个方面。

(1)保险经纪人是客户利益的代表。《保险法》及《保险经纪人管理规定(试行)》中明确规定:保险经纪人代表投保人或被保险人利益,为投保人与保险人订立保险合同提供中介服务,保险经纪人必须忠实维护投保人、被保险人的合法利益。保险公司的业务人员和代理人所代表和维护的是保险公司的利益。

(2)保险经纪人的服务是为每个客户量体裁衣。保险经纪人的作业方式,是在充分了解客户保险需求的前提下,突破保险公司条款限制,根据保险原理,设计最符合客户实际情况的保险方案。通过保险方案在市场上的招投标运作,最大限度满足客户的实际要求。

(3)保险经纪人为客户提供专业化的团队服务。保险公司在展业过程中,通常采用业务人员单兵作战方式。保险经纪人公司在对客户服务的过程中,通常是由各方面专业人士组成业务团队,确保为客户提供最专业、最优质的服务。

(4)保险经纪人为客户服务,不额外增加客户成本。根据国际惯例,保险经纪人为客户安排保险:不向客户收费,由保险公司支付佣金,给保险经纪人的佣金比例在保险公司的报价中明确列明,以确保公平、公开、公正。

(5)保险经纪人通过规模购买效应为客户争取最合理的价格、最全面的保障、最完善的服务。

(6)保险经纪人为客户提供完善的售后服务,同时督促、监督保险公司对客户的服务,确保客户能够获得预期的保险保障,协助客户解决保险期间的各种纠纷。

(7)保险经纪人为客户提供的服务具有法律保障。保险经纪人在为客户提供服务的过程中,要受到《中华人民共和国民法通则》《保险法》《中华人民共和国经济合同法》《经纪人管理办法》等相关法律、法规、规章的制约。要服从保险监管机构的管理,并对经纪人的行为承担过错赔偿责任,确保客户的利益不受损失。

14. 保险公估人

保险公估人是站在第三者的立场上,依法为保险合同当事人办理保险标的(机动车辆)的查勘、鉴定、估计损失及理赔款项清算业务并予证明的人。保险公估人的主要任务是在风险事故发生后判断损失的原因及程度,并出具公证书。公证书不具有强制力,但它是有关部门处理保险争议的权威性依据。

由于保险的公估人通常是具有专业知识和技术的专家,且具有公正、公平的立场,因而权威性较高,所作出的公证书通常为保险双方当事人接受,成为建立保险关系、履行保险合同、解决保险纠纷的有力保障。

被保险人和保险人都有权委托保险公估人办理相关事宜。

1.2.3　保险的分类

随着经济的发展以及社会的进步,保险种类越来越丰富,涉及人类社会的许多领域。所以对各种保险进行分类就显得尤为重要,下面从不同的角度对保险进行分类。

1. 按保险的性质分类

保险按具体的性质可分为社会保险、商业保险和政策性保险。

1)社会保险

社会保险指以国家通过立法手段对公民强制征收保险费,形成保险基金,以对其中因年老、疾病、生育、伤残、死亡和失业而致丧失劳动能力或失去工作机会的成员提供基本生活保障的一种社会保障制度。社会保险不以盈利为目标,运行中若出现赤字,国家财政将给予支持。

社会保险制度是社会保障制度的核心,主要包括:统筹养老保险、失业保险、医疗保险、工伤保险、生育保险。社会保险资金的来源由国家、单位及个人三方面共同负担。社会保险所提供的仅仅是对社会成员最基本生活的物质帮助,远远不能满足其生活幸福、安定的愿望。

2)商业保险

商业保险又称金融保险,是相对社会保险而言的。商业保险组织根据保险合同约定,向保险人支付保险费,保险人对于合同约定的风险导致的被保险人的财产损失承担赔偿责任。商业保险一般是自愿保险,具有如下特征:①商业保险的经营主体是商业保险公司;②商业保险所反映的保险关系是通过保险合同体现的;③商业保险的对象可以是人和物(包括有形的和无形的),具体标的有人的生命和身体、财产以及与财产有关的利益、责任、信用等;④商业保险的经营要以盈利为目的,而且要获取最大的利润,以保障被保险人享受最大限度的经济保障。

3)政策性保险

由国家财政直接投资成立的公司或国家委托独家代办的商业保险机构,为了体现一定的国家政策,如产业政策、国际贸易等,通常会以国家财政为后盾,举办一些不以盈利为目的的保险。这类保险所投保的风险一般损失程度较高,但出于种种考虑而收取较低保费,若经营者发生亏损,国家财政将给予补偿。这类保险被称为"政策性保险"。

常见的政策性保险有出口信用保险、投资保险和农业保险等。

2. 按保险标的分类

保险标的,或称"保险对象",是指保险合同中所载明的投保对象。按标的不同,保险可分为财产保险、责任保险、信用保证保险和人身保险四类。

1)财产保险

财产保险是指以各种有形财产及其相关利益为保险标的,保险人承担对各种保险财产及相关利益因遭受保险合同承保范围内的自然灾害、意外事故等风险,因其发生所造成的损失负赔偿责任。财产保险的种类繁多,主要有以下几种。

(1)海上保险。海上保险是指保险人对海上的保险标的由于保险合同承保责任范围内的风险的发生所造成的损失或引起的经济责任负责经济赔偿的保险。海上保险包括海洋运输货物保险、船舶保险、海上石油开发工程建设保险等。

(2)运输货物保险。运输货物保险是指承保海洋、陆上、内河、航空、邮政运输过程中保险标的及其利益所遭受的损失的保险,主要包括海洋运输货物保险、陆上运输货物保险、航空运输货物保险和邮政运输货物保险等。

(3)运输工具保险。运输工具保险是指承保海、陆、空、内河各种运输工具在行驶和停放过程中所发生的各种损失的保险。主要包括船舶保险、汽车保险、飞机保险等。

(4)火灾保险。火灾保险是指承保在一定地点内的财产,包括房屋、机器、设备、原材料、在制品、制成品、家庭生活用品、家具等因发生火灾造成的损失的保险。目前,火灾保险一般不作为单独的险别,而将其包括在综合性险别的责任范围内。例如在我国,当投保企业财产保险和家庭财产保险时,火灾损失属于其主要的责任范围;在运输货物保险条款中,火灾损失也是保险人承担赔偿责任的重要内容。

(5)工程保险。工程保险是指承保各类工程和机器设备安装工程在建筑和安装过程中因自然灾害和意外事故造成的物质损失、费用和对第三者损害的赔偿责任的保险。

(6)盗窃保险。盗窃保险是指承保因盗窃、抢劫等行为所造成的财物损失的保险。

(7)农业保险。农业保险是指保险人为农业生产者在从事种植、养殖和捕捞生产过程中,因遇自然灾害或意外事故导致的损失提供经济补偿服务的保险。农业保险有农作物保险、农产品保险、牲畜保险、家禽保险及其他养殖业保险等。

2)责任保险

责任保险的标的是被保险人依法应对第三者承担的民事损害赔偿责任。在责任保险中,凡根据法律或合同规定,由于被保险人的疏忽或过失造成他人的财产损失或人身伤害所应付的经济赔偿责任,由保险人负责赔偿。常见的责任保险有以下几种。

(1)公众责任保险。公众责任保险的保险人在各种固定场所进行的生产、营业或其他各项活动中,由于意外事故的发生所引起的被保险人在法律上应承担的赔偿金额,由保险人负责赔偿。

(2)雇主责任保险。凡被被保险人雇用的员工包括短期工、临时工、季节工和徒工,在受雇过程中,从事与保险单所载明的被保险人的业务有关的工作时,遭受意外而致受伤、死亡或患与业务有关的职业性疾病,所致伤残或死亡时,被保险人根据雇用合同,须承担相应的医药费及经济赔偿责任,包括应支付的诉讼费用,由保险人负责赔偿。

(3)产品责任保险。由于被保险人所生产、出售或分配的产品或商品发生事故,造成使用、消费或操作该产品或商品的人或其他任何人的人身伤害、疾病、死亡或财产损失,依法应由被保险人负责时,由保险人根据保险单的规定,在约定的赔偿限额内予以赔偿。被保险人为上述事故所支付的诉讼费用及其他事先经保险人书面同意支付的费用,也由保险人负责赔偿。据此,能获得产品责任赔偿的必须具备两个条件:①造成产品责任事故的产品必须是供给他人使用,即用于销售的商品;②产品责任事故的发生必须是在制造、销售该产品的场所范围以外的地点。

产品责任保险是在20世纪70年代以后在欧美一些发达国家开始产生并迅速普及起来的。中国人民保险公司于1980年起开始承办产品责任保险。这对增加外商经营我国产品的积极性,提高我国产品的竞争力,促进我国出口贸易都起到了积极的作用。

(4)职业责任保险。身为专业技术人员如医生、律师、会计师、工程师等的被保险人因工作上的疏忽或过失造成合同对方或他人的人身伤害或财产损失的经济赔偿责任,由保险人承担。

3)信用保证保险

信用保证保险的标的是合同双方权利人和义务人约定的经济信用。信用保证保险是一种担保性质的保险。按照投保人的不同,信用保证保险又可分为信用保险和保证保险两种类型。信用保险的投保人和被保险人都是权利人,所承担的是契约的一方因另一方不履约而遭受的损失。例如在出口信用保险中,保险人对出口人(投保人、被保险人)因进口人不按合同规定支付货款而遭受的损失负赔偿责任。保证保险的投保人是义务人,被保险人是权利人,保证当投保人不履行合同义务或有不法行为使权利人蒙受经济损失时,由保险人承担赔偿责任。例如在履约保证保险中,保险人担保在承包工程业务中的工程承包人不能如期完工或工程质量不符合规定致使权利人遭受经济损失时,承担赔偿责任。综上所述,无论是信用保险还是保证保险,保险人所保障的都是义务人的信用,最终获得补偿的都是权利人。目前,信用保证保险的主要险种有以下几种。

①雇员忠诚保证保险。雇员忠诚保证保险是指承保因其雇员的欺骗和不诚实行为所造成损失的保险。

②履约保证保险。履约保证保险是指承保签约双方中的一方,由于不能履行合同中规定的义务而使另一方蒙受经济损失的保险。

③信用保险。信用保险是指承保被保险人(债权人)在与他人订立合同后,由于对方不能履行合同义务而使被保险人遭受经济损失的保险,有出口信用保险和投资保险等。

4)人身保险

人身保险是以人的身体或寿命为标的的一种保险。人身保险以伤残、疾病、死亡等人身风险为保险内容,被保险人在保险期间因保险事故的发生或生存到保险期满,保险人依照合同规定对被保险人给付保险金。由于人的价值无法用金钱衡量,具体的保险金额根据被保险人的生活需要和投保人所支付的保险费,由投保人和保险人协商确定。人身保险主要包括人寿保险、健康保险和人身意外伤害保险。

(1)人寿保险。人寿保险包括死亡保险、生存保险和两全保险三种。死亡保险是指在保险期内被保险人死亡,保险人即给付保险金;生存保险是以被保险人在保险期内仍然生存为给付条件,如被保险人在保险期内死亡,不仅不给付保险金,而且也不返还已交纳的保险费;两全保险则是由死亡保险和生存保险合并而成,当被保险人生存到保险期满时,保险人要给付保险金;当被保险人在保险期内死亡时,保险人也要给付保险金。两全保险的保险费带有较多的储蓄因素。

(2)健康保险。健康保险又称疾病保险,被保险人因疾病而支出了医疗费用,或者因丧失劳动能力,按保险单规定,由保险人给付保险金。

(3)人身意外伤害保险。被保险人因意外事故伤残或死亡时,由保险人给付规定的保险金,包括意外伤害的医疗费用给付和伤残或死亡给付两种。

3.按保险实施的形式分类

按照实施形式,保险可分为自愿保险和强制保险。

(1)自愿保险。自愿保险是保险人和投保人采取自愿的方式,通过签订保险合同而建立保险关系的一种保险。换句话说,是否投保和承保,参加什么保险,保险合同的具体内容,完全由双方自愿自主决定,不受任何第三者干预。

(2)强制保险。强制保险又称法定保险,是以国家的有关法律、法规为依据而建立保险关系的一种保险。只有根据法律、行政法规规定,才可以实行强制保险,法律、行政法规未作规定的,保险公司不得强制他人订立保险合同。

4.按业务承保方式的形式分类

按业务承保方式的形式不同,保险可分为原保险、再保险、重复保险、共同保险。

(1)原保险。原保险是指保险人与投保人签订保险合同,构成投保人与保险人权利义务关系的保险。它是由投保人与保险人直接签订保险合同而形成的保险关系，即保险需求者将风险转嫁给保险人。

（2）再保险。再保险又称分保，是一方保险人将原承保的部分或全部保险业务转让给另一方承担的保险，即对保险人的保险。它是保险人将其承担的保险业务以承保形式，部分或全部转移给其他保险人的行为。

（3）重复保险。重复保险是指投保人对同一保险标的、同一保险利益、同一保险事故同时分别向两个以上保险人订立保险合同，其保险金额之和超过保险价值的保险。

（4）共同保险。共同保险是指由两个或两个以上的保险人同时联合直接承保同一保险标的、同一保险利益、同一保险事故而保险金额之和不超过保险价值的保险，简称共保。

5. 按所承保的风险分类

按所承保的风险不同，保险分为单一风险保险和综合风险保险。

（1）单一风险保险。单一风险保险是指保险合同中只规定对某一种风险造成的损失承担保险责任的保险，如地震保险只对地震灾害负赔偿责任。

（2）综合风险保险。综合风险保险是指保险合同中规定对数种风险造成的损失承担保险责任的保险，如我国企业财产险的保险责任就包括火灾、爆炸、冰雹、雷击、洪水等造成的损失。

1.3　汽车保险的含义及特点

1.3.1　汽车保险的含义

汽车保险是以保险汽车的损失，保险汽车的所有人、驾驶员因驾驶保险汽车发生交通事故所负的责任为保险标的的保险。汽车保险具有保险的所有特征，其保险对象为汽车及其责任。从其保障的范围看，它既属财产保险，又属责任保险。

汽车保险包括以下几层含义。

（1）它是一种商业保险行为。保险人按照等价交换关系建立的汽车保险是以盈利为目的的，简而言之，保险公司要从它所开展的汽车保险业务上赚到钱，因此汽车保险属于一种商业保险行为。

（2）它是一种合同行为。投保人与保险人要以各类汽车及其责任为保险标的，签订书面的具有法律效力的保险合同，比如要缮制保险单，否则汽车保险便没有存在的法律基础。

（3）它是一种权利义务行为。在投保人与保险人共同签订的保险合同（如汽车保险单）中，明确规定了双方的权利与义务，并确定了违约责任，要求双方在履行合同时共同遵守合同条款。

（4）它是一种以合同约定的保险事故发生为条件的损失补偿或保险金给付的保险行为。正是这种损失补偿或保险金给付行为，才成为人们转移车辆及相关责任风险的一种方法，才体现了保险保障经济生活安定的互助共济的特点。

1.3.2 汽车保险的特点

1. 对象具有广泛性和差异性的特点

汽车保险的对象具有广泛性和差异性的特点是针对汽车保险的被保险人和保险标的而言的。

(1)被保险人方面。汽车日益成为人们普遍使用的交通工具,企业和个人更加广泛地拥有汽车,尤其是私人拥有车辆的数量不断增加,使汽车逐渐成为人们生活的必需品,汽车与每一个人的生活息息相关,这是汽车被保险人的广泛性。汽车拥有者具有广泛性,也就必然存在差异性。不同类型的企业、不同类型的家庭、不同的个人、不同的风险倾向均是这种差异性的体现。

(2)保险标的方面。汽车已经成为现代社会的标志,人们的生产和生活已经无法离开汽车,尤其在我国,随着经济和社会的发展和人民生活水平的提高汽车从纯粹的生产工具逐步成为生产和生活工具,这是保险标的的广泛性。与此同时,汽车的差异性逐步体现。首先,汽车的类型逐年增多,从以生产用车为主,逐步发展到以生活用车为主,同类车辆的车型品种繁多,性能各异。其次,生产方式也从国产到进口,从整车进口到进口零部件组装,从合资建厂生产到独资生产。最后,汽车的价格也根据车型、产地、品牌、功能的不同而有较大的差异,从几万元到几十万元,甚至几百万元不等。

2. 标的具有可流动性的特点

狭义的财产保险的标的划分标准之一是根据其流动性,即按动产或者不动产划分。汽车保险标的的可流动性是由标的作为动产和运输工具的特点决定的。保险标的是否具有可流动性直接影响到其面临的风险以及风险的种类。

由于汽车保险标的具有流动性的特点,就对汽车保险的市场营销、核保、出单、检验、理算提出了更高的要求。一是由于保险标的的可流动性,导致其风险增大,增加了经营的不确定性,因此,保险人在研究条款和费率的同时,更应注重研究核保和核赔技术以及风险的防范工作。二是由于车辆保险标的具有流动性,核保时加大了“验标承保”的难度,因此,保险人对于承保风险的实际控制能力较差,只能依赖投保人的诚信,为此,保险人更应注重防范道德风险和完善监控机制。三是由于保险标的可流动性、风险的不确定性,在发生保险责任事故时给检验和理赔工作增加了一定的难度,为此,保险人应建立和完善保险事故查勘检验的实务规程,还应建设和完善查勘检验的内外部代理网络。

3. 具有出险频率高的特点

汽车保险相对其他财产保险而言具有出险率高的特点。根据统计,全世界每年因交通事故死亡的人数大约为50万,这一点从日常生活中每天都会发生的大量交通事故也可以得到印证。

影响汽车风险的因素通常有以下几个。

(1)汽车本身的因素。汽车作为运输工具其功能本身就是通过位移实现的。所以,汽车的大多数时间必然处于动态,而这种动态就是风险的主要根源。

(2)外部环境因素。主要体现在汽车的使用环境上,即行驶和停放环境,尤其是汽车行驶的道路环境状况对汽车的风险影响最大。

(3)使用因素。使用因素对于风险的影响主要有以下几个方面:①机动车车况风险,如:车辆性能、技术参数、防盗性能、使用年限、保养情况、电器是否老化等;②汽车用途风险,不同用途的汽车的风险明显不同,出租车、公司车和私家车的使用频率和利用状态都会有很大的差异;③车辆驾驶人员风险,不同的驾驶人员的风险也会有较大的不同,主要是由驾驶人员的年龄、性别、驾驶年限、驾驶技术,甚至驾驶人员的性格等决定的。

4. 条款和费率的管理具有刚性特点

由于汽车保险业务的特殊性,在其发展过程中始终存在着如何加强管理,确保其健康发展的问题。之所以特别强调对汽车保险的管理,其原因有以下两个:一是汽车保险涉及一个庞大和广泛的消费群体,其中大部分是单一和弱小的消费者,国家从公众利益的角度出发,必须加强对于汽车保险业务的监督和管理,使他们的利益得到切实、有效的保护;二是由于汽车保险业务占财产保险业务领域相当大的比例,汽车保险业务的发展和管理情况将对财产保险,甚至整个保险业带来较大的影响。所以,其始终是财产保险市场中竞争的焦点,始终存在着管理和规范的问题。同时,有关管理部门也特别注重对于汽车保险的监督和管理。在保险管理模式上,围绕着管理的刚性问题一直存在着争议。一方面加大管理的刚性固然对稳定市场、维护被保险人利益具有积极的意义,但另一方面刚性管理对于保险价格的市场调节以及促进保险人通过加强经营管理,提高产品和服务质量均产生了一定的消极制约作用。

1.4　我国汽车保险业务概述

1.4.1　汽车保险种类的发展

在保险实务上,汽车保险因保险标的及内容不同而被赋予不同的名称。汽车保险的设计随各国国情与社会需要的不同而不同。随着汽车保险业的发展,其保险标的除了最初的汽车以外,已经扩大到所有的机动车。世界上许多国家至今仍沿用汽车保险的名称。汽车保险是承担机动车由于自然灾害或意外事故所造成的人身伤亡或财产损失的赔偿责任的一种商业保险。

汽车保险的种类是根据保障范围的差异制定的。无论细分市场相同与否,各公司机动车辆保险的险种都由主险和附加险组成,主险各自述有附加险。全车盗抢险、玻璃单独破碎险、车辆停驶损失险、自燃损失险、新增加设备损失险等,是车辆损失险的附加险,必须先投保车辆损失险后才能投保这几个附加险;车上人员责任险、无过失责任险、车载货物掉落责任险等,是第三者责任险的附加险,必须先投保第三者责任险后才能投保这几个附加险;投保不计免赔特约险,必须先同时投保车辆损失险和第三者责任险。如表1-1所示为2000年版汽车保险条款主险和附加险适用关系。

对于车辆损失保险,不同国家的承保范围都有所不同。对于汽车责任保险,保险业发达的国家均在承保内容上力求扩张,以便所有交通事故受害人均能得到合理的赔偿,这是现代保险业发展的必然趋势。目前,绝大多数国家把第三者责任险作为机动车辆强制性投保险种,若不投保该险种,车辆就无法上牌和年检。对于车辆的拥有者和使用者,如果投保了车辆保险,在出险后则可获得保险责任范围内的赔偿,以减少或避免车祸带来的经济损失。

表 1-1　2000 年版汽车保险条款主险和附加险适用关系

主险	车辆损失险	第三者责任险
各主险可以附加的附加险	全车盗抢险 玻璃单独破碎险 车辆停驶损失险 自燃损失险 新增加设备损失险	车上人员责任险 无过失责任险 车载货物掉落责任险
	不计免赔特约险	

2006 年 7 月 1 日，机动车交通事故责任强制保险（简称交强险）开始实施，根据我国目前汽车的保险政策，在保险实务中，汽车保险因保险性质的不同，一般分为汽车强制责任保险和汽车商业保险两大部分。虽然它们都属于商业保险公司的经营范畴，但汽车强制责任保险是强制性保险，而其他的险种则是建立在保险人和被保险人自愿基础上的汽车商业保险。

伴随着机动车交通事故责任强制保险的实施，车辆损失险和商业第三者责任险发生了重大变化。中国保险行业协会为目前现有的财险公司制定了 A、B、C 三款商业险，各家保险公司从中进行选择，这样就告别了以前各家财险公司各自为政的局面。针对商业险的 A、B、C 三款，中国保险行业协会还推出了车损险的基础保费和费率。此次统一的是车险中的主险部分，即车辆损失险和商业第三者责任险，条款以人民保险、平安保险、太平洋保险条款为基准，在此基础上有细微调整。而对于划痕险、玻璃单独破碎险等附加车险，仍允许保险公司进行差异化经营。2006 年我国汽车保险产品的分类如表 1-2 所示。

表 1-2　2006 年版我国汽车保险产品的种类

<table>
<tr><td>强制商业汽车保险</td><td colspan="3">非强制商业汽车保险</td></tr>
<tr><td rowspan="3">机动车交通事故责任强制保险</td><td>主险</td><td>车辆损失险</td><td>第三者责任险</td></tr>
<tr><td rowspan="2">附加险</td><td>全车盗抢险、玻璃单独破碎险、自燃损失险、新增加设备损失险、车辆停驶损失险、车身划痕损失险、特约救助条款等</td><td>车上人员责任险、无过失责任险、车载货物掉落责任险等</td></tr>
<tr><td colspan="2">不计免赔特约险</td></tr>
</table>

当然，这个列表中列出的是比较常见的车险险种，车险改革后，有的保险公司把全车盗抢险以及车上人员责任险也列为基本险。比如，中国保险行业协会根据人民保险公司制定的《机动车辆保险条款（A）》就把车上人员责任险作为基本险，可单独投保；太平洋保险公司制定的《机动车辆保险条款（C）》把全车盗抢险及车上人员责任险同样作为基本险，也可单独投保。在主险的附加险方面，不同地区、不同的车险产品都不尽相同，而且各车险公司根据市场情况的变化，适时会推出新的车险品种。

强制汽车责任保险与一般的商业性保险不同，强制汽车责任保险制度在各国的实践中，所采用的模式不完全相同，一般可分为两种模式：一种是将商业性汽车责任保险赋予强制险的使命与功能，使其承担法定的保险范围及金额，除此之外，没有别的汽车责任险，即一张保险单保到底的完全保障，如英国的无限额汽车责任险；另一种是除强制汽车责任险之外，还有任意汽车责任险可以弥补强制险的不足。强制部分的限额是最低保障的额度，所以又被称为基本保障型强制险。

1.4.2　我国的汽车保险产品简介

1. 机动车交通事故责任强制保险

从 2006 年 7 月 1 日起，我国开始实行《机动车交通事故责任强制保险条例》，交强险是我国首个由国家法律规定实行的强制保险制度。

《机动车交通事故责任强制保险条例》规定，交强险是由保险公司对被保险机动车发生道路交通事故造成受害人（不包括本车人员和被保险人）的人身伤亡、财产损失，在责任限额内予以赔偿的强制性责任保险。

《机动车交通事故责任强制保险条例》第三条规定：本条例所称机动车交通事故责任强制保险，是指由保险公司对被保险机动车发生道路交通事故造成本车人员、被保险人以外的受害人的人身伤亡、财产损失，在责任限额内予以赔偿的强制性责任保险。依据此条的规定可知：①该强制性保险只承保机动车上的人员、被保险人之外的第三人所遭受的损害；②第三人所遭受的损害包括人身损害和财产损失，不包括精神损害；③该强制性保险有一定的责任限额，保险人只在该限额内承担支付保险金的责任。

2. 商业汽车保险

我国的强制汽车责任保险采取限额保险制，在强制险之外，还有商业汽车险。根据保障的责任范围，商业汽车险分为基本险和附加险，基本险主要包括车辆损失险和第三者责任险，但有的保险公司把全车盗抢险和车上人员责任险列入基本险。附加险包括全车盗抢险、车上人员责任险、无过失责任险、车载货物掉落责任险、玻璃单独破碎险、车辆停驶损失险、自燃损失险、新增加设备损失险、不计免赔特约险。

（1）车辆损失险，简称车损险，是保险人对于被保险人承保的汽车，因保险责任范围内的事故所致的毁损、灭失予以赔偿的保险。由于涉及汽车的意外事故很多，各国为扩大对被保险人的保障，一般提供综合保险。针对一些损失频率很高的危险事故，有时会被列为独立险种。我国由于机动车盗抢现象较为严重，发生频率很高，所以将全车盗抢险作为车辆损失险的附加险单独列出。

车辆损失险负责赔偿由于自然灾害和意外事故造成车辆自身的损失。这是车险中最主要的险种。花钱不多，却能获得很大的保障。一般说来，驾驶技术或驾驶习惯不能对车辆的安全提供较高的保障的驾驶人，应该投保此险种。

（2）第三者责任险是指被保险人或其允许的合格驾驶员，在使用被保险汽车的过程中，发生意外事故，致使第三者遭受人身伤亡或财产的直接损毁，依法应当由被保险人支付的赔偿金额，保险人依法给予赔偿的一种保险。由于汽车的第三者损失对象既有人身伤亡又有财产损失，所以汽车责任保险又分为第三者伤害责任保险和第三者财产损失责任保险。汽车责任险有代替被保险人承担经济赔偿责任的特点，是为无辜的受害者提供经济保障的一种有效手段。对于以过失主义为基础的汽车保险制度，一般遵循“无过失就无责任，无损害就无赔偿”的原则，所以当被保险人负有过失责任，或者第三者有由过失直接造成的损害发生时，保险人才能依据保险合同予以赔偿。

第三者责任险负责赔偿被保险车辆因意外事故，致使第三者遭受人身伤亡或财产的直接损失，保险人依照保险合同的规定给予赔偿。此险种是自愿保险，与机动车交通事故责任强制保险不同。投保这个险种是最有必要的。消费者可根据自身的需要，在投保交强险基础上选择投保不同档次责任限额的商业第三者责任险，以便享受更高的保险保障。

(3)全车盗抢险。全车盗抢险负责赔偿车辆因被盗窃、抢劫造成车辆的全部损失，以及被盗窃、被抢劫期间由于车辆损坏或车上零部件、附属设备丢失所造成的损失。

(4)车上人员责任险。车上人员责任险是指发生意外事故，造成保险车辆上人员的人身伤亡，依法应由被保险人承担的经济赔偿责任，保险人负责赔偿。另外，保险车辆发生意外事故，导致车上的司机或乘客人员伤亡造成的费用损失，以及为减少损失而支付的必要合理的施救、保护费用，由保险公司承担赔偿责任。

该险种负责赔偿车辆发生意外事故造成车上人员的人身伤亡(包括司机和乘客)和所载货物的损失。

(5)无过失责任险。无过失责任险是指机动车辆与非机动车辆、行人发生交通事故造成对方人身伤亡、财产损失，虽然保险车辆无过失，但根据相关法律的规定，仍应由被保险人承担10%的经济补偿。对于10%以上的经济赔偿部分，如被保险人为抢救伤员等已经支付无法追回的费用，保险人亦在保险赔偿限额内承担赔偿责任。保险人承担的10%及10%以上的赔偿责任加免赔金额之和，最高不得超过赔偿限额。

(6)车载货物掉落责任险。车上货物掉落导致他物受损，该责任属于车载货物掉落责任险范畴，即对车载货物从车上掉下来造成他人(即第三者)人身伤亡、财产的损失，保险公司予以赔偿。

(7)玻璃单独破碎险。玻璃单独破碎险是专门为前后玻璃和车窗玻璃设计的险种。

(8)车辆停驶损失险。车辆停驶损失险负责赔偿被保险车辆发生保险事故造成车辆损坏，因停驶而产生的损失。保险人在双方约定的修复时间内按保险单约定的日赔偿金额乘以从送修之日起至修复完成之日止的实际天数计算赔偿。对于从事专业营运的大型客货车辆以及营运出租轿车，由于肇事后修车耽误营运，间接损失较大，是有必要投保的。

(9)自燃损失险。自燃损失险是负责赔偿保险车辆因本车电器、线路、供油系统发生故障及运载货物自身原因起火燃烧，造成保险车辆的损失，而由于外界火灾导致车辆着火的，不属于自燃损失险责任范围。

虽然车辆发生自燃的概率较小，但自燃往往会导致较为严重的经济损失，因此在条件许可的情况下，建议车主投保自燃损失险。

(10)新增加设备损失险。如果车内的高级音响不是随车产品，而是另外安装的，就不在车辆损失险的保障范围之内，新增加设备损失险可以满足车主的保险需求。该险种负责赔偿车辆发生保险事故时造成车上新增加设备的直接损失。当车主自己为车辆加装了制冷设备、加氧设备、清洁燃料设备、CD机及电视录像设备、真皮或电动座椅等不是车辆出厂所带的设备时，应考虑投保新增加设备损失险。否则，当这些设备因事故受损时，即使投保了车辆损失险，保险公司也是不赔偿的。

(11)不计免赔特约险。不计免赔特约险仅针对车辆损失险和第三者责任险范围内的损失，不适用附加险的免赔规定。根据条款规定，一般情况下，上述险种范围内的每次保险事故与赔偿计算履行按责免赔的原则，车主须按事故责任大小承担一定比例的损失（称为免赔额）。但如果投保了不计免赔特约险，发生保险事故后，保险公司不再按原免赔规定进行免赔，而按规定计算的实际损失给予赔付。

1.5　汽车保险的起源和发展

汽车保险是财产保险的一种，在财产保险领域中，汽车保险属于一个相对年轻的险种，这是由于汽车保险是伴随着汽车的出现和普及而产生和发展的。同时，与现代机动车辆保险不同的是，在汽车保险的初期是以汽车保险的第三者责任险为主险的，并逐步扩展到车身的碰撞损失等风险。

1.5.1　汽车保险的起源

国外汽车保险起源于19世纪中后期。当时，随着汽车在欧洲一些国家的出现与发展，因交通事故而导致的意外伤害和财产损失随之增加。尽管各国都采取了一些管制办法和措施，汽车的使用仍对人们的生命和财产安全构成了严重威胁，因此引起了一些精明的保险人对汽车保险的关注。

1896年11月，由英国的苏格兰雇主保险公司发行的一份保险情报单中，刊载了为庆祝“1896年公路机动车辆法令”的顺利通过，而于11月14日举办伦敦至布莱顿的大规模汽车赛的消息，在这份保险情报中还刊登了汽车保险费年率。

最早开发汽车保险业务的是英国的法律意外保险有限公司，1898年该公司首先推出了汽车第三者责任保险，并附加汽车火险。到1901年，保险公司提供的汽车保险单，已初步具备了现代综合责任险的条件，保险责任也扩大到了汽车的失窃。

1.5.2　汽车保险在国外的发展

最早的汽车保险单签发于1895年，当时英国的法律意外保险有限公司签发了保费为10英镑至100英镑的第三者责任保单，汽车火险可以加保，但要增加保险费。1898年，美国的旅行者保险公司签发了美国历史上第一份汽车人身伤害责任保险，被保险人是水牛城的一名医生。随后，其他的保险人也以提供统一的保险费（每年高达125美元）而进入汽车保险市场。1899年，汽车保险责任扩展至与其他车辆互撞所造成的损失。这些保险单是由意外险部门的综合第三者责任险组签发的。

1901年开始，保险公司提供的汽车保险单，已具备了现在综合责任险的条件，在上述承保的责任范围内，增加了碰撞、盗窃和火灾。1902年美国第一张汽车损失保险单问世。

1903年，英国的汽车综合保险联合社（专一汽车保险公司）成立。这是保险公司与主要的汽车运输公司的联合体。接着，在1906年，英国的汽车保险有限公司成立。这两个公司对汽车保险的发展起了较大的推动作用。它们的保险单的特点之一是，每年由保险公司的工程技术人员免费检查一次被保险的车辆。英国创办的另一个专一公司是“白十字协会”。这几个公司经营的业务是成功的，但是其他公司大多数都失败了，主要问题在承保上。

1906年成立的汽车法令综合保险公司就是一个典型的例子，在实际工作中该公司接受各类险种，且仅收取少量的保险费用。例如，1910年该公司保险费收入为34.4万英镑，赔款为44.2万英镑，各种杂费和手续费为12.8万英镑，由于出现巨大的亏损，该公司很快倒闭了。

最初将车辆损害视为社会问题并以彻底改革汽车责任保险制度，谋求对社会大众提供相当保护的是美国的马萨诸塞联邦。该州认为公路是为全体行人而修筑的，行人中欲以车辆代步者，对于因此造成的损害，应预先提供具有赔偿能力的证明。这种赔偿能力证明的方法即为投保责任险或依法提供保证金。马萨诸塞联邦根据这种理论，1925年着手起草保险史上举世闻名的汽车强制保险法，并于1927年公布实施。

新西兰于1928年采用美国马萨诸塞联邦式强制保险，其后，英国于1931年，德国于1939年，法国于1959年相继实行第三者责任强制保险。第三者责任强制保险在当时带来了一系列的问题。随着时间的推移，它被保险公司的保单给否定了，因为欺诈、机器设备本身的缺陷或原因不明等情况造成的损失，都能获得赔款。欺诈也可能在违反保险单的条件下而获得赔偿，例如，不适合在公路上行驶的汽车或司机生理上有某些缺陷造成的事故所引起的赔款等。

第二次世界大战后，英国采用一般侵权行为原则，以过失作为责任的基础。德国则通过法律，责令汽车所有人和驾驶员负绝对责任。美国马萨诸塞联邦则自1971年1月1日起在一定限额内放弃过失原则，改为无过失保险。自此以后，美国23个州相继仿照执行。汽车保险从任意保险至强制保险，从以过失责任为基础转变为绝对责任或无过失保险，是重大的改进。这种改进，一方面确保汽车驾驶人于肇事后具有相当的赔偿能力；另一方面使被害人及时得到经济补偿。

目前，大多数发达国家的汽车保险业务在整个财产保险业务领域均占有十分重要的地位。一方面汽车保险业务自身的发展对于汽车工业的发展起到了有力的推动作用，汽车保险的出现，解除了企业和个人对在使用汽车过程中可能出现的风险的担心，扩大了对汽车的需求；另一方面汽车保险解决了汽车在碰撞事故中可能出现的承担对第三者责任赔偿的能力问题，稳定了社会关系和公共秩序。同时，汽车保险的保险人从自身和社会效益的角度出发，联合汽车生产厂家开展对于汽车事故原因的统计分析，研究和应用汽车安全设计新技术并为此投入大量人力和财力，从而促进了汽车安全性能的提高。

1.5.3 我国汽车保险的发展进程

我国汽车保险业务的发展经历了一个曲折的历程。汽车保险进入我国是在鸦片战争以后，但由于我国保险市场处于外国保险公司的垄断与控制之下，加之旧中国的工业不发达，那时的汽车保险实质上处于萌芽状态，其作用与地位十分有限。

新中国成立以后，1950年，创建不久的中国人民保险公司就开办了汽车保险业务。但是由于宣传不够和认识的偏差，不久就出现了对此项保险的争议，有人认为汽车保险以及第三者责任保险对于肇事者予以经济补偿，会导致交通事故的增加，对社会产生负面影响。于是，中国人民保险公司于1955年停止了汽车保险业务。直到20世纪70年代中期为了满足各国驻华使领馆等外国人拥有的汽车保险的需要，开始办理以涉外业务为主的汽车保险业务。

我国保险业恢复之初的1980年，中国人民保险公司逐步全面恢复中断了近25年之久的汽车保险业务，以适应国内企业和单位对于汽车保险的需要，适应公路交通运输业迅速发展、事故日益频繁的客观需要。但当时汽车保险仅占财产保险市场份额的 2%。

随着改革开放形势的发展，社会经济和人民生活也发生了巨大的变化，机动车辆迅速普及和发展，机动车辆保险业务也随之得到了迅速发展。1983 年将汽车保险改为机动车辆保险使其具有更广泛的适应性，在此后的近 20 年中，机动车辆保险在我国保险市场，尤其是财产保险市场中始终发挥着重要的作用。到 1988 年，汽车保险的保费收入超过了 20 亿元，占财产保险份额的 37.6%，第一次超过了企业财产险(35.99%)。从此以后，汽车保险一直是财产保险的第一大险种，并保持高增长率，我国的汽车保险业务进入了高速发展的时期。

与此同时，机动车辆保险条款、费率以及管理也日趋完善，尤其是中国保监会的成立，进一步完善了机动车辆保险的条款，加大了对于费率、保险单证以及保险人经营活动的监管力度，加速建设并完善了机动车辆保险中介市场，对全面规范市场，促进机动车辆保险业务的发展起到了积极的作用。

1.5.4　我国汽车保险的发展方向

我国汽车保险的发展方向表现在以下几个方面。

1. 险种多元化

我国地域广阔，保险产品的需求在不同地区、不同环境、不同类型的消费者中有着较大差异，为满足不同需求，需推进险种多元化。险种的多元化是今后我国保险市场发展的趋势之一。

险种多元化可主要针对特种车辆展开，如消防车、吊车、救护车、公交车、农林专用车等，专门针对特种车中的某类，开发适合的险种；也可针对特殊行业，如车行、修理厂、汽车制造厂、驾驶学校等经营业户，开发专门适合他们自身风险特征的保险产品。

2. 费率合理化

目前我国已放开对车险费率的监管，可由保险公司自行制定，报保险监督管理机构备案即可，但由于市场环境不是太成熟，导致了保险产品大搞价格竞争的不良现象，这种条件下的费率水平是不科学的。各公司的经营应以效益为首要条件，公司之间展开理性竞争，随着保险市场逐步走向成熟，在这种条件下再通过统计分析的损失率确定出的费率标准才是合理的。

另外，我国虽然在费率管理模式上已由从车费率模式逐渐转变为从车和从人相结合的费率模式，但考虑人的因素非常简单，一般只考虑驾驶员的年龄、性别、驾龄等因素，而对其他因素还未制定风险修正系数。从发展趋势看，应增加对驾驶人员的因素考虑，同时合理拉开不同人员的费率档次，以进一步促进费率的人性化、合理化。

3. 无赔优待明显化

无赔款优待制度是汽车保险业务中特有的制度，其目的是解决由于风险的不均匀分布使保费与实际损失相联系的问题，使保险公司实际收取的保费能够更真实地反映风险的实际情况，充分体现了经营中对于风险个性特征的考虑。

由于汽车风险受驾驶人员主观影响程度较大，因此在汽车保险中应用无赔优待制度具有明显的优越性。主要表现为：①可以使保险公司收取的保险费更接近真正的单一和均匀的风险；②可以鼓励被保险人增强安全意识，谨慎驾驶，以减少交通事故；③被保险人在损失小于折扣额时就会不报案，可以减少保险公司小额赔案的处理成本和管理费用。因此，在各国的汽车保险业务中均采用了无赔优待制度。

我国各保险公司的汽车保险业务也采用了无赔优待制度,一般的做法是每一连续无赔款年度可以享受10%的安全优待,并且逐年递增,多数公司的最高优待幅度为30%,少数公司不超过50%。而国外的保险公司的最大优待比例高达70%,可见,我国在该方面还有待扩大。

4. 营销电子化

保险作为金融服务业的重要组成部分,可以在最大程度上发挥网络优势,促进市场营销电子化,扩大客户群和业务量。网络保险作为一种全新的模式,具有成本低、业务时间和空间不受约束的优越性。由于汽车保险的风险较为规范,相应的保险产品及其定价原理也较为简单,所有这些特点都为车险开展营销电子化提供了有利条件。我国于2005年4月1日施行的《中华人民共和国电子签名法》为保险网上销售提供了保障。

目前,我国由于网络覆盖率低、相关法律法规不够健全、网上支付系统不完善、相关设施仍待发展等问题的存在,保险的网络营销开展得还不是很好,多数保险公司网站的功能仍停留在发布险种条款、公司概况等信息方面,并未实际开展业务。但是,网络保险营销已成为一个潮流,我国的汽车保险营销模式也将面临着一场革命性的转变。

第2部分 技能训练

实训项目 汽车保险及其产品体系认知

实训目标

(1)掌握汽车保险相关的政策、法规。

(2)熟悉汽车保险的产品体系。

(3)能够正确运用汽车保险条款对案例作出分析。

案例分析

案例一:某厂与某保险公司签订了机动车保险合同,投保险种为机动车交通事故责任强制保险、车辆损失险、第三者责任险等。在保险期限内,该厂驾驶员驾驶所投保的车辆发生重大交通事故,赔偿被害人16万余元。该投保车辆核定载重量为10吨,发生事故时,该车却载重至43吨。主管部门依据《道路交通事故处理办法》出具交通事故责任认定书,认定驾驶员因违章超载刹车失效,造成事故,负全部责任。事后,该厂依据机动车保险合同向保险公司索赔,保险公司拒赔。该厂诉至法院,要求保险公司承担赔偿责任。

问:(1)保险公司是否应该赔偿?为什么?

(2)双方当事人解决纠纷的方法有哪些?

案例二:某建筑公司以一辆进口宝马轿车向某保险代办处投保机动车辆保险。承保时,保险代理人误将该车以国产车计收保费,少收部分保费。保险公司发现这一情况后,立即通知投保人补交保费,但遭到拒绝。无奈之下,保险公司单方面向投保人出具了保险批单,批注:如果出险,我公司按比例赔偿。合同有效期内,该车出险,投保人向保险公司申请全额赔偿。

问:此案该如何赔偿?请说明理由。

案例三:两周前,张先生由于夜晚疲劳驾车,回家途中不慎将一位骑车的男子撞倒在地,他想逃避责任，便一踏油门逃走了。但终究难逃法网，目前他作为肇事逃逸司机被公安机关拘捕，同时将面对伤者巨额的医疗费。这时张先生想到了他在保险公司投保了机动车交通事故责任强制保险和第三者责任险。

问：他还能得到保险公司的理赔吗？请说明适用的汽车保险条款。

案例四：李先生中午外出吃饭，将爱车停放在马路边。人走的时候车锁好了，但是却把电脑落在了车里。等到李先生酒足饭饱之后，才惊恐地发现，自己的车窗被砸开，车里的电脑早已不翼而飞了。懊丧之余，李先生想起自己投保了汽车保险，车子被盗，保险公司难道不应该赔偿吗？于是李先生打电话向保险公司报案，但是保险公司却告诉李先生，按照保险条款，保险公司无法为李先生理赔。

问：保险公司的决定是正确的吗？请说明适用的汽车保险条款。

案例五：赵女士拿到驾照后就很少开车，但有时因工作需要又不得不自己开车出行，结果由于驾驶技术生疏，短短两个月内先后两次出事故，需承担巨额赔偿。第一次向保险公司理赔，她感到心安理得，第二次出事后便觉得心里没有底。

问：赵女士这次事故还能得到赔偿吗？请说明适用的汽车保险条款。

课后练习

1. 名词解释

①风险；②保险；③保险标的；④保险利益；⑤保险责任；⑥除外责任；⑦保险价值；⑧保险金额；⑨保险费；⑩汽车保险。

2. 简答题

(1)什么是风险的三要素？简述风险三要素之间的关系。

(2)什么是保险？保险的具体含义有哪些？

(3)汽车保险包括哪几层含义？

(4)汽车保险的特点有哪些？

3. 论述题

(1)简述我国汽车保险的发展进程。

(2)以中国人民保险公司 2006 年版机动车保险产品为例，说明汽车保险的种类有哪些？

4. 社会实践

走访当地的保险公司，调查汽车保险业务的开展情况，了解当前我国汽车保险业务的特点和发展趋势。

第2章　汽车保险合同与原则

◎理论知识

☞汽车保险合同的特征

☞汽车保险合同的形式

☞汽车保险的基本原则

◎技能训练

☞汽车保险合同的订立与生效的过程

☞汽车保险合同的变更、解除与终止程序

★案例导入

王女士于2004年10月14日从张先生处购买富康牌轿车一辆,并办理了汽车过户手续。该车已由张先生在某保险公司投保,签订了汽车保险合同,保险期限为2004年9月15日零时起至2005年9月14日24时止。2004年11月16日该车出险,保险公司接受索赔申请后,以王女士未办理被保险人变更手续为由拒绝赔偿。

通过阅读上述材料,思考如下问题:

(1)什么是汽车保险合同?保险合同应如何进行变更?

(2)从上述资料中我们可以得到哪些经验和教训?

第1部分　理论知识

2.1　汽车保险合同

汽车保险合同是保险合同中的一种,是汽车投保人与保险人之间关于保险权利义务的协议,是汽车保险双方当事人所遵循的唯一、有效的法律依据。投保人和保险人双方协商后在合同中约定,投保人向保险人支付保险费,保险人在保险标的遭受约定的保险事故时承担经济补偿责任。合同是保险关系得以设立、变更、终止的根本依据。

2.1.1　汽车保险合同的特征

保险合同是指投保人支付保险费给保险人,保险人在保险标的发生保险事故或当约定的期限到达时,给予被保险人经济补偿或给付保险金的协议。汽车保险合同是投保人与保险人之间约定保险权利和义务的协议。汽车保险合同的客体不同于一般经济合同,它既具有经济合同的一般特点,又有自身独特之处。

1. 汽车保险合同的一般特征

1) 汽车保险合同是有名合同

在我国,法律尚未确定名称和规范的合同是无名合同,法律直接赋予某种合同以名称并规定了调整规范的合同为有名合同。保险合同是有名合同,汽车保险合同也不例外。

2) 汽车保险合同是射幸合同

射幸合同是一种机会性的合同,合同的履行内容在订立合同时并不能确定。汽车保险合同的射幸表现为投保人以支付保险费为代价,买到一个将来可能的补偿机会。如果在保险期内被保险汽车发生责任事故造成了损失,被保险人在保险人处得到的赔偿就可能远大于投保人所支付的保险费;如果在保险期内没有发生保险事故,被保险人只支付保险费而没有任何收入。对于保险人来说,情况正好相反,当发生较大的保险事故时,其所赔付的保险金可能远大于所收取的保险费;如果没有保险事故发生,其只有收取保险费的权利而没有赔付的义务。

汽车保险合同的射幸性特征,即机会性特征,是由汽车保险责任事故发生的偶然性决定的。这种射幸性仅局限于单个汽车保险合同。对于保险人全部承保的汽车保险合同而言,保险人所收到的保险费的总额,原则上应当等于所付的赔偿债务与运营支出的和。

3) 汽车保险合同是保障性合同

经济合同一般分为交换性合同和保障性合同两类。交换性合同是指合同一方给予对方的报偿都假定有相等或相近的价值,如买卖合同、租赁合同等。汽车保险合同是保障性合同,在合同的有效期内,当保险标的发生保险事故而造成损失时,被保险人所得到的赔付金额远远超过其所付的保险费;而当无损失发生时,被保险人只付出保险费而没有任何收入。

4) 汽车保险合同是诚信合同

汽车保险遵守最大诚信原则,这就决定了汽车保险合同具有诚信性。最大诚信原则是约束当事人双方的,但实际上更多地约束被保险人,因为保险标的处于被保险人的使用和监管之下,保险人无法控制事故风险。如果被保险人申报不实且有明显的欺骗行为,保险人可以依据保险合同的诚信性原则解除合同。

5) 汽车保险合同是双务合同

任何合同对双方当事人都是法律行为,双方当事人都有义务履行合同,所以叫双务合同。当事人双方的义务与享有的权利是互为联系、互为因果的,交纳保险费是保险合同生效的先决条件。投保人在承担支付保险费的义务后,汽车保险合同生效,被保险人在被保险汽车发生保险事故时,依据保险合同享有请求保险人支付保险金或补偿损失的权利。同样,保险人在收取投保人的保险费后,就必须履行保险合同所规定的赔偿损失的义务。因此,保险人和投保人或被保险人的权利与义务互为因果,因此,汽车保险合同是双务合同。

6) 汽车保险合同是有偿合同

订立保险合同是双方当事人有偿的法律行为,因此,保险合同是有偿合同。保险合同的一方享有合同的权利,必须为对方付出一定的代价,这种相互的报偿关系称为对价。汽车保险合同以投保人支付保险费作为对价换取保险人来承担风险。投保人的对价是支付保险费,保险人的对价是承担保险事故风险,并在保险事故发生时承担给付保险金或赔偿损失的义务,这种对价是相互和有偿的。

7)汽车保险合同是非要式合同

要式合同是指法律要求必须具备一定的形式和手续的合同,非要式合同是指法律不要求必须具备一定形式和手续的合同,两者的区别在于是否以一定的形式作为合同成立和生效的条件。对于要式合同,当形式要件属成立要件时,如果当事人未根据法律的规定采用一定的形式,合同就不能成立;当形式要件属生效要件时,如果当事人不依法采取一定形式,则已成立的合同不能生效。非要式合同可由当事人自由决定合同的形式,无论采用何种形式都不影响合同的成立和生效。

8)汽车保险合同是附和合同

附和合同不是由双方当事人充分商议而订立的,而是由一方提出合同的主要内容,另一方只能取与舍,即要么接受对方提出的条件签订合同,要么拒绝。汽车保险合同是附和合同,合同主要内容一般没有商量的余地,这是由汽车保险的特点和发展汽车保险业务的实际需要决定的。

2.汽车保险合同的自身特征

汽车保险合同除了具有一般合同的上述特征之外,还有其自身的特征,具体表现在以下几点。

(1)汽车保险合同的可保利益较大。对于汽车保险,不仅被保险人使用被保险汽车时拥有保险利益,对于被保险人允许的合格驾驶员使用被保险汽车,也应有保险利益。

(2)汽车保险合同是包含财产保险和责任保险的综合保险合同。汽车保险标的可以是汽车本身,还可以是当被保险汽车发生保险事故后,被保险人依法应负的民事赔偿责任。因此,除了涉及投保人和被保险人之外,还有第三人。

(3)汽车保险合同属于不定值保险合同,其保险金额的确定方法不同。在汽车保险合同中,车辆损失的保险金额可以按照投保时保险标的的实际价值确定,也可以由投保人或被保险人与保险人协商确定,并将投保金额作为保险补偿的最高限额,属于补偿性合同。第三者责任险将投保人选择的投保限额作为保险责任的最高赔偿限额。而人身保险合同的投保金额是由投保人根据其身体条件、经济状况等与保险人协商确定的,并以此作为给付的最高限额。

(4)汽车保险合同确保保险人具有对第三者责任的追偿权。当被保险汽车发生保险责任事故时,尽管被保险汽车的损失是由第三者责任引起的,被保险人还是可以从保险人处取得赔偿款,但应该将向第三者的追偿权让与保险人,以防被保险人获得双重的经济补偿。而人身保险当因第三者原因导致保险责任事故时,被保险人在获得保险人的赔偿以后,还可以向第三者请求赔偿。

2.1.2 汽车保险合同的形式

在汽车保险的具体实务工作中,汽车保险合同主要有以下几种形式。

1.投保单

汽车保险投保单又称为“要保单”或“投保申请书”,是投保人申请保险的一种书面形式。

通常,投保单由保险人事先设计并印就,上面列明了保险合同的具体内容,投保人只需在投保单上按列明的项目逐项填写即可。投保人填写好投保单后,保险人审核同意签章承保,这意味着保险人接受了投保人的书面要约,说明汽车保险合同已告成立。

汽车投保单的主要内容包括:①被保险人、投保人的名称;②保险车辆的名称;③投保的险别;④保险金额;⑤保险期限。

上述投保单的内容经保险人签章后,保险合同即告成立,保险人按照约定的时间开始承担保险责任。在保险双方当事人约定的时间后,保险人仍未签发保险单,投保单仍具法律效力。

2. 暂保单

暂保单是保险人签订正式保单以前签发的临时保险合同,用以证明保险人同意承保。暂保单的内容较为简单,仅包括保险标的、保险责任、保险金额以及保险关系当事人的权利义务等。暂保单具有与正式保单同等的法律效力。同正式保单相比,暂保单的内容相对简单、保险期限短,可由保险人或兼业保险代理机构签发;而正式保单尽管法律效力与暂保单相同,但其内容较为复杂,保险期限通常为一年,保险单只能由保险人签发。

3. 保险单

保险单简称保单,是保险人和投保人之间订立保险合同的正式书面凭证。它根据汽车投保人的申请,在保险合同成立之后,由保险人向投保人签发。保险单上列明了保险合同的所有内容,它是保险双方当事人确定权利、义务和在发生保险事故遭受经济损失后,被保险人向保险人索赔的重要依据。

4. 保险凭证

保险凭证是保险人发给投保人证明保险合同已经生效的一种凭证,它也是保险合同存在的一种形式。凡凭证没有记载的内容,均以同类险种的保险单为准,是一种简化的保险单。在汽车保险业务中,保险人除签发保险单外,还需出立保险凭证,用以证明被保险人已经投保,便于交通事故的处理。

5. 批单

批单是更改保险合同某些内容的更改说明书。在汽车保险业务的过程中,往往由于车辆过户、转让、出售等变更车辆所有权的行为,因而需要变更汽车保险单中的某些要素如被保险人、保险金额、保险期限等内容。这些变更的内容需要以某种形式将其记载下来,或者重新出具保险单。但是在实际业务中,这样的变更行为是非常频繁的,重新出具保险单成了一项烦琐的工作,因此批单的出现及广泛使用便成为顺理成章的事。被保险人在保险有效期内如果需要对保单的内容作部分更改,需要向保险人提出申请,保险人如同意更改则批改的内容在保单或保险凭证上批注或附贴便条。凡经批改过的内容均以批单为准,批单是保险单中的一个重要组成部分。

6. 书面协议

保险人经投保人同意,可将双方约定的承保内容及彼此的权利、义务以书面协议的形式明确下来。这种书面协议也是保险合同的一种形式。同正式保单相比,书面协议的内容不事先拟就,而是根据保险关系双方当事人协商一致的结果来签订,具有较大的灵活性和针对性,是一种不固定格式的保险单,因而它与保险单具有同等法律效力。

2.1.3　保险合同的订立与生效

保险合同的订立是指投保人和保险人在意思表示一致时双方订立保险合同的行为。保险合同是当事人双方就保险事件达成的协议,在协议中分别载明了各自的义务和权利。

1.汽车保险合同的订立

汽车保险合同在订立时必须基于保险人和投保人的意见一致,才能成立生效,所以汽车保险合同采取要约与承诺的方式订立。要约又称为“订约提议”,是一方当事人向另一方当事人提出订立合同建议的法律行为,是签订保险合同的一个重要程序。要约中需要提出订立合同的主要条款,包括合同中的标的、数量、价款、履行期限和地点以及违约责任等。承诺又称为“接受订约提议”,是承诺人向要约人表示同意与之缔结合同的意思表示。承诺人对于要约人提出的主要条款赞同后,合同即告成立,双方当事人开始承担履行合同的义务。

为了保护投保人的利益,《保险法》第十七条规定,对保险合同中免除保险人责任的条款,保险人在订立合同时应当在投保单、保险单或者其他保险凭证上作出足以引起投保人注意的提示,并对该条款的内容以书面或者口头形式向投保人作出明确说明,否则,该条款不产生效力。

2.汽车保险合同的生效

1)生效要件

汽车保险合同是否生效,取决于合同是否符合法律规定的签订合同的要件,包括以下内容。

(1)主体资格。汽车保险合同的主体资格是指合同当事人即保险人、投保人和被保险人的资格是否合乎规定。

①保险人资格。保险人必须是按照《保险法》规定设立的保险公司或其他保险组织,且保险人从事汽车保险业务必须经金融管理部门批准。

②投保人资格。投保人在订立汽车保险合同时,必须对保险标的具有保险利益,必须具有完全的民事行为能力和交付保险费的能力,限制行为能力和无行为能力的人订立的汽车保险合同无效。

③被保险人资格。当汽车保险事故发生时,被保险人对保险标的必须具有保险利益。

(2)合同内容的合法性。这是指合同条款必须符合法律规定,才能确保合同的有效性。首先,作为保险标的的汽车必须是合法的,必须有交通管理部门核发的行驶证和号牌并经检验合格,不能为走私汽车、报废汽车、盗窃车等非法汽车。其次,保险金额必须合法,不能超过保险汽车本身的价值,否则,超过部分无效。

(3)保险人和投保人的意思表示真实。在保险人和投保人的意思表示真实的基础上达成一致是汽车保险合同成立的基本条件。所谓的意思表示真实主要指:①必须是自愿订立的汽车保险合同,除强制保险外,任何单位和个人强制他人订立汽车保险合同,都是不真实的意思表示;②合同当事双方必须完全履行如实告知义务。

(4)约定的其他生效条件。保险期限、如何交纳保险费等汽车保险合同的其他生效条件,要在签订保险合同时约定。

2)生效时间

汽车保险合同生效时间是保险人开始履行保险责任的时间。《保险法》第十四条规定,保险合同成立后,投保人按照约定交付保险费,保险人按照约定的时间开始承担保险责任。在汽车保险实务中,保险合同成立的时间与其生效时间有同一时间和非同一时间两种可能。

投保人提出投保申请,保险人经过核保签章,投保人交纳保险费,保险期限的约定与交纳保险费的时间是统一的，对于这样依法成立的汽车保险合同，合同生效与成立的时间相同，属于第一种情况。汽车保险合同的成立与生效为非同一时间的情形，多发生在附生效条件的汽车保险合同中。

2.1.4 汽车保险当事人的权利与义务

由于汽车保险合同是双务合同，一方当事人的权利往往是另一方当事人的义务。

1. 投保人的义务

1）告知义务

在保险合同订立时，投保人或被保险人应当将保险标的的重要相关事项如实告知保险人，这就是告知义务。

（1）告知的范围和方式。告知的范围为重要事项，是指投保人或被保险人在法律上必须告知的事项。纵观各国立法，告知的方式分为无限告知和询问告知两种。采用询问回答的告知方式，投保人只需就保险人所询问的事项如实回答。询问的方式，可以是口头询问，也可以是书面询问。汽车保险合同的告知内容包括车辆情况、使用情况、驾驶员情况等。

（2）违反告知义务的处理。在保险实务中，常遇到下列情形：故意的不实告知；故意隐匿有关事项；过失造成不实告知；因过失遗漏有关事项；无过失的不实告知；无过失地遗漏需告知的事项。

《保险法》第十六条规定：投保人故意或者因过失未履行如实告知义务，足以影响保险人决定是否同意承保或者提高保险费率的，保险人有权解除合同；投保人故意不履行如实告知义务的，保险人对于合同解除前发生的保险事故，不承担赔偿或者给付保险金的责任，并不退还保险费；投保人因重大过失未履行如实告知义务，对保险事故的发生有严重影响的，保险人对于保险合同解除前发生的保险事故，不承担赔偿或者给付保险金的责任，但应当退还保险费。

2）交纳保险费的义务

《保险法》第十四条规定，保险合同成立后，投保人按照约定交付保险费，保险人按照约定的时间开始承担保险责任。投保人交纳保险费应该根据合同的约定一次交清或分期支付。在汽车保险实务中，如果投保人没有按照汽车保险合同的约定期限交付保险费，通常采用以下几种方法。

（1）保险人可以要求投保人限期交纳并补交利息。如果在限期内发生保险责任事故，保险人负责赔付，但应缴保险费及利息应从赔款中扣除。

（2）保险人可以决定终止合同并正式通知投保人或被保险人，有权要求其支付终止合同前应该负担的保险费及其利息。

3）申请批改的义务

申请批改分为以下三种情况。

（1）转卖、转让或赠送他人。在保险合同有效期内，保险车辆合法转卖、转让、赠送他人，投保人应事先通知保险人；转卖的保险车辆经合法交易后，或保险车辆转让和赠送他人时，在办理相关手续后，应向保险人申请办理批改手续。

（2）变更用途。在保险合同有效期内，保险车辆改变使用性质或改装变形，被保险人应事先通知保险人，并申请批改车辆使用性质或车型。

(3)增加危险程度。这是指在订立保险合同时,未曾预料或未予估计的危险程度可能性的增加,直接影响保险人在承保当时是否增收保险费和决定承保。《保险法》第五十二条规定,在合同有效期内,保险标的的危险程度显著增加的,被保险人应当按照合同约定及时通知保险人,保险人可以按照合同约定增加保险费或者解除合同。被保险人未履行前款规定的通知义务的,因保险标的的危险程度显著增加而发生的保险事故,保险人不承担赔偿保险金的责任。

4)出险的施救与通知义务

汽车保险合同生效以后,如果发生了保险责任事故,投保人和被保险人都负有施救、报案和及时通知保险人的义务。《机动车辆保险条款》规定,保险车辆发生保险事故后,被保险人应该采取合理的保护、施救措施,并立即向事故发生地交通管理部门报案,同时在48小时之内通知保险人。这一义务的规定可以确保以下几点。

(1)保险人和被保险人在出险时,可以采取适当的方法施救,以防损失扩大。《保险法》第五十七条规定,保险事故发生时,被保险人应当尽力采取必要的措施,防止或者减少损失。保险事故发生后,被保险人为防止或者减少损失标的的损失所支付的必要的、合理的费用,由保险人承担;保险人所承担的费用数额在保险标的损失赔偿金额以外另行计算,最高不超过保险金额的数额。

(2)出险后交通管理部门和保险人能及时展开对于事故和损失的调查,以防因延误调查而丧失证据,影响责任的确定。

(3)防止保险欺诈行为,让故意制造事故骗取赔款者无可乘之机。

(4)当涉及第三者的诉讼时,保险人和被保险人可以积极准备抗辩。

5)保险汽车的受损修复与检验义务

《机动车辆保险条款》规定,保险车辆因保险事故受损,应当尽量修复。修理前被保险人须会同保险人检验,确定修理项目、方式和费用。否则,保险人有权重新核定或拒绝赔偿。修复是指对于交通事故损坏的财物,应尽量使其恢复到损坏前的状态和使用性能。

6)安全防损义务

汽车保险合同生效后,被保险人应做好保险车辆的维护工作,车辆的装载应当符合《中华人民共和国道路交通管理条例》的有关规定,应履行安全防损义务,积极防止保险事故的发生。为规范被保险人及其驾驶员的安全防损义务,《保险法》第五十一条规定,被保险人应当遵守国家有关消防、安全、生产操作、劳动保护等方面的规定,维护保险标的的安全。

7)其他义务

投保人和被保险人除了需要履行上述义务外,还需要履行以下义务。

(1)守法义务。守法义务是指投保人和被保险人不得非法转卖、转让保险车辆,也不得利用保险车辆从事法律、法规和有关规定所不允许的非法活动和经营活动。《机动车辆保险条款》规定,被保险人不得非法转卖、转让保险车辆,不得利用保险车辆从事违法犯罪活动。

(2)遵守诚信义务。遵守诚信义务是指被保险人向保险人索赔时,提供的情况及其单据必须真实可靠,不得存在隐瞒事实、伪造单据、制造假案等欺诈行为。

(3)协助追偿义务。协助追偿义务是指当保险车辆发生车辆损失险的保险责任范围内的损失是第三者造成的,应由第三方负责赔偿时,被保险人必须向第三方索赔。

由于被保险人的故意或过失行为,导致保险人不能正常向第三方行使代位追偿权利的,保险人将视被保险人过错大小,全部扣除或部分扣除保险赔偿金额。

(4)提交证明义务。《机动车辆保险条款》对被保险人在索赔时提交的单据规定,被保险人应在公安交通管理部门对交通事故处理结案之日起 10 天内,向保险人提交保险单、事故证据、事故责任认定书、事故调解书、判决书、损失清单和有关费用单据,或提交保险人要求能证明事故原因、性质、责任划分和损失确定等的各种必要单证。

2. 保险人的义务

1)说明义务

说明义务是指保险人向投保人说明保险合同条款内容的义务。保险人的说明义务与投保人的告知义务一样,都是法律规定的当事人在订立合同前需要履行的义务,是法定的先契约义务,它不仅是诚信原则的基本要求,也是形成保险当事人合意的基础。

一般国家保险立法并没有明确规定保险人的说明义务,《保险法》第十六条规定,订立保险合同,保险人应当向投保人说明保险合同的条款内容。第十七条规定,保险合同中规定有关于保险人责任免除条款的,保险人在订立保险合同时应当向投保人明确说明,未明确说明的,该条款不产生效力。

2)及时签单义务

投保人提出投保要求,经保险人同意承保,并就合同的条款达成一致,即经过要约与承诺以后,保险合同成立。此时,保险人应当及时向被保险人签发保险单或保险凭证,以作为书面合同的证明。

3)赔偿义务

在汽车保险事故发生后,按照保险合同的约定,保险人有义务负责赔偿保险事故所造成的实际损失或支付约定的保险金。赔偿的数额要按照责任界限来确定,车辆损失险以保险金额为限,第三者责任险以赔偿限额为限。根据《保险法》和《机动车辆保险条款》的规定,保险人履行赔偿义务需要具备以下几个条件。

(1)保险事故所造成的损失对象必须是生效的保险合同中列明的财产或利益。对于未保的财产损失和其他间接损失,保险人不承担赔偿责任。对于第三者责任险所指的责任事故,必须是由保险人的疏忽和过失引起的。

(2)保险车辆的损失及其造成的第三者损失,必须是由保险责任直接导致的,除外责任所导致的损失,保险人没有相应的赔偿义务。

(3)保险人的赔偿只限于合同规定的保险金额和赔偿限额。车辆损失包括保险车辆的实际损失、施救费用、合理的诉讼费用和必要的损失车辆检验费等其他合理费用。

(4)保险车辆的损失必须发生在保险合同约定的车辆存放地和保险期限内,保险人才能按照合同的约定承担赔偿义务。对于车辆损失,保险人可以采用修理、更换或支付现金的方式赔付。

2.1.5　汽车保险合同的变更、解除与终止

1. 汽车保险合同的变更

1)保险合同变更的含义

保险合同的变更是指在保险合同的期限届满前,当事人根据主客观情况的变化,依照法

律规定的条件和程序,对保险合同的某些条款进行修改或补充。保险合同一般是一年以上的长期合同,在合同的有效期限内,难免不发生一些变化,因而会产生变更合同的要求。在保险合同有效期内,投保人和保险人协商一致,可以变更保险合同的有关内容。《保险法》第二十条规定,变更保险合同的,应当由保险人在原保险单或者其他保险凭证上批注或附贴批单,或由投保人和保险人订立变更的书面协议。

2)保险合同变更的主要内容

保险合同变更的内容主要包括以下几个方面:①主体内容的变更包括保险人如有分立或合并时,可以变更保险人;②投保人或被保险人将保险标的转让给第三人的,可以变更投保人或被保险人;③标的内容的变更,包括保险标的的价值、用途或危险程度的变化等;④保险责任条款内容的变更,包括保险人承担的保险责任范围的扩大或减小等。如果投保人或被保险人有变更保险合同责任条款的需要,经过双方协商,可以采用保险人事先准备的附加条款,或由保险人在原保险单上批注。

3)保险合同变更的形式

保险合同的变更必须采用书面形式,并经双方协商一致,才发生变更的效力。其书面形式既可以是保险人在原保险单或其他保险凭证上的批注或者附贴批单,也可以是投保人和保险人双方就保险合同的变更问题专门签订的书面协议。

4)保险合同变更的效力

保险合同一经变更,变更的那部分内容取代了原合同中被变更的内容,与原合同中未变更的内容一起,构成了一个完整的合同。当事人应以变更后的合同为依据履行各自的义务。

2. 汽车保险合同的解除

1)保险合同解除的概念

保险合同的解除是指在保险合同生效后、有效期限届满之前,一方当事人根据法律规定或当事人双方的约定行使解除权,从而提前结束合同效力的法律行为。

2)保险合同解除的条件

(1)投保人解除保险合同的条件。关于投保人解除保险合同的条件,除了当事人在合同中的专门约定外,法律的限制较少。《保险法》第十五条规定,除本法另有规定或保险合同另有约定外,保险合同成立后,投保人可以解除合同,保险人不得解除合同。所谓的"本法另有规定",是指《保险法》第五十条的规定,即货物运输保险合同和运输工具航程保险合同,保险责任开始后,合同当事人不得解除合同。也就是说,投保人除了货物运输保险合同和运输工具航程保险合同在保险责任开始后,合同双方不得解除合同。

在保险实务中,当事人可以在合同中约定,投保人可以基于以下条件解除合同:①保险合同中约定的保险事故肯定不会发生;②保险标的的危险程度明显减少或消失;③保险标的的价值明显减少。

(2)保险人解除保险合同的条件。与投保人相比,法律对保险人行使合同解除权的限制相对多一些,并对保险人解除保险合同应具备的法定条件作出规定。除了合同另有约定外,保险人可以依据以下条件行使合同解除权:①投保人违反如实告知义务;②保险标的危险程度增加的;③投保人、被保险人未按照合同约定履行其对保险标的的安全应尽的责任的;④被保险人或受益人在未发生保险事故的情况下,谎称发生了保险事故,向保险人提出赔偿或给付保险金请求的;⑤投保人、被保险人或受益人故意制造保险事故的。

3）保险合同解除的后果

保险合同解除的后果就是合同效力的提前消灭。解除的效力从何时发生，一般有两种情形：一是溯及自合同成立时发生；二是将来发生。在前一种情况下，原合同已经履行的部分恢复到履行前的状态，双方当事人从对方处取得的财产返还给对方。后一种情况下，原合同已经履行的部分继续有效，未履行的部分不再履行。

3. 保险合同的终止

保险合同的终止，即保险合同权利义务关系的绝对消灭。引起保险合同终止的原因有以下几个。

（1）自然终止。自然终止也称届期终止，即保险合同的有效期届满，保险人承担的保险责任即告终止。

（2）因解除而终止。保险合同被解除的后果是导致保险合同终止的又一个原因。保险合同双方当事人中的任何一方都可以根据法律规定或双方的约定行使合同的解除权来解除合同，在这种情况下，合同解除的效力从解除合同的书面通知送达对方当事人开始。

（3）因义务已履行而终止。保险合同约定的保险事故发生，保险人以合同约定赔偿或给付保险金后，保险合同即告终止。保险汽车若一次事故全部损毁或推定全损，赔足保险金额后，合同终止。

（4）协议终止。协议终止是指在保险合同的有效期限内，经过合同双方当事人协商一致直接终止合同的行为。

2.2　汽车保险的基本原则

保险既是一种经济制度，又是一种法律关系。保险业务在运行过程中必须遵循一些基本原则，汽车保险也不例外。

2.2.1　保险利益原则

保险利益是指投保人对保险标的所具有的法律上承认的经济利益。它体现了投保人或被保险人与保险标的之间存在的经济利益关系，即保险标的损害或丧失使投保人或被保险人必然蒙受经济损失。

对于汽车保险来讲，在投保时无可保利益是不能投保的，在出现事故损失时，若无可保利益也不能获得赔偿。在汽车保险的经营过程中，较为常见和突出的涉及可保利益的问题，是被保险人与车辆所有人不吻合的问题，即在车辆买卖的过程中，由于没有对保单项下的被保险人进行及时的变更，导致被保险人与行驶证的车辆所有人不吻合，一旦车辆发生损失，原车辆所有人由于转让了车辆不具备对于车辆的可保利益，而导致其名下的保单失效。而车辆新的所有人由于不是保险合同中的被保险人，当然也不能向保险人索赔。

1. 构成保险利益的条件

（1）必须是法律上所认可的利益。法律上所认可的利益又称为适法的利益，即法律上承认的利益。也就是说，得到法律认可和保护的利益受到损害才能构成保险利益。不法利益，不论当事人是何种意图，均不能构成保险利益，所签订的保险合同均无效。如投保人以盗窃的汽车或购买来的赃车投保，该保险合同无效。此外，法律上不予承认或不予保护的利益也不构成保险利益。

(2)必须为经济上的利益。经济上的利益是可以用货币计算和估价的利益,又称金钱上的利益。保险的实质是对被保险人遭受的经济上的损失给予经济上的补偿。如果不能用金钱来计算保险标的的价值,就无法计算其损害程度,也就无法实现对保险标的的经济损失的补偿。如果被保险人遭受的损失不是经济上的,就不能构成保险利益。例如,政治利益的损失、竞争失败、精神创伤等,可能与当事人有利害关系,但这种利害关系不是经济上的,就不构成可保利益。如果因上述原因导致当事人的经济损失,则可以构成保险利益,行政处分、刑事处罚等虽也可造成当事人的经济损失,但从公共利益出发,对于此类经济损失,保险不予保障。

(3)必须是确定的利益。确定的利益是指已确定或可以确定的利益。它包括两层含义。其一是能够用货币估价的。如古董、名字画可能价值连城,但投保必须有一个确定的货币金额,利益将以这个价格来确定。对于无价之宝,没有办法确定其价格,保险人就无法承保。随着现代经济的发展,真正的"无价之宝"越来越少,绝大多数财产都可以确定其价格。其二是这种确定的利益是指事实上或客观上的利益,而不是当事人主观估计的利益:这种事实上的利益包括现有利益和期待利益。现有利益比较容易确定,期待利益就容易引起争议。随着保险技术的发展与完善,期待利益也可以准确地计算出来,如利益损失保险就是直接以期待利益作为保险标的的保险。

(4)必须是客观存在的利益。保险利益必须是客观上或事实上的利益,所谓事实上的利益包括"现有利益"和"期待利益"。保险利益主要是指投保人或被保险人的现有利益,诸如财产所有权、共有权、使用权等。

2. 保险利益原则的作用

依照保险利益原则,如果投保人以不具有保险利益的标的投保,保险人可单方面宣布合同无效。保险标的发生保险责任事故,被保险人不得从保险中获得超过保险利益限度的额外利益。因此,保险利益原则对汽车保险的作用主要有以下几点。

(1)避免保险与赌博混为一谈。保险合同是一种机会性的合同,但保险与侥幸图利的赌博有本质上的区别,保险利益决定了保险人不可能额外获利。因保险基金通过大数法则由广大投保人分担,即使没有得到赔款,也不会导致投保人负担很重。这就可以有效地避免保险成为赌博和类似赌博的行为。

(2)防止道德风险。这是指被保险人为了索取保险人的赔偿而违反道德,故意促使保险事故的发生,或者在发生保险事故时放任损失的扩大。如果投保人对于保险标的不具有保险利益而与保险人订立保险合同,就极容易发生道德风险。以汽车保险为例,如果投保人在无保险利益的情况下订立了汽车保险合同,则保险汽车随时有被破坏和损毁的可能。反之,如果保险在签订保险合同时具有保险利益,即使保险标的因保险事故受损,被保险人最多也只能获得原有的利益。因此,保险利益原则可有效地防止道德风险。

(3)有效地限制了保险补偿的程度。财产保险以损害补偿为目的,当保险事故发生时,被保险人所能获得的赔偿额度以保险利益为最高限度。也就是说,投保人或被保险人对超过保险标的实际价值的部分,不具有保险利益。如某车主将其价值 20 万元的汽车投保,在保险事故发生时,他最多只能得到 20 万元的保险赔款。即便是他投保了 25 万元的保险金额,并多交了保险费,也不能获得超过车辆价值以外的赔款,因为他对超过其车辆实际价值的部分金额没有保险利益，投保是无效的。因此，保险利益原则可以有效地限制保险赔偿的程度。

3. 保险利益的转移与消灭

（1）保险利益的转移。保险利益的转移是指在保险合同的有效期内，投保人将保险利益转移给受让人，而保险合同仍然有效。汽车的所有人对其所拥有的汽车有保险利益，如果在其投保的合同有效期内，汽车的所有权被转让给他人，对于原所有权人来说，由于其丧失了对保险标的的所有权，就没有了保险利益。对于新的汽车所有权人，其与保险人并没有合同关系，原保险合同应该终止，新的所有权人应就转让来的汽车重新投保。但在保险业务习惯中，法律往往承认新的所有权人可以自动取代原投保人的地位，使得保险合同继续生效，而不需要重新保险，这就是保险利益的转移。

（2）保险利益的消灭。对于财产保险，一旦保险标的灭失，保险利益就消失。对于人身保险，被保险人因规定的除外责任而死亡，如自杀、因被判死刑而枪决等，均构成保险利益的消失。

2.2.2　最大诚信原则

诚信是指诚实、守信用。诚实是指一方当事人对另一方当事人不得隐瞒、欺骗；守信用是指任何一方当事人都必须善意地、全面地履行自己的义务。

最大诚信原则是指保险合同双方在签订和履行合同的同时，必须以最大的诚意，履行自己应尽的义务，互不欺骗和隐瞒，恪守合同的约定与承诺，否则保险合同无效。

《保险法》第四条规定，从事保险活动必须遵守法律、行政法规，尊重社会公德，不得损害社会公共利益。最大诚信原则的内容包括告知和保证。告知有无限告知和询问回答告知之分；保证也有确认保证和承诺保证、明示保证和默示保证之分。任何合法合同的签订都以合同当事人的诚信为基础。在汽车保险业务中，最大诚信原则有着特殊的意义，从广义上讲正是由于汽车保险具有较大的特殊性，更要求保险合同双方遵循最大诚信原则。具体讲，由于汽车标的具有分散和流动的特点，保险人不可能对所有承保标的进行检验，为此，只能要求投保人自己认真、如实地按照投保单的要求进行填写，并明确这是投保人和被保险人履行告知义务的关键。在实务中较为突出的问题是，保险人或者其代理人等代投保人填写投保单，或者是在续保业务中沿用上一年度投保单的做法时，一旦发现投保单没有如实反映事实即没有履行告知义务，则容易出现责任追究的问题。所以，应当加强对保险公司业务人员以及保险代理人的教育，避免出现代为履行告知义务的现象。

在目前保险市场中，尤其是在汽车保险业务中保险欺诈的情况日益严重，而无论采用何种手段进行欺诈，最根本的一条均是违背了最大诚信原则。针对这个现象，保险公司的从业人员应当对保险诚信原则有一个全面的理解，并在日常工作中贯彻使用。同时，行业和社会均应加大对于保险诚信原则的宣传和教育，形成一种普遍的认识，最大程度限制和打击保险欺诈活动。

2.2.3　近因原则

所谓近因，不是指在时间或空间上与损失结果最为接近的原因，而是指促成损失结果最有效的、起决定作用的原因。近因原则的基本含义是：在风险与保险标的的损失关系中，如果近因属于被保风险,保险人应负赔偿责任;如果近因属于除外风险或未保风险,则保险人不负赔偿责任。

保险标的的损害并不总是由单一的原因造成的,损害发生的原因经常是错综复杂的,其表现形式也多种多样。有的是同时发生,有的是连续发生,有的则是时断时续地发生。这些原因有的属于保险责任,有的不属于保险责任。对于这一类因果关系较为复杂的赔案,保险人应如何判定责任归属呢?这就要根据近因原则来判断。

在实务中,导致损失的原因是多种多样的,因此,如何确定损失近因,要根据具体的情况作具体的分析。

(1)单一原因导致损失近因的判定。单一原因导致损失,即造成损失的原因只有一个,则该原因就为近因。

(2)多种原因同时导致损失近因的判定。多种原因同时导致损失,即各原因发生无先后之分,且对损害结果的形成都有直接与实质的影响效果,则原则上它们都是损失的近因。若多种原因都属保险责任,对其所致的损失,保险人必须承担赔偿责任;若都为除外责任,保险人不负赔偿责任。若多种原因中既有保险责任,又有除外责任,则依具体情况进行处理。如果它们所导致的损失能够分清,保险人则对承保的危险所造成的损失负责;如果保险危险与除外危险所导致的损失无法分清,此种情形的处理有两种意见:一种是主张损失由保险人与被保险人分摊,另一种是主张保险人可以完全不负赔偿责任。

(3)多种原因连续发生导致损失近因的判定。多种原因连续发生,即各原因依次发生,持续不断,且具有前因后果的关系。若损失是由两个以上的原因造成的,且各原因之间的因果关系未中断,其最先发生并造成一连串事故的原因为近因。如果该近因是保险责任,保险人应负责赔偿损失,反之不负赔偿责任。例如,由于汽车刹车修理不善,不能及时刹车,造成事故损失,其近因是刹车不灵而不是事故本身。

(4)多种原因间断发生导致损失近因的判定。多种原因间断发生,即各原因的发生虽有先后之分,但其之间不存在任何因果关系,却对损失结果的形成都有影响效果。此种情形损失近因的判定及保险人承担责任的处理方法与多种原因同时导致损失近因的判定方法基本相同。

2.2.4 损害补偿原则

1. 损害补偿原则的含义

补偿原则是指保险合同生效后,如果发生保险责任范围内的损失,被保险人有权按照合同的约定,获得全面、充分的赔偿。保险赔偿是弥补被保险人由于保险标的遭受损失而失去的经济利益,被保险人不能因保险赔偿而获得额外的利益。

这种损害补偿有两层含义:①投保人与保险人订立保险合同后,一旦由于保险事故造成经济损失,被保险人就有权获得全面而充分的赔偿,以补偿保险标的的损失;②保险人对被保险人的赔偿,恰好能使保险标的恢复到保险标的发生以前的状况,保险赔偿不能高于实际损失。补偿超过了保险标的的实际损失,就使被保险人因保险事故的发生获得了额外利益。这样可能会产生许多不良后果。因为保险的职能是补偿被保险人因保险事故造成的损失,从而达到社会安定的目的。如果保险能够给被保险人带来额外的利益,就可能导致个别不法之徒故意制造保险事故,以此牟取好处,诱发道德风险,为社会带来新的危害和不稳定因素。因而,所确定的"保险人支付的赔偿限额不应该超过被保险人的实际损失"的损害补偿原则,可有效地杜绝保险上的投机和不法行为,防范道德风险的发生。

2. 损害补偿的方法

在汽车的保险合同有效期内,保险车辆发生保险事故而遭受损失,保险人按照合同的约定给予赔偿。按照我国的法律规定,计算补偿可以采用如下的扣除与赔偿方式。

1)扣除方式

(1)按照重置成本扣除保险标的的残值确定实际损失。

(2)根据保险车辆驾驶员在事故中所负的责任,确定扣除比例。具体方法如下:负事故全部责任或单方肇事的,扣除赔款的15%;负事故主要责任的,扣除赔款的10%;负同等责任的,扣除赔款的8%;负次要责任的,扣除赔款的5%(以家庭自用汽车为例)。

(3)汽车保险是不定值保险,加之保险余额的确定方法不同,可能出现不足额保险,只能根据保险金额按比例赔偿。

(4)如果存在保险事故的其他责任人,保险人通常是先赔偿,然后获得代位求偿权。如果被保险人同意,也可以直接在赔偿计算时扣除赔款。

2)赔偿方式

汽车保险的损害补偿有现金给付、重置和修理三种方式。

(1)现金给付是财产保险中最常见的损害补偿方式,它简单方便、了结赔案迅速,深受欢迎。汽车保险中的第三者责任险常采用这一补偿方式。

(2)重置是指保险人更新购置与保险标的相同或相似的物品,作为损害的补偿。汽车保险的玻璃单独破碎险一般采用这一方式补偿。

(3)修理是指当保险标的受损时,保险人采用修理的办法,将保险标的的性能恢复到未损害时的状况。车辆损失险一般采用这一形式补偿。

损害补偿原则的核心是要维护保险作为一个社会经济制度的积极意义,即一方面要确保被保险人在遇到承保风险造成的损失时能够得到充分的补偿,以稳定其正常的生产和生活活动,另一方面又要防止一些不法的被保险人利用保险牟利。只有这样保险才能健康有序地发展,才能真正发挥其保障的作用。

2.2.5　代位原则

代位原则是指保险人按合同约定向被保险人赔偿保险金之后,依法取得有关保险标的的所有权或向第三者(责任人)追偿权的原则。其依据是保险损失补偿原则,是损失补偿原则的派生原则。代位原则运用的目的在于限制被保险人因保险事故发生而得到额外收益,保险人正确地行使代位权利能有效控制保险赔付金额,提高保险人的自身效益。财产保险的代位形式有两种:一种是权上代位,即代位追偿,因第三者原因引起被保险人遭遇保险责任事故,保险人可行使被保险人向第三者请求赔偿的权利,这种代位的前提条件是被保险人遭遇保险责任事故且事故因第三者引起,如果被保险人因第三者引起财产损失,但事故不是保险人所承保的,保险人不需进行赔偿,也就没有代位权;另一种形式为物上代位,即取得保险标的物的所有权,当保险标的物发生实际全损或推定全损时,保险人可取得被保险人对保险标的物的所有权。代位追偿原则是指在财产保险中,保险标的发生保险事故造成报废全损,或者保险标的的损失是由第三者的责任造成的,保险人按照合同的约定履行了赔偿责任之后,依法取得对保险标的的所有权或对保险标的损失负有责任的第三者追偿权。代位追偿的主要目的在于防止被保险人由于保险事故的发生,从保险人和第三者责任方同时获得双重赔偿而获得额外的利益。

《保险法》第六十、六十一和六十二条对于代位原则及其适用的范围、条件和例外等有关问题进行了明确的规定。在汽车保险的经营过程中,在代位追偿方面较为突出的问题主要有以下几种。①当被保险人的保险事故的全部或者部分损失应由第三者负责时,保险人承担损失赔偿的问题,即被保险人在这种情况下对索赔对象选择权的实现问题。保险人应当认识到根据保险合同被保险人有这种权利,只要损失本身居于保险责任范围,被保险人就有权选择向保险人索赔。②被保险人选择向保险人索赔的先决条件,《机动车辆保险条款》第十九条规定,保险车辆发生保险责任范围内的损失应当由第三方负责赔偿的,被保险人应当向第三方索赔。如果第三方不予支付,被保险人应提起诉讼。在被保险人提起诉讼后,保险人应根据被保险人提出的书面赔偿请求,按照保险合同予以赔偿,但被保险人必须将向第三方追偿的权利转让给保险人,并协助保险人向第三方追偿。被保险人往往对于保险人要求其必须向法院提起诉讼之后方能向保险人索赔的做法不理解,认为是"为难"被保险人,其实不然,这种要求不仅仅是保险合同的要求,也是代位原则的要求。

第2部分　技能训练

实训项目1　订立汽车保险合同

实训目标

(1)熟悉汽车保险合同订立与生效的过程。

(2)熟悉保险人和投保人如实告知义务的内容和要求。

(3)能够根据客户的实际情况,熟练为客户设计保险方案。

实训案例

王女士,35岁,驾龄1年,花6.68万元买了一辆起亚轿车,作为上下班的代步工具,只限于本人使用,驾驶区域相对稳定,有固定停车地点,同时作为女性,驾驶较谨慎,发生事故的概率较小。

相关资料信息

序号	项目	说明
1	被保险人与投保机动车辆的关系	所有
2	车主	王××
3	号牌号码	津 HE2345
4	号牌底色	蓝色
5	厂牌型号	起亚 YQZ7140 轿车
6	发动机号	52057154
7	车架号	LJDEAA29180022159
8	核定载客	5人
9	核定载质量	—

续表

序号	项目	说明
10	排量/功率	1.4
11	初次登记日期	2011 年 1 月
12	已使用年限	0
13	年平均行驶里程	0
14	车身颜色	红
15	机动车种类	6 座以下客车
16	机动车使用性质	家庭自用
17	是否本公司续保	否
18	行驶区域	中国境内
19	上年赔款次数	无
20	是否未还清贷款车辆	否
21	车损险车身划痕选择专修厂	无
22	上年度交通违规行为	无

操作并填写工单

（1）保险人如何更好地进行保险业务的宣传？

（2）保险人和投保人如何订立汽车保险合同？

（3）为王女士设计汽车保险方案。

（4）保险人和被保险人如实告知义务的内容有哪些？

实训项目 2　续保、批改和退保业务

实训目标

（1）能熟练掌握汽车保险的续保、批改和退保业务的工作流程。

（2）能掌握汽车保险的续保、批改和退保业务所需的相关文件资料。

（3）能熟练完成汽车保险的续保、批改和退保业务。

实训案例

王女士，35 岁，驾龄 1 年，花 6.68 万元买了一辆起亚轿车，作为上下班的代步工具，只限于本人使用，驾驶区域相对稳定，有固定停车地点，同时作为女性，驾驶较谨慎，发生事故的概率较小。

操作并填写工单

（1）王女士一年保险期满后需续保，请填写机动车辆续保通知书。

机动车辆保险续保通知书

__________(投保人名称/姓名)：

您于_______年_______月_______日投保的_______(号牌号码)车辆，保险单号为______________，将于_______年_______月_______日24时到期。为了能够不间断地为偶然性提供保险保障，请及时与我公司业务人员或955××客户服务中心联系，以便于我们为您提供保险服务。

此致

保险公司(签章)：
年 月 日
保险公司地址：
业务联系电话：

(2)王女士续保需提供哪些资料？可享受哪些无赔偿规定？

(3)王女士续保2个月后将车转让给张先生，请出具保险批单。

××财产保险股份有限公司机动车辆保险批单(正本)

被保险人： 批单号：
批文： 保险单号

经当事人双方协商一致，××××××(号牌号码)车辆进行以下变更，变更时间自 年 月 日起至 年 月 日 时止。

变更项目	变更前	变更后

其他事项不变。

特此批改。

保险公司(签章)：
年 月 日

备注：

核保： 制单： 经办：

(4)王女士续保2个月后将车转让给张先生，需做哪些变更事项？张先生应提供哪些材料？

(5)批改的注意事项有哪些？

(6)若王女士续保后，因某些原因要退保，应提供哪些文件资料？如何办理？

根据投保人的申请，××××××(号牌号码)车辆，自保险责任开始前解除保险合同，根据保险条款规定，投保人应当向保险人支付实交保费5%的退保手续费，应退还保费人民币(大写) 元。

其他事项不变。

特此批改。

保险公司(签章)：
年 月 日

课后练习

1. 名词解释

①保险合同；②投保单；③暂保单；④保险单；⑤保险凭证；⑥批单；⑦书面协议；⑧保险利益；⑨最大诚信原则；⑨近因；⑩损害补偿原则；⑪代位原则。

2. 简答题

(1)汽车保险合同主要有哪几种形式？

(2)什么是汽车保险合同的变更？变更的内容有哪些？

(3)在哪些情况下保险人可以解除汽车保险合同？

(4)何为保险利益原则？保险利益的构成条件有哪些？

(5)何为最大诚信原则？最大诚信原则的主要内容是什么？

(6)何为近因原则？如何判定损失近因？

(7)损害补偿的含义是什么？损害补偿的方法有哪些？

3. 论述题

(1)简述汽车保险合同的特征。

(2)汽车保险的基本原则有哪些？请分别加以阐述。

第3章　汽车保险产品

◎理论知识

☞机动车交通事故责任强制保险的含义、作用及保险细则

☞机动车损失保险的保险责任、责任免除及保险金额

☞机动车第三者责任保险的保险责任、责任免除

☞各附加险的保险责任、责任免除。

◎技能训练

☞常见的汽车保险产品的案例分析

★案例导入

某单位为其公务用车购买了机动车交通事故责任强制保险及商业车辆损失险和第三者责任险。一天晚上,司机张某在快速路上由东向西行驶,一女孩跨越隔离带横穿快速路被车撞伤。经交通事故处理部门认定,该道路为封闭机动车道,不允许行人横穿,机动车方无责任,女孩负事故全部责任。

通过阅读上述材料,思考如下问题。

(1)机动车方是否应该赔偿女孩的医疗费用?

(2)机动车方能否从保险公司获得保险赔偿?

第1部分　理论知识

3.1　机动车交通事故责任强制保险

国务院于2006年3月21日颁布的《机动车交通事故责任强制保险条例》规定,2006年7月1日起,所有上路行驶的机动车都必须投保交强险。2006年7月1日正式实施的机动车交通事故责任强制保险标志着我国第一个以立法形式设立的机动车强制险种开始出现在机动车保险领域。与以往机动车辆保险不同,其最大的特点就是强制性,也就是说今后所有机动车如果要上路行驶,都必须上此险种。本节即对其发展历程以及条例细则展开介绍。

3.1.1　交强险的发展历程

交强险的前身为第三者责任法定保险(或第三者责任强制保险),第三者责任法定保险最早以文件形式正式提出是在1984年的国务院27号文中。1984年,国务院下发了《关于农民个人或联户购置机动车船和拖拉机经营运输业的若干规定》(国发〔1984〕27号),要求农民个人或联户经营运输的机动车必须投保第三者责任法定保险。同年11月3日,国务院向各省、自治区、直辖市人民政府,国务院各部委、各直属机构下发了《国务院批转中国人民

保险公司关于加快发展我国保险事业的报告的通知》(国发〔1984〕151号),报告中提到为加速发展我国的保险事业,需要在许多方面进行加强,其中之一就是"实施机动车辆(包括)第三者责任法定保险,以保障交通事故中受害人的经济利益,同时也解决车辆肇事后的赔偿纠纷。我国广东、山东、青海、宁夏等地经当地政府批准,先后办理了这种保险。为了便于执法和管理,有必要对公、私车辆等交通工具(包括外国人的车辆)全面实行第三者责任法定保险"。

在1985年5月25日举行的国内保险业务座谈会上,中国人民保险公司也提到:当前各地应抓好两件事情,其一就是为配合第三者责任法定保险的实行,充分做好舆论宣传和实务管理两方面的准备工作,以保证法定保险的顺利实施。

1988年11月12日,中国人民保险公司、公安部、农业部联合下发了《关于实施拖拉机第三者责任法定保险的通知》(保发字〔1988〕350号),要求机关、团体、企事业单位、集体、个体、联户专门从事运输和既从事农田作业又从事运输的拖拉机都必须向中国人民保险公司或其代办处投保"拖拉机第三者责任法定保险",并积极参加"车辆损失险",否则不准上路行驶,公安、农机部门不予检验、上户。

1989年1月28日,经国务院批准,公安部发布了《关于在华外国人的机动车辆实行第三者责任强制保险的公告》,公告规定:凡外国驻华外交代表和领事机关,国际组织驻华代表机构、外国驻华新闻机构和商社驻华办公处、外资企事业等单位及其外籍员工,在中华人民共和国公安机关交通管理部门登记注册领取牌照的公用、私用机动车辆,都必须在1989年5月31日以前,由所有人向中国人民保险公司办理第三者责任法定保险。1989年6月1日起,中国公安机关交通管理部门禁止没有办理前述保险的机动车辆上路行驶,并不予登记注册和发放牌照。对到期不续保的,不予办理年检手续。

1999年,《机动车辆责任法定保险暂行条例》的起草工作正式启动。并于2002年,由全国人大法工委、国务院法制办、保监会联合向各保险公司征求对《机动车辆责任法定保险条例(征求意见稿)》的意见和建议。

总之,机动车第三者责任法定保险从1984年开始提出,直至2002年《机动车辆责任法定保险暂行条例》初具雏形,历时18年,其间,全国有25个省、自治区、直辖市通过立法或联合发文的形式,实行了机动车辆第三者法定保险制度。但是,由于始终未以法律的形式正式进行明确,且未制定专门的机动车辆第三者法定保险条款费率,因此,在此期间所提到的法定保险,并非真正意义上的机动车第三者法定保险。

我国机动车第三者法定保险制度发展史上的分水岭是《中华人民共和国道路交通安全法》(以下简称《道交法》)的通过与实施。《道交法》第七十六条明确规定,机动车发生交通事故造成人身伤亡、财产损失的,由保险公司在机动车第三者责任强制保险责任限额范围内予以赔偿。《道交法》首次以国家法律的形式,明确了机动车第三者责任保险作为法定保险的正式角色,体现了其前所未有的严肃性和强制性。

2004年12月,保监会会同公安部,召集人保财险等六家财产保险公司,依据《道交法》的规定,对《机动车第三者责任强制保险条例(送审稿)》进行修改。随后又经历了多次的局部修改以及小范围的征求意见。2005年1月11日,《机动车第三者责任强制保险条例(草案)》首次向社会公开征求意见。

2006年3月29日,历时22载,经历无数次研究、讨论和完善的法定保险制度终于尘埃落定，国务院令第462号公布了《机动车交通事故责任强制保险条例》，规定交强险自2006年7月1日起正式实施。

交强险的实施是我国车险发展史上的一个划时代的进步，它所承担的社会责任以及所体现的社会价值非其他财产险种所能比及，可谓是车险发展史的一个里程碑。

3.1.2 交强险的简介

1. 交强险的含义及特点

机动车交通事故责任强制保险简称交强险，是指当被保险机动车发生道路交通事故，对本车人员和被保险人以外的受害人造成人身伤亡和财产损失时，由保险公司在责任限额内予以赔偿的一种具有强制性质的责任保险。交强险自2006年7月1日起正式实施。

交强险的保障对象是被保险机动车致害的交通事故受害人，但不包括被保险机动车本车人员、被保险人。其保障内容包括受害人的人身伤亡和财产损失。

交强险的特点主要表现在：①突出“以人为本”，将保障受害人得到及时有效的赔偿作为首要目标；②体现“奖优罚劣”，即安全驾驶者将享有优惠的费率，经常肇事者将负担高额保费；③坚持社会效益原则，即保险公司经营交强险不以盈利为目的；④实行商业化运作，即交强险的条款费率由保险公司制定，保监会按照交强险业务总体上不盈利不亏损的原则进行审批。

交强险制度的建立有利于道路交通事故受害人获得及时、有效的经济保障和医疗救治；有利于减轻交通事故肇事方的经济负担；有利于促进道路交通安全，通过“奖优罚劣”的费率经济杠杆手段，促进驾驶人增强安全意识；有利于充分发挥保险的社会保障功能，维护社会稳定。

2. 交强险制度的社会价值

交强险制度的社会价值主要表现在以下几个方面。

(1)通过立法的形式，以国家强制力实现机动车的所有人或管理人的强制投保，以强制的形式直接转嫁机动车方在道路行驶过程中面临的风险，间接保护道路交通事故中受害人的合法权益，同时通过保险公司垫付和建立救助基金垫付的形式直接保护受害人的利益，体现了很强的经济补偿和社会管理功能。

(2)通过要求保险公司不得拒保，以及在理赔处理中严格的时限规定，为交强险的理赔服务提出了更高的要求。如要求保险公司在收到被保险人申请之日起1日内，书面告知被保险人所需提供的证明和资料，在收到证明和资料5日内，判定是否属于保险责任，如确定属于保险责任，需在与被保险人达成协议后10日内赔偿保险金的规定等，由此也将带动车险整体服务品质的提升，有利于更好地服务于广大被保险人，保护受害人的利益。

(3)与原有的商业三者险相比，交强险的保险责任范围有了较大的扩展，除明确的责任免除项目外，对于垫付的抢救费用，考虑到追偿的难度，部分也将成为保险公司的实际赔款。因此，保险责任范围的扩大大大加强了对受害人的保护力度，同时也承担了被保险人的更多风险。

3.1.3 交强险与商业三者险的区别

1. 交强险具有强制性，商业三者险存在自愿性

交强险要求在中华人民共和国境内（不含港、澳、台地区）道路上行驶的机动车的所有

人或管理人必须投保;同时要求具有经营交强险资格的保险公司不能拒保,也不能随意解除交强险合同,但投保人未履行如实告知义务的除外。违反强制性规定的机动车所有人、管理人或保险公司都将受到处罚。因此,交强险具有强制性,而商业三者险则是由投保人自愿投保的,不具有强制性。

2. 交强险实行“无过错责任”赔偿原则,商业三者险实行“按责论处”赔偿原则

投保了交强险的机动车不论在交通事故中是否有过错,只要造成了他人的人身伤害或财产损失,保险公司均须在交强险的责任限额内负责赔偿。而现行商业三者险实行的是“按责论处”的赔偿原则,即保险公司只根据被保险机动车在事故中的责任比例,在商业三者险的责任限额内承担赔偿责任。

3. 交强险保险责任范围比商业三者险宽泛

除了《机动车交通事故责任强制保险条例》规定的个别事项外,交强险的赔偿范围几乎涵盖了所有道路交通责任风险。而商业三者险中,保险公司不同程度地规定有免赔额、免赔率或责任免除事项。

4. 交强险实行分项责任限额制,且责任限额固定;而商业三者险只设定综合的责任限额,但责任限额可以分成不同的档次,由投保人自由选择

交强险责任限额分为死亡伤残赔偿限额、医疗费用赔偿限额、财产损失赔偿限额以及被保险人在道路交通事故中无责任的赔偿限额。其中无责任的赔偿限额分为无责任死亡伤残赔偿限额、无责任医疗费用赔偿限额以及无责任财产损失赔偿限额。而商业三者险只设定综合的责任限额,但责任限额可以分成不同的档次,由投保人自由选择。

3.1.4　机动车交通事故责任强制保险细则

1.《机动车交通事故责任强制保险条例》的基本规定

(1)根据《道交法》《保险法》等法律、行政法规,制定本条款。

(2)交强险合同由本条款与投保单、保险单、批单和特别约定共同组成。凡与交强险合同有关的约定,都应当采用书面形式。

(3)交强险费率实行与被保险机动车道路交通安全违法行为、交通事故记录相联系的浮动机制。

签订交强险合同时,投保人应当一次支付全部保险费。保险费按照中国保险监督管理委员会(以下简称保监会)批准的交强险费率计算。

2. 交强险的保险责任及其解释

1)保险责任

在中华人民共和国境内(不含港、澳、台地区),被保险人在使用被保险机动车过程中发生交通事故,致使受害人遭受人身伤亡或者财产损失,依法应当由被保险人承担的损害赔偿责任,保险人按照交强险合同的约定对每次事故在下列赔偿限额内负责赔偿:

(1)死亡伤残赔偿限额为110 000元;

(2)医疗费用赔偿限额为10 000元;

(3)财产损失赔偿限额为2 000元;

(4)被保险人无责任时,无责任死亡伤残赔偿限额为11 000元;无责任医疗费用赔偿限额为1 000元;无责任财产损失赔偿限额为100元。

2)保险责任解释

保险责任解释的内容有以下几点。

(1)交强险合同中的被保险人是指投保人及其允许的合法驾驶人。投保人是指与保险人订立交强险合同,并按照合同负有支付保险费义务的机动车的所有人、管理人。

(2)交强险合同中的受害人是指因被保险机动车发生交通事故遭受人身伤亡或者财产损失的人,但不包括被保险机动车本车车上人员、被保险人。

(3)交强险合同中的责任限额是指被保险机动车发生交通事故,保险人对每次保险事故所有受害人的人身伤亡和财产损失所承担的最高赔偿金额。责任限额分为死亡伤残赔偿限额、医疗费用赔偿限额、财产损失赔偿限额以及被保险人在道路交通事故中无责任的赔偿限额。其中无责任的赔偿限额分为无责任死亡伤残赔偿限额、无责任医疗费用赔偿限额以及无责任财产损失赔偿限额。

(4)交强险合同中的抢救费用是指被保险机动车发生交通事故导致受害人受伤时,医疗机构对生命体征不平稳和虽然生命体征平稳但如果不采取处理措施会产生生命危险,或者导致残疾、器官功能障碍,或者导致病程明显延长的受害人,参照国务院卫生主管部门组织制定的《道路交通事故受伤人员临床诊疗指南》和国家基本医疗保险的相关标准,采取必要的处理措施所发生的医疗费用。

(5)死亡伤残赔偿限额和无责任死亡伤残赔偿限额项下有丧葬费、死亡补偿费、受害人亲属办理丧葬事宜支出的交通费用、残疾赔偿金、残疾辅助器具费、护理费、康复费、交通费、被扶养人生活费、住宿费、误工费,被保险人依照法院判决或者调解承担的精神损害抚慰金等。

(6)医疗费用赔偿限额和无责任医疗费用赔偿限额项下负责赔偿医药费、诊疗费、住院费、住院伙食补助费,必要的、合理的后续治疗费、整容费、营养费。

3. 垫付与追偿

被保险机动车在以下(1)至(3)之一的情形下发生交通事故,造成受害人受伤需要抢救的,保险人在接到公安机关交通管理部门的书面通知和医疗机构出具的抢救费用清单后,按照国务院卫生主管部门组织制定的《道路交通事故受伤人员临床诊疗指南》和国家基本医疗保险的相关标准进行核实。对于符合规定的抢救费用,保险人在医疗费用赔偿限额内垫付。被保险人在交通事故中无责任的,保险人在无责任医疗费用赔偿限额内垫付。对于其他损失和费用,保险人不负责垫付和赔偿。

(1)驾驶人未取得驾驶资格的。

(2)被保险机动车被盗抢期间肇事的。

(3)被保险人故意制造交通事故的。

对于垫付的抢救费用,保险人有权向致害人追偿。

4. 交强险的责任免除

下列损失和费用,交强险不负责赔偿和垫付:

(1)因受害人故意造成的交通事故的损失;

(2)被保险人所有的财产及被保险机动车上的财产遭受的损失;

(3)被保险机动车发生交通事故,致使受害人停业、停驶、停电、停水、停气、停产、通信或者网络中断、数据丢失、电压变化等造成的损失以及受害人财产因市场价格变动造成的贬值、修理后因价值降低造成的损失等其他各种间接损失；

(4)因交通事故产生的仲裁或者诉讼费用以及其他相关费用。

5. 保险期间

除国家法律、行政法规另有规定外，交强险合同的保险期间为一年，以保险单载明的起止时间为准。

6. 投保人、被保险人义务

投保人、被保险人的义务有以下几点。

(1)投保人投保时，应当如实填写投保单，向保险人如实告知重要事项，并提供被保险机动车的行驶证和驾驶证复印件。重要事项包括机动车的种类、厂牌型号、识别代码、号牌号码、使用性质和机动车所有人或者管理人的姓名(名称)、性别、年龄、住所、身份证或者驾驶证号码(组织机构代码)、续保前该机动车发生事故的情况以及保监会规定的其他事项。

投保人未如实告知重要事项，对保险费计算有影响的，保险人按照保单年度重新核定保险费计收。

(2)签订交强险合同时，投保人不得在保险条款和保险费率之外，向保险人提出附加其他条件的要求。

(3)投保人续保的，应当提供被保险机动车上一年度交强险的保险单。

(4)在保险合同有效期内，被保险机动车因改装、加装、使用性质改变等导致危险程度增加的，被保险人应当及时通知保险人，并办理批改手续。否则，保险人按照保单年度重新核定保险费计收。

(5)被保险机动车发生交通事故，被保险人应当及时采取合理、必要的施救和保护措施，并在事故发生后及时通知保险人。

(6)发生保险事故后，被保险人应当积极协助保险人进行现场查勘和事故调查。发生与保险赔偿有关的仲裁或者诉讼时，被保险人应当及时书面通知保险人。

7. 交强险的赔偿处理

(1)被保险机动车发生交通事故的，由被保险人向保险人申请赔偿保险金。被保险人索赔时，应当向保险人提供以下材料：①交强险的保险单；②被保险人出具的索赔申请书；③被保险人和受害人的有效身份证明、被保险机动车行驶证和驾驶人的驾驶证；④公安机关交通管理部门出具的事故证明，或者人民法院等机构出具的有关法律文书及其他证明；⑤被保险人根据有关法律法规规定选择自行协商方式处理交通事故的，应当提供依照《道路交通事故处理程序规定》规定的记录交通事故情况的协议书；⑥受害人财产损失程度证明、人身伤残程度证明、相关医疗证明以及有关损失清单和费用单据；⑦其他与确认保险事故的性质、原因、损失程度等有关的证明和资料。

(2)保险事故发生后，保险人按照国家有关法律法规规定的赔偿范围、项目和标准以及交强险合同的约定，并根据国务院卫生主管部门组织制定的《道路交通事故受伤人员临床诊疗指南》和国家基本医疗保险的相关标准，在交强险的责任限额内核定人身伤亡的赔偿金额。

(3)因保险事故造成受害人人身伤亡的，未经保险人书面同意，被保险人自行承诺或支付的赔偿金额，保险人在交强险责任限额内有权重新核定。

因保险事故损坏的受害人财产需要修理的，被保险人应当在修理前会同保险人检验，协商确定修理或者更换项目、方式和费用。否则,保险人在交强险责任限额内有权重新核定。

(4)被保险机动车发生涉及受害人受伤的交通事故,因抢救受害人需要保险人支付抢救费用的,保险人在接到公安机关交通管理部门的书面通知和医疗机构出具的抢救费用清单后,按照国务院卫生主管部门组织制定的《道路交通事故受伤人员临床诊疗指南》和国家基本医疗保险标准进行核实。对于符合规定的抢救费用,保险人在医疗费用赔偿限额内支付。被保险人在交通事故中无责任的,保险人在无责任医疗费用赔偿限额内支付。

8. 交强险的变更与终止

交强险合同的变更与终止有以下几种情况。

(1)在交强险合同有效期内,被保险机动车所有权发生转移的,投保人应当及时通知保险人,并办理交强险合同变更手续。

(2)在下列三种情况下,投保人可以要求解除交强险合同:①被保险机动车被依法注销登记的;②被保险机动车办理停驶的;③被保险机动车经公安机关证实丢失的。

交强险合同解除后,投保人应当及时将保险单、保险标志交还保险人;无法交还保险标志的,应当向保险人说明情况,征得保险人同意。

(3)发生《机动车交通事故责任强制保险条例》所列明的投保人、保险人解除交强险合同的情况时,保险人按照日费率收取自保险责任开始之日起至合同解除之日止期间的保险费。

3.2 机动车商业保险

伴随着交强险的出台与正式实施,为了尽快完成机动车商业车险与交强险的衔接,进一步规范车险的经营,中国保险行业协会集中全行业的力量制定了三套指导性条款,即机动车商业保险行业基本条款 A 款、B 款和 C 款。这三套条款于交强险正式实施以前,获得了保监会批准,各家经营车险的保险公司都从这三款商业车险中选择一款销售。这也就意味着随着交强险的推行,2003 年车险改革以来各家公司独立设计推行的商业三者险、车损险等车险主要费率条款将终止,取而代之的是中国保险行业协会统一制定的条款费率。

保监会明确规定:行业的三套三者险条款是指令性条款,所有会员公司只能从中选择一套报经保监会批准后使用;而车辆损失险条款,是行业指导性条款,各公司可选择使用,也可不选择。作为这三套条款,每一款都有各自的保险条款和对应费率。就目前国内经营车险的保险公司来看,很多公司采用了 A 款。这里将以 A 款为例加以介绍。

3.2.1 机动车损失保险

行业基本条款 A 款主要针对汽车的三种不同情况予以区分,主要包括:家庭自用汽车损失保险、非营业用汽车损失保险和营业用汽车损失保险。本节主要针对家庭自用汽车损失保险加以介绍,对于非营业用汽车损失保险和营业用汽车损失保险不再详述。

家庭自用汽车损失保险合同由车损险条款、投保单、保险单、批单和特别约定共同组成。保险合同中的家庭自用汽车是指在中华人民共和国境内(不含港、澳、台地区)行驶的家庭或个人所有,且用途为非营业性运输的核定座位在 9 座以下的客车(以下简称被保险机动车)。

1. 机动车损失保险的保险责任

(1)保险期内,被保险人或其允许的合法驾驶人在使用被保险机动车过程中,因下列原因造成被保险机动车的损失,保险人依照合同的约定负责赔偿:①碰撞、倾覆、坠落;②火灾、爆炸;③外界物体坠落、倒塌;④暴风、龙卷风;⑤雷击、雹灾、暴雨、洪水、海啸;⑥地陷、冰陷、崖崩、雪崩、泥石流、滑坡;⑦载运被保险机动车的渡船遭受自然灾害(只限于驾驶人随船的情形)。与家庭自用汽车损失保险相比,在非营业用汽车损失保险保险责任中,增加了"自燃"的内容,在营业用汽车损失保险保险责任中,去除了"火灾、爆炸"的责任范围。

(2)另外在发生保险事故时,对于被保险人为防止或者减少被保险机动车的损失所支付的必要的、合理的施救费用,也由保险人承担,但最高不超过保险金额的数额。

2. 机动车损失保险的责任免除

(1)以下情况,不论任何原因造成被保险机动车损失,保险人均不负责赔偿。

①地震。

②战争、军事冲突、恐怖活动、暴乱、扣押、收缴、没收、政府征用。

③竞赛、测试,在营业性维修、养护场所修理、养护期间。

④利用被保险机动车从事违法活动。

⑤驾驶人饮酒、吸食或注射毒品、被药物麻醉后使用被保险机动车。

⑥事故发生后,被保险人或其允许的驾驶人在未依法采取措施的情况下驾驶被保险机动车或者遗弃被保险机动车逃离事故现场,或故意破坏、伪造现场,毁灭证据。

⑦驾驶人有下列情形之一者:a. 无驾驶证或驾驶证有效期已届满;b. 驾驶的被保险机动车与驾驶证载明的准驾车型不符;c. 持未按规定审验的驾驶证,以及在暂扣、扣留、吊销、注销驾驶证期间驾驶被保险机动车;d. 依照法律法规或公安机关交通管理部门有关规定不允许驾驶被保险机动车的其他情况下驾车。

⑧非被保险人允许的驾驶人使用被保险机动车。

⑨被保险机动车转让他人,未向保险人办理批改手续。

⑩除另有约定外,发生保险事故时被保险机动车无公安机关交通管理部门核发的行驶证和号牌,或未按规定检验或检验不合格。

与家庭自用汽车损失保险相比,在非营业用汽车损失保险责任免除对应内容中,分别增加了以下内容:"教练""实习期内驾驶执行任务的警车、消防车、救护车、工程救险车以及载有爆炸物品、易燃易爆化学物品、剧毒或者放射性等危险物品的被保险机动车,实习期内驾驶的被保险机动车牵引挂车""使用各种专用机械车、特种车的人员无国家有关部门核发的有效操作证"。

在营业用汽车损失保险责任免除对应内容中,分别增加了以下内容:"教练""实习期内驾驶公共汽车、营运客车或者载有爆炸物品、易燃易爆化学物品、剧毒或者放射性等危险物品的被保险机动车,实习期内驾驶的被保险机动车牵引挂车""使用各种专用机械车、特种车的人员无国家有关部门核发的有效操作证,驾驶营业性客车的驾驶人无国家有关部门核发的有效资格证书"。

(2)被保险机动车由于以下原因造成的损失和费用,保险人也不负责赔偿。

①自然磨损、锈蚀、腐蚀、故障。

②玻璃单独破碎,车轮单独损坏。

③无明显碰撞痕迹的车身划痕。

④人工直接供油、高温烘烤造成的损失。

⑤自燃以及不明原因火灾造成的损失。

⑥遭受保险责任范围内的损失后,未经必要修理继续使用被保险机动车,致使损失扩大的部分。

⑦因污染(含放射性污染)造成的损失。

⑧市场价格变动造成的贬值、修理后价值降低引起的损失。

⑨标准配置以外新增设备的损失。

⑩发动机进水后导致的发动机损坏。

⑪被保险机动车所载货物坠落、倒塌、撞击、泄漏造成的损失。

⑫被盗窃、抢劫、抢夺,以及因被盗窃、抢劫、抢夺受到损坏或车上零部件、附属设备丢失。

⑬被保险人或驾驶人的故意行为造成的损失。

⑭应当由机动车交通事故责任强制保险赔偿的金额。

与家庭自用汽车损失保险相比,在非营业用汽车损失保险责任免除对应内容中,去除了"自燃以及不明原因火灾造成的损失"内容,增加了"自燃仅造成电器、线路、供油系统、供气系统的损失"的内容。

在营业用汽车损失保险责任免除对应内容中,去除了"自燃以及不明原因火灾造成的损失"内容,增加了"火灾、爆炸、自燃造成的损失"的内容。

(3)关于免赔率的规定。

①负次要事故责任的免赔率为5%,负同等事故责任的免赔率为8%,负主要事故责任的免赔率为10%,负全部事故责任或单方肇事事故的免赔率为15%。

②被保险机动车的损失应当由第三方负责赔偿的,无法找到第三方时,免赔率为30%。

③被保险人根据有关法律法规规定选择自行协商方式处理交通事故,不能证明事故原因的,免赔率为20%。

④投保时指定驾驶人,保险事故发生时为非指定驾驶人使用被保险机动车的,增加免赔率10%。

⑤投保时约定行驶区域,保险事故发生在约定行驶区域以外的,增加免赔率10%。

与家庭自用汽车损失保险相比,在非营业用汽车损失保险责任免除对应内容中,去除了"投保时指定驾驶人,保险事故发生时为非指定驾驶人使用被保险机动车的,增加免赔率10%"的内容。在营业用汽车损失保险责任免除对应内容中,去除了"投保时指定驾驶人,保险事故发生时为非指定驾驶人使用被保险机动车的,增加免赔率10%"内容,增加了"违反安全装载规定的,增加免赔率5%;因违反安全装载规定导致保险事故发生的,保险人不承担赔偿责任"以及"保险期间内发生多次保险事故的,免赔率从第三次开始每次增加5%。但自然灾害引起的事故除外"的内容。

3. 保险金额的确定

保险金额由投保人和保险人从下列三种方式中选择确定,保险人根据确定保险金额的不同方式承担相应的赔偿责任。

(1)按投保时被保险机动车的新车购置价确定。新车购置价是指在保险合同签订地购置与被保险机动车同类型新车(含车辆购置税)的价格。投保时的新车购置价根据投保时保险合同签订地同类型新车的市场销售价格确定,并在保险单中载明,无同类型新车市场销售价格的,由投保人与保险人协商确定。

(2)按投保时被保险机动车的实际价值确定。实际价值是指新车购置价减去折旧金额后的价格。被保险机动车的折旧按月折旧率0.6%计算,不足一个月的部分,不计折旧。最高折旧金额不超过投保时被保险机动车新车购置价的80%。

折旧金额=投保时的新车购置价×被保险机动车已使用月数×0.6%

在非营业用汽车损失保险和营业用汽车损失保险中,其折旧率并不是固定不变的,其折旧率如表3-1、表3-2所示。

表3-1　非营业用汽车折旧率

车辆种类	月折旧率
9座以下客车	0.60%
农用运输车	1.10%
其他车辆	0.90%

表3-2　营业用汽车折旧率

车辆种类	月折旧率	
	出租	其他
客车	1.10%	0.90%
微型载货汽车	1.10%	1.10%
带拖挂的载货汽车	1.10%	1.10%
低速载货汽车	1.40%	1.40%

(3)在投保时被保险机动车的新车购置价内协商确定。

4.保险期间

除另有约定外,保险期间为一年,以保险单载明的起讫时间为准。

5.保险人及被保险人的义务

1)保险人的义务

(1)保险人在承保时,应向投保人说明投保险种的保险责任、责任免除、保险期间、保险费及支付办法、投保人和被保险人义务等内容。

(2)保险人应及时受理被保险人的事故报案,并尽快进行查勘。保险人接到报案后48小时内未进行查勘且未给予受理意见,造成财产损失无法确定的,以被保险人提供的财产损毁照片、损失清单、事故证明和修理发票作为赔付理算依据。

(3)保险人收到被保险人的索赔请求后,应当及时作出核定。①保险人应根据事故性质、损失情况,及时向被保险人提供索赔须知;审核索赔材料后认为有关的证明和资料不完整的,应当及时通知被保险人补充提供有关的证明和资料。②在被保险人提供了各种必要单证后,保险人应当迅速审查核定,并将核定结果及时通知被保险人。③对属于保险责任的，保险人应在与被保险人达成赔偿协议后10日内支付赔款。

(4)保险人对在办理保险业务中知道的投保人、被保险人的业务和财产情况及个人隐私，负有保密的义务。

2)投保人、被保险人的义务

(1)投保人应如实填写投保单并回答保险人提出的询问，履行如实告知义务，并提供被保险机动车行驶证复印件、机动车登记证书复印件，如指定驾驶人的，应当同时提供被指定驾驶人的驾驶证复印件。

在保险期间，被保险机动车改装、加装或从事营业运输等，导致被保险机动车危险程度增加的，应当及时书面通知保险人。否则，因被保险机动车危险程度增加而发生的保险事故，保险人不承担赔偿责任。

(2)投保人应当在保险合同成立时缴清保险费；保险费缴清前发生的保险事故，保险人不承担赔偿责任。

(3)发生保险事故时，被保险人应当及时采取合理的、必要的施救和保护措施，防止或者减少损失，并在保险事故发生后48小时内通知保险人。否则，造成损失无法确定或扩大的部分，保险人不承担赔偿责任。

(4)发生保险事故后，被保险人应当积极协助保险人进行现场查勘。被保险人在索赔时应当提供有关证明和资料。发生与保险赔偿有关的仲裁或者诉讼时，被保险人应当及时书面通知保险人。

(5)因第三方对被保险机动车的损害而造成保险事故的，保险人自向被保险人赔偿保险金之日起，在赔偿金额范围内代位行使被保险人对第三方请求赔偿的权利，但被保险人必须协助保险人向第三方追偿。

由于被保险人放弃对第三方的请求赔偿的权利或过错致使保险人不能行使代位追偿权利的，保险人不承担赔偿责任或相应扣减保险赔偿金。

6.机动车损失保险的赔偿处理

(1)被保险人索赔时，应当向保险人提供与确认保险事故的性质、原因、损失程度等有关的证明和资料，应当提供保险单、损失清单、有关费用单据、被保险机动车行驶证和发生事故时驾驶人的驾驶证。

属于道路交通事故的，被保险人应当提供公安机关交通管理部门或法院等机构出具的事故证明、有关的法律文书(判决书、调解书、裁定书、裁决书等)和通过机动车交通事故责任强制保险获得赔偿金额的证明材料。属于非道路交通事故的，应提供相关的事故证明。

(2)被保险人或被保险机动车驾驶人根据有关法律法规规定选择自行协商方式处理交通事故的，应当立即通知保险人，协助保险人勘验事故各方车辆、核实事故责任，并依照《道路交通事故处理程序规定》签订记录交通事故情况的协议书。

(3)因保险事故损坏的被保险机动车，应当尽量修复。修理前被保险人应当会同保险人检验，协商确定修理项目、方式和费用。否则，保险人有权重新核定；无法重新核定的，保险人有权拒绝赔偿。

(4)投保人在投保时选择专修厂的，保险事故发生后，保险人推荐具有被保险机动车专修资格的修理厂进行修理；投保人在投保时未选择专修厂的，保险事故发生后，保险人推荐修理资质不低于二级的修理厂进行修理。被保险机动车遭受损失后的残余部分由保险人、被保险人协商处理。

(5)保险人依据被保险机动车驾驶人在事故中所负的事故责任比例,承担相应的赔偿责任。

(6)被保险人或被保险机动车驾驶人根据有关法律法规规定选择自行协商或由公安机关交通管理部门处理事故未确定事故责任比例的,按照下列规定确定事故责任比例。

被保险机动车方负主要事故责任的,事故责任比例为70%;被保险机动车方负同等事故责任的,事故责任比例为50%;被保险机动车方负次要事故责任的,事故责任比例为30%。

(7)保险人按下列方式赔偿。

①按投保时被保险机动车的新车购置价确定保险金额的发生全部损失时,在保险金额内计算赔偿,保险金额高于保险事故发生时被保险机动车实际价值的,按保险事故发生时被保险机动车的实际价值计算赔偿。

保险事故发生时被保险机动车的实际价值根据保险事故发生时的新车购置价减去折旧金额后的价格确定。

保险事故发生时的新车购置价根据保险事故发生时保险合同签订地同类型新车的市场销售价格确定,无同类型新车市场销售价格的,由被保险人与保险人协商确定。

折旧金额 = 保险事故发生时的新车购置价 × 被保险机动车已使用月数 ×0.6%

按投保时被保险机动车的新车购置价确定保险金额的,发生部分损失时,按核定修理费用计算赔偿,但不得超过保险事故发生时被保险机动车的实际价值。

②按投保时被保险机动车的实际价值确定保险金额或协商确定保险金额的,发生全部损失时,保险金额高于保险事故发生时被保险机动车实际价值的,以保险事故发生时被保险机动车的实际价值计算赔偿;保险金额等于或低于保险事故发生时被保险机动车实际价值的,按保险金额计算赔偿。

发生部分损失时,按保险金额与投保时被保险机动车的新车购置价的比例计算赔偿,但不得超过保险事故发生时被保险机动车的实际价值。

③施救费用的赔偿:施救费用赔偿的计算方式同①、②,在被保险机动车损失赔偿金额以外另行计算,最高不超过保险金额的数额。被施救的财产中,含有保险合同未承保财产的,按被保险机动车与被施救财产价值的比例分摊施救费用。

(8)被保险机动车重复保险的,保险人按照保险合同的保险金额与各保险合同保险金额的总和的比例承担赔偿责任。

(9)下列情况下,保险人支付赔款后,保险合同终止,保险人不退还家庭自用汽车损失保险及其附加险的保险费:

①被保险机动车发生全部损失;

②按投保时被保险机动车的实际价值确定保险金额的,一次赔款金额与免赔金额之和(不含施救费)达到保险事故发生时被保险机动车的实际价值;

③保险金额低于投保时被保险机动车的实际价值的,一次赔款金额与免赔金额之和(不含施救费)达到保险金额。

7. 保险费调整

保险费调整的比例和方式以保险监管部门批准的机动车保险费率方案的规定为准。本保险及其附加险根据上一保险期间发生保险赔偿的次数,在续保时实行保险费浮动。

8. 合同的变更与终止

(1)保险合同的内容如需变更,须经保险人与投保人书面协商一致。

(2)在保险期间,被保险机动车转让他人的,投保人应当书面通知保险人并办理批改手续。

(3)保险责任开始前,投保人要求解除保险合同的,应当向保险人支付应交保险费5%的退保手续费,保险人应当退还保险费。保险责任开始后,投保人要求解除保险合同的,自通知保险人之日起,保险合同解除。

保险人按短期月费率收取自保险责任开始之日起至合同解除之日止期间的保险费,并退还剩余部分保险费。短期月费率见表3-3。

表3-3 短期月费率

保险期间(月)	1	2	3	4	5	6	7	8	9	10	11	12
短期月费率(%)	10	20	30	40	50	60	70	80	85	90	95	100

注:保险期间不足一个月的部分,按一个月计算。

9. 相关术语的解释

(1)碰撞。碰撞指被保险机动车与外界物体直接接触并发生意外撞击、产生撞击痕迹的现象。包括被保险机动车按规定载运货物时,所载货物与外界物体的意外撞击。

(2)倾覆。倾覆指意外事故导致被保险机动车翻倒(两轮以上离地、车体触地),处于失去正常状态和行驶能力、不经施救不能恢复行驶的状态。

(3)坠落。坠落指被保险机动车在行驶中发生意外事故,整车腾空后下落,造成本车损失的情况。非整车腾空,仅由于颠簸造成被保险机动车损失的,不属坠落责任。

(4)火灾。火灾指被保险机动车本身以外的火源引起的、在时间或空间上失去控制的燃烧(即有热、有光、有火焰的剧烈的氧化反应)所造成的灾害。

(5)暴风。暴风指风速在28.5米/秒(相当于11级大风)以上的大风。风速以气象部门公布的数据为准。

(6)地陷。地陷指地壳因为自然变异、地层收缩而发生突然塌陷以及海潮、河流、大雨侵蚀时,地下有孔穴、矿穴,以致地面突然塌陷。

(7)玻璃单独破碎。玻璃单独破碎指未发生被保险机动车其他部位的损坏,仅发生被保险机动车前后挡风玻璃和左右车窗玻璃的损坏。

(8)车轮单独损坏。车轮单独损坏指未发生被保险机动车其他部位的损坏,仅发生轮胎、轮辋、轮毂罩的分别单独损坏,或上述三者之中任意二者的共同损坏,或三者的共同损坏。

(9)竞赛。竞赛指被保险机动车作为赛车参加车辆比赛活动,包括以参加比赛为目的进行的训练活动。

(10)测试。测试指对被保险机动车的性能和技术参数进行测量或试验。

(11)教练。教练指尚未取得合法机动车驾驶证,但已通过合法教练机构办理正式学车手续的学员,在固定练习场所或指定路线,并有合格教练随车指导的情况下驾驶被保险机动车。

(12)自燃。自燃指在没有外界火源的情况下,由于本车电器、线路、供油系统、供气系统等被保险机动车自身原因发生故障或所载货物自身原因起火燃烧。

(13)污染。污染指被保险机动车正常使用过程中或发生事故时,由于油料、尾气、货物或其他污染物的泄漏、飞溅、排放、散落等造成被保险机动车污损或状况恶化。

(14)营业运输。营业运输指经由交通运输管理部门核发营运证书,被保险人或其允许的驾驶人利用被保险机动车从事旅客运输、货物运输的行为。未经交通运输管理部门核发营运证书,被保险人或其允许的驾驶人以牟利为目的,利用被保险机动车从事旅客运输、货物运输的,视为营业运输。

(15)单方肇事事故。单方肇事事故指不涉及与第三方有关的损害赔偿的事故,但不包括因自然灾害引起的事故。

(16)转让。转让指以转移所有权为目的,处分被保险机动车的行为。被保险人以转移所有权为目的,将被保险机动车交付他人,但未按规定办理转移(过户)登记的,视为转让。

3.2.2 机动车第三者责任保险

广义的机动车第三者责任保险分为机动车第三者责任强制保险和非强制的第三者责任保险两类。前者即前面所讲的交强险,而后者即为商业机动车第三者责任保险。狭义的机动车第三者责任保险就是指商业机动车第三者责任保险。交强险的内容前面已经介绍了,这里对商业机动车第三者责任保险展开探讨。

1. 机动车第三者责任保险的保险责任

被保险人或其允许的合法驾驶人在使用被保险机动车过程中发生意外事故,致使第三者遭受人身伤亡或财产直接损毁,依法应当由被保险人承担的损害赔偿责任,保险人依照保险合同的约定,对于超过机动车交通事故责任强制保险各分项赔偿限额以上的部分负责赔偿。

这里的第三者是指因被保险机动车发生意外事故遭受人身伤亡或者财产损失的人,但不包括被保险机动车本车车上人员、投保人、被保险人和保险人。

2. 机动车第三者责任保险的责任免除

(1)被保险机动车造成下列人身伤亡或财产损失,不论在法律上是否应当由被保险人承担赔偿责任,保险人均不负责赔偿:

①被保险人及其家庭成员的人身伤亡、所有或代管的财产的损失;

②被保险机动车本车驾驶人及其家庭成员的人身伤亡、所有或代管的财产的损失;

③被保险机动车本车上其他人员的人身伤亡或财产损失。

(2)下列情况下,不论任何原因造成的对第三者的损害赔偿责任,保险人均不负责赔偿。

①地震、战争、军事冲突、恐怖活动、暴乱、扣押、收缴、没收、政府征用。

②竞赛、测试、教练,在营业性维修、养护场所修理、养护期间。

③利用被保险机动车从事违法活动。

④驾驶人饮酒、吸食或注射毒品、被药物麻醉后使用被保险机动车。

⑤事故发生后,被保险人或其允许的驾驶人在未依法采取措施的情况下驾驶被保险机

动车或者遗弃被保险机动车逃离事故现场,或故意破坏、伪造现场、毁灭证据。

⑥驾驶人有下列情形之一者:a. 无驾驶证或驾驶证有效期已届满;b. 驾驶的被保险机动车与驾驶证载明的准驾车型不符;c. 实习期内驾驶公共汽车、营运客车或者载有爆炸物品、易燃易爆化学物品、剧毒或者放射性等危险物品的被保险机动车,实习期内驾驶的被保险机动车牵引挂车;d. 持未按规定审验的驾驶证,以及在暂扣、扣留、吊销、注销驾驶证期间驾驶被保险机动车;e. 使用各种专用机械车、特种车的人员无国家有关部门核发的有效操作证,驾驶营业性客车的驾驶人无国家有关部门核发的有效资格证书;f. 依照法律法规或公安机关交通管理部门有关规定不允许驾驶被保险机动车的其他情况下驾车。

⑦非被保险人允许的驾驶人使用被保险机动车。

⑧被保险机动车转让他人,未向保险人办理批改手续。

⑨除另有约定外,发生保险事故时被保险机动车无公安机关交通管理部门核发的行驶证和号牌,或未按规定检验或检验不合格。

⑩被保险机动车拖带未投保机动车交通事故责任强制保险的机动车(含挂车)或被未投保机动车交通事故责任强制保险的其他机动车拖带。

(3)以下损失和费用,保险人不负责赔偿。

①被保险机动车发生意外事故,致使第三者停业、停驶、停电、停水、停气、停产、通信或者网络中断、数据丢失、电压变化等造成的损失以及其他各种间接损失。

②精神损害赔偿。

③因污染(含放射性污染)造成的损失。

④第三者财产因市场价格变动造成的贬值、修理后因价值降低引起的损失。

⑤被保险机动车被盗窃、抢劫、抢夺期间造成第三者人身伤亡或财产损失。

⑥被保险人或驾驶人的故意行为造成的损失。

⑦仲裁或者诉讼费用以及其他相关费用。

⑧应当由机动车交通事故责任强制保险赔偿的损失和费用,保险人不负责赔偿。保险事故发生时,机动车未投保机动车交通事故责任强制保险或机动车交通事故责任强制保险合同已经失效的,对于机动车交通事故责任强制保险各分项赔偿限额以内的损失和费用,保险人不负责赔偿。

(4)关于免赔率的规定:保险人在依据保险合同约定计算赔款的基础上,在保险单载明的责任限额内,按下列免赔率免赔。

①负次要事故责任的免赔率为5%,负同等事故责任的免赔率为10%,负主要事故责任的免赔率为15%,负全部事故责任的免赔率为20%。

②违反安全装载规定的,增加免赔率10%。

③投保时指定驾驶人,保险事故发生时为非指定驾驶人使用被保险机动车的,增加免赔率10%。

④投保时约定行驶区域,保险事故发生在约定行驶区域以外的,增加免赔率10%。

3. 机动车第三者责任保险的责任限额

每次事故的责任限额,由投保人和保险人在签订保险合同时按保险监管部门批准的限额档次协商确定。主车和挂车连接使用时视为一体,发生保险事故时,由主车保险人和挂车保险人按照保险单上载明的机动车第三者责任保险责任限额的比例,在各自的责任限额内承担赔偿责任,但赔偿金额总和以主车的责任限额为限。

4. 保险期间

除另有约定外,保险期间为一年,以保险单载明的起讫时间为准。

5. 保险人及被保险人的义务

1)保险人的义务

(1)保险人在承保时,应向投保人说明投保险种的保险责任、责任免除、保险期间、保险费及支付办法、投保人和被保险人义务等内容。

(2)保险人应及时受理被保险人的事故报案,并尽快进行查勘。

保险人接到报案后48小时内未进行查勘且未给予受理意见,造成财产损失无法确定的,以被保险人提供的财产损毁照片、损失清单、事故证明和修理发票作为赔付理算依据。

(3)保险人收到被保险人的索赔请求后,应当及时作出核定。

①保险人应根据事故性质、损失情况,及时向被保险人提供索赔须知。审核索赔材料后认为有关证明和资料不完整的,应当及时通知被保险人补充提供有关证明和资料。

②在被保险人提供了各种必要单证后,保险人应当迅速审查核定,并将核定结果及时通知被保险人。

③对属于保险责任的,保险人应在与被保险人达成赔偿协议后10日内支付赔款。

(4)保险人对在办理保险业务中知道的投保人、被保险人的业务和财产情况及个人隐私,负有保密的义务。

2)投保人、被保险人义务

(1)投保人应如实填写投保单并回答保险人提出的询问,履行如实告知义务,并提供被保险机动车行驶证复印件、机动车登记证书复印件,如指定驾驶人的,应当同时提供被指定驾驶人的驾驶证复印件。

在保险期间,被保险机动车改装、加装或者被保险家庭自用汽车、非营业用汽车从事营业运输等,导致被保险机动车危险程度增加的,被保险人应当及时书面通知保险人。否则,因被保险机动车危险程度增加而发生的保险事故,保险人不承担赔偿责任。

(2)除另有约定外,投保人应当在保险合同成立时缴清保险费。保险费缴清前发生的保险事故,保险人不承担赔偿责任。

(3)发生保险事故时,被保险人应当及时采取合理的、必要的施救和保护措施,防止或者减少损失,并在保险事故发生后48小时内通知保险人。否则,造成损失无法确定或扩大的部分,保险人不承担赔偿责任。

(4)发生保险事故后,被保险人应当积极协助保险人进行现场查勘。被保险人在索赔时应当提供有关证明和资料。引起与保险赔偿有关的仲裁或者诉讼时,被保险人应当及时书面通知保险人。

6. 机动车第三者责任保险的赔偿处理

(1)被保险人索赔时,应当向保险人提供与确认保险事故的性质、原因、损失程度等有关的证明和资料。

被保险人应当提供保险单、损失清单、有关费用单据、被保险机动车行驶证和发生事故时驾驶人的驾驶证。

属于道路交通事故的,被保险人应当提供公安机关交通管理部门或法院等机构出具的事故证明、有关的法律文书(判决书、调解书、裁定书、裁决书等)及其他证明。

属于非道路交通事故的,应提供相关的事故证明。

(2)因保险事故损坏的第三者财产,应当尽量修复。修理前被保险人应当会同保险人检验,协商确定修理项目、方式和费用。否则,保险人有权重新核定或拒绝赔偿。

(3)保险人依据被保险机动车驾驶人在事故中所负的事故责任比例,承担相应的赔偿责任。

被保险人或被保险机动车驾驶人根据有关法律、法规的规定选择自行协商,或者公安机关交通管理部门未确定交通事故责任比例的,保险人按照下列规定确定事故责任比例。

被保险机动车驾驶人负主要事故责任的,事故责任比例为70%;被保险机动车驾驶人负同等事故责任的,事故责任比例为50%;被保险机动车驾驶人负次要事故责任的,事故责任比例为30%。

(4)保险事故发生后,保险人按照国家有关法律、法规规定的赔偿范围、项目和标准以及保险合同的约定,在保险单载明的责任限额内核定赔偿金额。

保险人按照国家基本医疗保险的标准核定医疗费用的赔偿金额。未经保险人书面同意,被保险人自行承诺或支付的赔偿金额,保险人有权重新核定。不属于保险人赔偿范围或超出保险人应赔偿金额的,保险人不承担赔偿责任。

(5)被保险机动车重复保险的,保险人按照保险合同的责任限额与各保险合同责任限额的总和的比例承担赔偿责任。

其他保险人应承担的赔偿金额,保险人不负责赔偿和垫付。

(6)保险人受理报案、现场查勘、参与诉讼、进行抗辩、向被保险人提供专业建议等行为,均不构成保险人对赔偿责任的承诺。

(7)保险人支付赔款后,对被保险人追加的索赔请求,保险人不承担赔偿责任。

(8)被保险人获得赔偿后,保险合同继续有效,直至保险期间届满。

7. 保险费调整

保险费调整的比例和方式以保险监管部门批准的机动车保险费率方案的规定为准。

8. 合同的变更和终止

(1)保险合同的内容如需变更,须经保险人与投保人书面协商一致。

(2)在保险期间内,被保险机动车转让他人的,投保人应当书面通知保险人并办理批改手续。

(3)保险责任开始前,投保人要求解除保险合同的,应当向保险人支付应交保险费5%的退保手续费,保险人应当退还保险费。保险责任开始后,投保人要求解除保险合同的,自通知保险人之日起,保险合同解除。

保险人按短期月费率收取自保险责任开始之日起至合同解除之日止期间的保险费,并退还剩余部分保险费。短期月费率见表3-4。

表3-4 短期月费率

保险期间(月)	1	2	3	4	5	6	7	8	9	10	11	12
短期月费率(%)	10	20	30	40	50	60	70	80	85	90	95	100

注:保险期间不足一个月的部分,按一个月计算。

9. 相关术语的解释

(1)竞赛。竞赛指被保险机动车作为赛车参加车辆比赛活动,包括以参加比赛为目的进行的训练活动。

(2)测试。测试指对被保险机动车的性能和技术参数进行测量或试验。

(3)教练。教练指尚未取得合法机动车驾驶证,但已通过合法教练机构办理正式学车手续的学员,在固定练习场所或指定路线,并有合格教练随车指导的情况下驾驶被保险机动车。

(4)污染。污染指被保险机动车正常使用过程中或发生事故时,由于油料、尾气、货物或其他污染物的泄漏、飞溅、排放、散落等造成被保险机动车污损或状况恶化。

(5)家庭自用汽车。家庭自用汽车指在中华人民共和国境内(不含港、澳、台地区)行驶的家庭或个人所有,且用途为非营业性运输的核定座位在 9 座以下的客车。

(6)非营业用汽车。非营业用汽车指在中华人民共和国境内(不含港、澳、台地区)行驶的党政机关、企事业单位、社会团体、使领馆等机构从事公务或在生产经营活动中不以直接或间接方式收取运费或租金的自用汽车,包括客车、货车、客货两用车。

(7)营业运输。营业运输指经由交通运输管理部门核发营运证书,被保险人或其允许的驾驶人利用被保险机动车从事旅客运输、货物运输的行为。

(8)转让。转让指以转移所有权为目的,处分被保险机动车的行为。被保险人以转移所有权为目的,将被保险机动车交付他人,但未按规定办理转移(过户)登记的,视为转让。

3.2.3 机动车车上人员责任保险

机动车车上人员责任保险合同由条款、投保单、保险单、批单和特别约定共同组成。合同中的机动车是指在中华人民共和国境内(不含港、澳、台地区)行驶的,以动力装置驱动或者牵引,上道路行驶的供人员乘用或者用于运送物品以及进行专项作业的轮式车辆、履带式车辆及其他运载工具。车上人员是指保险事故发生时在被保险机动车上的自然人。

1. 机动车车上人员责任保险的保险责任

保险期间,被保险机动车发生意外事故造成车上人员的人身伤亡,依法应当由被保险人承担的损害赔偿责任,保险人依照保险合同的约定负责赔偿。

2. 机动车车上人员责任保险的责任免除

(1)被保险机动车造成下列人身伤亡,不论在法律上是否应当由被保险人承担赔偿责任,保险人均不负责赔偿。

①被保险人或驾驶人的故意行为造成的人身伤亡。

②被保险人及驾驶人以外的其他车上人员的故意、重大过失行为造成的自身伤亡。

③违法、违章搭乘人员的人身伤亡。

④车上人员因疾病、分娩、自残、斗殴、自杀、犯罪行为造成的自身伤亡。

⑤车上人员在被保险机动车车下时遭受的人身伤亡。

(2)下列情况下,不论任何原因造成的对车上人员的损害赔偿责任,保险人均不负责赔偿。

①地震、战争、军事冲突、恐怖活动、暴乱、扣押、收缴、没收、政府征用。

②竞赛、测试、教练,在营业性维修、养护场所修理、养护期间。

③利用被保险机动车从事违法活动。

④驾驶人饮酒、吸食或注射毒品、被药物麻醉后使用被保险机动车。

⑤事故发生后,被保险人或其允许的驾驶人在未依法采取措施的情况下驾驶被保险机动车或者遗弃被保险机动车离开事故现场,或故意破坏、伪造现场、毁灭证据。

⑥驾驶人有下列情形之一者:a.无驾驶证或驾驶证有效期已届满;b.驾驶的被保险机动车与驾驶证载明的准驾车型不符;c.实习期内驾驶公共汽车、营运客车或者载有爆炸物品、易燃易爆化学物品、剧毒或者放射性等危险物品的被保险机动车,实习期内驾驶的被保险机动车牵引挂车;d.持未按规定审验的驾驶证,以及在暂扣、扣留、吊销、注销驾驶证期间驾驶被保险机动车;e.使用各种专用机械车、特种车的人员无国家有关部门核发的有效操作证,驾驶营业性客车的驾驶人无国家有关部门核发的有效资格证书;f.依照法律法规或公安机关交通管理部门有关规定不允许驾驶被保险机动车的其他情况下驾车。

⑦非被保险人允许的驾驶人驾驶被保险机动车。

⑧被保险机动车转让他人,未向保险人办理批改手续。

⑨除另有约定外,发生保险事故时被保险机动车无公安机关交通管理部门核发的行驶证和号牌,或未按规定检验或检验不合格。

(3)下列损失和费用,保险人不负责赔偿。

①精神损害赔偿。

②因污染(含放射性污染)造成的人身伤亡。

③仲裁或者诉讼费用以及其他相关费用。

④应当由机动车交通事故责任强制保险赔偿的损失和费用。

(4)关于免赔率的规定保险人在依据保险合同约定计算赔款的基础上,在保险单载明的责任限额内,按下列免赔率免赔。

①投保时指定驾驶人,保险事故发生时为非指定驾驶人使用被保险机动车的,增加免赔率10%。

②投保时约定行驶区域,保险事故发生在约定行驶区域以外的,增加免赔率10%。

3.机动车车上人员责任保险的责任限额

车上人员每次事故每人限额和投保座位数由投保人和保险人在投保时协商确定。投保座位数以被保险机动车的核定载客数为限。

4.保险期间

除另有约定外,保险期间为一年,以保险单载明的起讫时间为准。

5.保险人义务

(1)保险人在承保时,应向投保人说明投保险种的保险责任、责任免除、保险期间、保险费及支付办法、投保人和被保险人义务等内容。

(2)保险人应及时受理被保险人的事故报案,并尽快进行查勘。

(3)保险人收到被保险人的索赔请求后,应当及时作出核定。

①保险人应根据事故性质、损失情况,及时向被保险人提供索赔须知。审核索赔材料后认为有关的证明和资料不完整的,应当及时通知被保险人补充提供有关的证明和资料。

②在被保险人提供了各种必要单证后,保险人应当迅速审查核定,并将核定结果及时通知被保险人。

③对属于保险责任的，保险人应在与被保险人达成赔偿协议后 10 日内支付赔款。

(4)保险人对在办理保险业务中知道的投保人、被保险人的业务和财产情况及个人隐私，负有保密的义务。

6. 投保人、被保险人义务

(1)投保人应如实填写投保单并回答保险人提出的询问，履行如实告知义务，并提供被保险机动车行驶证复印件、机动车登记证书复印件，如指定驾驶人的，应当同时提供被指定驾驶人的驾驶证复印件。

在保险期间，被保险机动车改装、加装，或者被保险家庭自用汽车、非营业用汽车从事营业运输，导致被保险机动车危险程度增加的，应当及时书面通知保险人。否则，因被保险机动车危险程度增加而发生的保险事故，保险人不承担赔偿责任。

(2)除另有约定外，投保人应当在保险合同成立时缴清保险费。保险费缴清前发生的保险事故，保险人不承担赔偿责任。

(3)发生保险事故时，被保险人应当及时采取合理的、必要的施救和保护措施，防止或者减少损失；在保险事故发生后 48 小时内通知保险人，并积极协助保险人进行查勘。否则，造成损失无法确定或扩大的部分，保险人不承担赔偿责任。

(4)被保险人在索赔时应当提供有关的证明和资料。引起与保险赔偿有关的仲裁或者诉讼时，被保险人应当及时书面通知保险人。

7. 赔偿处理

(1)被保险人索赔时，应当向保险人提供与确认保险事故的性质、原因、损失程度等有关的证明和资料。

被保险人应当提供保险单、损失清单、有关费用单据、被保险机动车行驶证和发生事故时驾驶人的驾驶证。

属于道路交通事故的，被保险人应当提供公安机关交通管理部门或法院等机构出具的事故证明、有关的法律文书（判决书、调解书、裁定书、裁决书等）和通过机动车交通事故责任强制保险获得赔偿金额的证明材料。

属于非道路交通事故的，应提供相关的事故证明。

(2)被保险机动车与其他机动车之间发生交通事故的，保险人依据被保险机动车驾驶人在事故中所负的责任比例，承担相应的赔偿责任。

公安机关交通管理部门处理事故未确定事故责任比例的，保险人按照下列规定确定事故责任比例。

被保险机动车方负主要事故责任的，事故责任比例为 70%；被保险机动车方负同等事故责任的，事故责任比例为 50%；被保险机动车方负次要事故责任的，事故责任比例为 30%。

(3)车上人员的人身伤亡按照国家有关法律、法规规定的赔偿范围、项目和标准以及保险合同的约定进行赔偿，车上人员的每人赔偿金额不超过保险单载明的每人责任限额，赔偿人数以投保座位数为限。

保险人按照国家基本医疗保险的标准核定医疗费用的赔偿金额。未经保险人书面同意，被保险人自行承诺或支付的赔偿金额，保险人有权重新核定。不属于保险人赔偿范围或超出保险人应赔偿金额的，保险人不承担赔偿责任。

(4)被保险机动车重复保险的,保险人按照保险合同的责任限额与各保险合同责任限额的总和的比例承担赔偿责任。

其他保险人应承担的赔偿金额,保险人不负责赔偿和垫付。

(5)保险人受理报案、现场查勘、参与诉讼、进行抗辩、向被保险人提供专业建议、要求提供证明资料等行为,均不构成保险人对赔偿责任的承诺。

(6)保险人支付赔款后,对被保险人追加的索赔请求,保险人不承担赔偿责任。

(7)被保险人获得赔偿后,保险合同继续有效,直至保险期间届满。

8. 保险费调整

保险费调整的比例和方式以保险监管部门批准的机动车保险费率方案的规定为准。

9. 合同变更和终止

(1)保险合同的内容如需变更,须经保险人与投保人书面协商一致。

(2)保险合同生效后,被保险机动车转让他人的,被保险人应当书面通知保险人并办理批改手续。

(3)保险责任开始前,投保人要求解除保险合同的,应当向保险人支付应交保险费5%的退保手续费,保险人应当退还保险费。保险责任开始后,投保人要求解除保险合同的,自通知保险人之日起,保险合同解除。

保险人按短期月费率收取自保险责任开始之日起至合同解除之日止期间的保险费,并退还剩余部分保险费。短期月费率见表3-5。

表3-5 短期月费率

保险期间(月)	1	2	3	4	5	6	7	8	9	10	11	12
短期月费率(%)	10	20	30	40	50	60	70	80	85	90	95	100

注:保险期间不足一个月的部分,按一个月计算。

3.2.4 机动车附加险及特约条款

机动车辆保险当中的附加险及特约条款,不能单独投保。也就是说,只有在投保了机动车第三者责任保险或机动车损失保险的基础上,才能投保附加险和特约条款。有的附加险和特约条款必须在投保机动车第三者责任保险之后才能投保,有的要在投保机动车损失保险之后才能投保,还有的则要在投保了这两类保险之后才能投保。这里以保险实践当中采用行业条款A款的保险公司所经营的某些附加险和特约条款加以介绍。

1. 全车盗抢险

投保了机动车损失保险的机动车,可以投保本附加险。

1)保险责任

(1)被保险机动车被盗窃、抢劫、抢夺,经出险当地县级以上公安刑侦部门立案证明,满60天未查明下落的全车损失。

(2)被保险机动车全车被盗窃、抢劫、抢夺后,受到损坏或车上零部件、附属设备丢失需要修复的合理费用。

(3)被保险机动车在被抢劫、抢夺过程中,受到损坏需要修复的合理费用。

2）责任免除

（1）非全车遭盗窃，仅车上零部件或附属设备被盗窃或损坏。

（2）被保险机动车被诈骗、收缴、没收、扣押造成的损失。

（3）被保险人因民事、经济纠纷而导致被保险机动车被抢劫、抢夺。

（4）租赁机动车与承租人同时失踪。

（5）全车被盗窃、抢劫、抢夺期间，被保险机动车造成第三者人身伤亡或财产损失。

（6）被保险人及其家庭成员、被保险人允许的驾驶人的故意行为或违法行为造成的损失。

（7）被保险人索赔时，未能提供机动车停驶手续或出险当地县级以上公安刑侦部门出具的盗抢立案证明。

3）保险金额

保险金额由投保人和保险人在投保时被保险机动车的实际价值内协商确定。

4）赔偿处理

（1）被保险人知道被保险机动车被盗窃、抢劫、抢夺后，应在24小时内向出险当地公安刑侦部门报案，并通知保险人。

（2）被保险人索赔时，须提供保险单、机动车行驶证、机动车登记证书、机动车来历凭证、车辆购置税完税证明（车辆购置附加费缴费证明）或免税证明、机动车停驶手续以及出险当地县级以上公安刑侦部门出具的盗抢立案证明。

（3）全车损失，在保险金额内计算赔偿，并实行20%的免赔率。被保险人未能提供机动车行驶证、机动车登记证书、机动车来历凭证、车辆购置税完税证明（车辆购置附加费缴费证明）或免税证明的，每缺少一项，增加1%的免赔率。部分损失则在保险金额内按实际修复费用计算赔偿。

（4）保险人确认索赔单证齐全、有效后，被保险人签具权益转让书，保险人赔付结案。

（5）被保险机动车全车被盗窃、抢劫、抢夺后被找回的：保险人尚未支付赔款的，被保险机动车应归还被保险人；保险人已支付赔款的，被保险机动车应归还被保险人，被保险人应将赔款返还给保险人；被保险人不同意收回被保险机动车，被保险机动车的所有权归保险人，被保险人应协助保险人办理有关手续。

2. 玻璃单独破碎险

投保了机动车损失保险的机动车，可投保本附加险。

1）保险责任

被保险机动车挡风玻璃或车窗玻璃的单独破碎，保险人负责赔偿。

2）投保方式

投保人与保险人可协商选择按进口或国产玻璃投保。保险人根据协商选择的投保方式承担相应的赔偿责任。

3）责任免除

安装、维修机动车过程中造成的玻璃单独破碎。

3. 火灾、爆炸、自燃损失险

投保了营业用汽车损失保险的机动车，可投保本附加险。

1)保险责任

(1)火灾、爆炸、自燃造成被保险机动车的损失。

(2)发生保险事故时,被保险人为防止或者减少被保险机动车的损失所支付的必要的、合理的施救费用。

2)责任免除

(1)自燃仅造成电器、线路、供油系统、供气系统的损失。

(2)自燃仅造成所载货物自身的损失。

(3)自燃仅造成轮胎爆裂的损失。

(4)人工直接供油、高温烘烤造成的损失。

3)保险金额

保险金额由投保人和保险人在投保时被保险机动车的实际价值内协商确定。

4)赔偿处理

(1)全部损失,在保险金额内计算赔偿;部分损失,在保险金额内按实际修理费用计算赔偿。

(2)每次赔偿实行20%的免赔率。

4. 新增加设备损失险

投保了机动车损失保险的机动车,可投保本附加险。

1)保险责任

投保了本附加险的被保险机动车因发生机动车损失保险责任范围内的事故,造成车上新增加设备的直接损毁,保险人在保险单载明的本附加险的保险金额内,按照实际损失计算赔偿。

2)保险金额

保险金额根据新增加设备的实际价值确定。新增加设备的实际价值是指新增加设备的购置价减去折旧金额后的金额。新增设备的折旧率以本条款所对应的主险条款规定为准。

3)赔偿处理

每次赔偿的免赔率以本条款所对应的主险条款规定为准。

4)其他事项

本保险所指新增加设备是除被保险机动车出厂时原有各项设备以外,被保险人加装的设备及设施。投保时,应当列明车上新增加设备明细表及价格。

5. 车辆停驶损失险

投保了机动车损失保险的机动车,可投保本附加险。

1)保险责任

因发生机动车损失保险的保险事故,致使被保险机动车停驶,保险人在保险单载明的保险金额内承担赔偿责任。

2)责任免除

下列情况导致被保险机动车停驶的,保险人不承担赔偿责任:

(1)被保险人或驾驶人未及时将被保险机动车送修或拖延修理时间;

(2)因修理质量不合格重新返修。

3)保险金额

保险金额按照投保时约定的日赔偿金额乘以约定的赔偿天数确定;约定的日赔偿金额最高为300元,约定的赔偿天数最长为60天。

4)赔偿处理

全车损失,按保险单载明的保险金额计算赔偿;部分损失,在保险金额内按约定的日赔偿金额乘以从送修之日起至修复之日止的实际天数计算赔偿,实际天数超过双方约定修理天数的,以双方约定的修理天数为准。

在保险期间内,赔款金额累计达到保险单载明的保险金额,本附加险保险责任终止。

6. 发动机特别损失险

投保了家庭自用汽车损失保险或非营业用汽车损失保险的机动车,可投保本附加险。

1)保险责任

投保了本附加险的被保险机动车在使用过程中,因下列原因导致发动机进水而造成发动机的直接损毁,保险人负责赔偿:

(1)被保险机动车在积水路面涉水行驶;

(2)被保险机动车在水中启动;

(3)发生上述保险事故时被保险人或其允许的驾驶人对被保险机动车采取施救、保护措施所支出的合理费用。

2)赔偿处理

(1)在发生保险事故时被保险机动车的实际价值内计算赔偿,但不超过被保险机动车的保险金额;

(2)本保险每次赔偿均实行20%的免赔率。

7. 车上货物责任险

投保了机动车第三者责任保险的机动车,可投保本附加险。

1)保险责任

发生意外事故,致使被保险机动车所载货物遭受直接损毁,依法应由被保险人承担的损害赔偿责任,保险人负责赔偿。

2)责任免除

(1)偷盗、哄抢、自然损耗、本身缺陷、短少、死亡、腐烂、变质造成的货物损失;

(2)违法、违章载运或因包装不善造成的损失;

(3)车上人员携带的私人物品;

(4)应当由机动车交通事故责任强制保险赔偿的损失和费用。

3)责任限额

责任限额由投保人和保险人在投保时协商确定。

4)赔偿处理

被保险人索赔时,应提供运单、起运地货物价格证明等相关单据。保险人在责任限额内按起运地价格计算赔偿。每次赔偿实行20%的免赔率。

8. 不计免赔率特约条款

投保了第三者责任保险或机动车损失保险的机动车,可附加本特约条款。经特别约定,保险事故发生后,按照对应投保的主险条款规定的免赔率计算的、应当由被保险人自行承担

的免赔金额部分,保险人负责赔偿。下列情况下,应当由被保险人自行承担的免赔金额,保险人不负责赔偿:

(1)机动车损失保险中应当由第三方负责赔偿而无法找到第三方的;

(2)因违反安全装载规定增加的;

(3)被保险人根据有关法律法规规定选择自行协商方式处理交通事故,但不能证明事故原因的;

(4)投保时指定驾驶人,保险事故发生时为非指定驾驶人使用被保险机动车而增加的;

(5)投保时约定行驶区域,保险事故发生在约定行驶区域以外而增加的;

(6)因保险期间内发生多次保险赔偿而增加的;

(7)附加险条款中规定的。

第2部分　技能训练

实训项目　汽车保险案例分析

实训目标

(1)掌握汽车保险相关的政策、法规。

(2)熟悉汽车保险产品的保险责任和责任免除。

(3)能够正确运用汽车保险条款对案例作出分析。

操作并填写工单

案例一:某保险公司于1999年6月承保了张某的机动车辆保险,在其尚未交付保险费的前提下,业务员将保单正本和保险费发票一并交给了被保险人。此后其多次催张某支付保险费,张某均以资金不足为由拖延。同年10月10日,张某的车辆肇事,发生损毁,11日张某向保险公司以现金方式补交了全年保险费。为了核销挂账的该笔应收保险费,保险公司接收了此保险费。随后张某向保险公司报案,保险公司以其在发生事故前未及时交付保险费为由予以拒赔。张某不服,以保险公司已接受了其保险费而未履行赔偿义务为由,向法院提起诉讼。

问:保险公司是否应该赔偿?为什么?

案例二:陈先生于2000年10月22日购买了一辆夏利车,购车费6.8万,附加费1.5万。他为该车办理了全车车辆损失险和全车盗抢险,双方确认保险金额为8万元,保险期为一年。按照合同中有关盗窃保险条款的规定,如果该机动车被盗,保险公司将按保险金额予以全额赔偿。

2001年4月28日,该车被盗,陈先生立即向公安机关和保险公司报案。到了7月28日汽车仍未找到。陈先生持公安机关的证明向保险公司的办事处索赔,保险公司的办事处称要向上级公司申报。8月初,陈先生被盗的车辆被公安机关查获,保险公司将车取回,但这时陈先生不愿意收回自己丢失的车,而要求保险公司按照保险合同支付8万元的保险金及其利息。而保险公司认为,既然被盗汽车已经被找回,因汽车被盗而引起的保险赔偿金的问题已经不存在了,因此,陈先生应领回自己的汽车,并承担保险公司为索赔该车所花费的开支。由于意见不合,双方便上诉至法院。

请根据上述资料,结合所学内容,对案例进行分析。

案例三:1999 年 1 月 5 日,某建筑公司将一辆桑塔纳普通型轿车向保险公司投保了一年期车辆损失险及第三者责任保险,并在签单时一次缴清了保险费。投保后 40 天,该车在一加油站与一辆长面包车发生碰撞,致使对方车上两人受伤,两车受损。事故发生后,交警支队认定建筑公司桑塔纳车驾驶员负全部责任,保险公司核定损失为 4.1 万元。

建筑公司提交索赔申请后,保险公司在审查该案时发现桑塔纳轿车在投保时和出险时未参加车辆管理机关的年检。几天后,建筑公司又提交了一份桑塔纳车的行驶证复印件,为了索赔,该建筑公司在 2000 年 6 月到车管机关交纳了罚款后对 1998 年、1999 年进行了年检。该保险车辆在出险 48 天后,补交罚款,取得车辆年检合格证,并要求保险公司赔偿。

问:保险公司是否应该赔偿?为什么?

案例四:某厂与某保险公司签订了机动车保险合同,投保险种为车辆损失险、第三者责任险等。在保险期限内,该厂驾驶员驾驶所投保的车辆发生重大交通事故,赔偿被害人 15 万余元。该投保车辆核定载重量为 10 吨,发生事故时,该车却载重至 38 吨。主管部门依据《道路交通事故处理办法》作出交通事故责任认定书,认定驾驶员因违章超载导致刹车失效,造成事故,负全部责任。事后,该厂依据机动车保险合同向保险公司索赔,保险公司拒赔。该厂诉至法院,要求保险公司承担赔偿责任。

问:(1)保险公司是否应该赔偿?为什么?

(2)双方当事人解决纠纷的方法有哪些?

案例五:2008 年陆某被孙某驾车撞伤,但未致残疾。肇事车辆已投保交强险。陆某诉至法院,要求保险公司赔偿医疗费、误工费、护理费、交通费等损失共计 10 000 元。保险公司辩称,根据《机动车交通事故责任强制保险条例》的规定,护理费、误工费、交通费等属于交强险中的死亡伤残赔偿限额项下。本起交通事故陆某只伤未残,只同意赔偿陆某医疗费 10 000 元,故不同意赔偿误工费、护理费和交通费。

问:保险公司的决定是否正确?为什么?请说明适用汽车保险条款。

课后练习

1. 名词解释

①机动车交通事故责任强制保险;②碰撞;③倾覆;④坠落;⑤火灾;⑥玻璃单独破碎;⑦车轮单独损坏;⑧自燃;⑨家庭自用汽车;⑨非营业用汽车;⑩转让。

2. 简答题

(1)交强险与商业三者险的区别有哪些?

(2)交强险的保险责任有哪些?

(3)《机动车交通事故责任强制保险条例》规定交强险不负责赔偿及垫付的损失和费用有哪些?

(4)交强险的费率和限额是如何规定的?

(5)家庭自用汽车的机动车损失保险承担的保险责任有哪些?

(6)机动车损失险的保险金额如何确定?

(7)家庭自用汽车的机动车第三者责任保险的责任免除是什么?

3. 论述题

(1)简述《机动车交通事故责任强制保险条例》的主要特点。

(2)简述机动车附加险及特约条款。

第4章　汽车投保实务

◎**理论知识**

☞汽车投保业务的具体内容和注意事项

☞汽车核保实务的具体内容

☞保险单的签发、续保与批改

◎**技能训练**

☞汽车投保业务

☞保险费的计算方法

☞汽车保险投保单的填写

★案例导入

李先生,41岁,驾龄一年,新买了一辆东风悦达起亚生产的锐欧轿车,作为家庭自用,新车购置价7万元,车辆配置ABS系统、主驾驶位安全气囊,平时停放在单位及小区停车场。该车作为上下班代步交通工具,偶尔驾车出游,无不良事故记录。

通过阅读上述材料,思考如下问题:

(1)作为保险公司的业务人员,你应如何建议董先生投保汽车保险产品?

(2)作为保险公司的业务人员,如何办理汽车保险承保业务?

第1部分　理论知识

汽车承保是保险人与投保人签订保险合同的过程,包括投保、核保、签发单证、续保与批改等程序。首先,个人或单位根据自身保险利益的风险情况,向保险人提出保险要求,填写投保单,协商确定保险费交付办法;然后,保险人审查投保单,向投保人询问有关保险标的和被保险人的各种情况,从而决定是否接受投保,如果保险人接受投保,则在保险单上签章并收取保险人交纳的保险费,保险人向投保人出具保险单或保险凭证,保险合同即告成立。

4.1　汽车投保业务

投保人向保险人表示缔结保险合同的意愿,即为投保。因保险合同的要约一般要求为书面形式,所以汽车保险的投保需要填写投保单。投保单又称“投保书”或“要保书”,投保人向保险人申请订立保险合同的书面要约。投保书是由保险人事先准备、具有统一格式的书据。投保人必须依其所列项目一一如实填写,以供保险人决定是否承保或以何种条件、何种费率承保。

4.1.1 投保单的性质

投保单也称要保单，经投保人如实填写后交付保险人，成为订立保险合同的书面要约。投保单是保险合同订立过程中的一份重要单证，是投保人向保险人进行要约的证明，是确定保险合同内容的依据。投保单原则上应载明订立保险合同所涉及的主要条款，投保单经过保险人审核、接受，就成为保险合同的组成部分。

4.1.2 投保单内容填写的基本要求

1. 告知

投保人投保时，保险人需要履行告知义务，其告知内容主要包括以下几点。

(1)依据《中华人民共和国保险法》和《机动车辆保险条款》以及保监会的有关要求，向投保人告知保险险种的保障范围，特别要明示责任免除及被保险人义务等条款内容。

(2)对车辆基本险和附加险条款解释产生异议时，特别是对保险责任免除部分的异议，应通过书面或其他方式给予明确说明。当保险条款发生变更时，应及时地明确说明。

(3)应主动提醒投保人履行如实告知义务，尤其对涉及保险人是否同意承保，承保时的特别约定、可能的费率变化等情况要如实告知，不能为了争取保险业务故意误导投保人。

(4)对于摩托车与拖拉机保险，应向投保人解释采用定额保单与采用普通保单承保的不同之处。

2. 车辆检验

各保险公司对此规定不一，有的将车辆检验过程与投保单填写工作同时进行，属于承保阶段的实务。有的则将其放在核保阶段与查验车辆一起进行。

(1)车辆行驶证检验。投保时，应检验车辆行驶证或临时牌照是否与投保标的相符，车辆是否为已经办理有效年检的合格车辆，核实投保车辆的使用性质和车辆初次登记日期等。

(2)车辆检验。投保时要重点检验下述车辆：首次投保的车辆；未按期续保的车辆；在投保第三者责任险后，又申请加保车辆损失险的车辆；申请增加投保附加险，如盗抢险、自燃损失险及玻璃单独破碎险的车辆；使用年限较长且接近报废年限的车辆；特种车辆；发生重大交通事故后修复的车辆。

车辆检验时，应重点检验车辆的牌照号码、发动机号和车架号是否与车辆行驶证的记录一致，车辆技术状况是否适合运行，消防装备配备是否齐全、投保盗抢险的汽车要拓印车架与发动机号码并将其附在保险单的正面，或拓印牌照留底并将照片贴在保险单背面，查验保险汽车是否装有防盗装置等。

4.1.3 投保单的填写

投保单的内容包括被保险人、投保人的基本情况；保险车辆和驾驶员的基本情况；投保险种；保险金额；保险期限等内容。投保业务人员应指导投保人正确填写，如果投保车辆较多，投保单容纳不下，则应填写机动车辆保险投保单附表。填写时，字迹应清楚，如需更改，需要投保人或其代表人在更正处签章。保险单的填写要求如下。

1. 投保人的基本情况

投保人是任何保险合同不可缺少的当事人。如果投保人为自己投保,保险合同签订后,投保人即成为被保险人。投保人除了应当具有相应的权利能力和行为能力之外,对保险标的必须具有保险利益,因此,投保人应当在投保单上填写自己的姓名,以便保险人核实其资格,避免出现保险纠纷。

一方面,被保险人必须是保险事故发生时遭受损失的人,即受保障的人;另一方面,被保险人必须是有保险金请求权的人。因此,投保单上必须注明被保险人的姓名。

2. 被保险人的基本情况

投保单上需要填具被保险人的详细地址、邮编、电话及联系人,以便于联系和作为确定保险费率的参考因素。首先,保险人接到投保人填写的投保单后需要进行核保。保险合同生效后,保险人需要定期或不定期地向客户调研自身的服务质量或通知被保险人有关信息。为便于及时联系,需要填写被保险人的准确地址、邮编、电话及联系人等信息。其次,不同地区的汽车保有量、道路状况都不尽相同,危险因素也不一样,这是厘定保险费率的重要依据,因此,也需要被保险人的详细地址和邮编的信息。

3. 驾驶员的基本情况

投保单需要提供驾驶员的基本情况,如驾驶员的住址、性别、年龄与婚姻状况、驾龄、违章情况等,这是确定保险费的重要依据。

4. 保险汽车的基本情况

(1)保险汽车有关资料。投保单要求说明保险汽车的有关情况,一般包括号牌号码、厂牌号码、发动机号、车架号、座位/吨位、车辆特征(车门数、颜色)等内容。我国汽车保险的投保单要提供车辆的号牌号码、厂牌型号、发动机号、车架号、座位/吨位、车辆颜色、初次登记年月等资料信息。

车辆价值对保险费影响较大,所以较为详细的保险汽车有关资料,可以帮助保险人核实保险汽车的价值和确定保险金额的多少。如《机动车辆保险条款》规定,保险金额不能超过同类型的新车购置价,超过部分无效。显然,提供上述保险汽车的基本资料为保险人核保提供了依据。

(2)汽车的所有与使用情况。大多数投保单都会有下述问题。

①该汽车所属性质是什么?

②该汽车是否为分期付款购买?如果是,卖方是谁?

③该汽车的行驶证所列明的车主是谁?

④该汽车的使用性质是什么?行驶区域如何?

提出上述问题主要是为保险人核保时,确定保险标的的保险利益和保险费率提供依据,以免日后发生不必要的纠纷。如果是分期付款购买的汽车,保险人一般会要求投保人选择保险范围较宽的险种,以保障财产的安全。在美国,分期付款的汽车必须购买包括汽车损失险在内的综合险。一般情况下,营业用和非营业用汽车的保险费率差别较大。我国由于汽车保险起步较晚,保险费率处于尚未完善阶段。

5. 投保险种与保险期限

(1)车辆险中包括全车盗抢险、车上责任险(车上座位和车上货物)、车载货物掉落责任险、玻璃单独破碎险、车辆停驶损失险、自燃损失险、新增加设备损失险、不计免赔特约险等。

在投保单上,需要选择投保险种,填写保险金额或赔偿限额,这是保险人在核保时确定保险费的基本依据。

(2)保险期限一般为半年或一年。在美国,一般情况下规定保险期限为半年,除了一次缴清保险费外,也可以采用按月交付。在我国规定的保险期限一般为一年。

6. 投保人签章

投保单必须由投保人亲笔签名认可方能生效,其主要作用有以下几点。

(1)提供保险凭证所需要的信息。投保人签章就视同其确认了投保单上所提供的信息,保险人在签发保险证和保险单时,可以依据这些信息填写。

(2)便于保险人核保。保险人核保时,需要甄别承担风险和确定保险适合的条款。只有投保人签章后,才能确认投保单所提供的信息,便于投保人核保。

(3)获得投保人对保险合同信息的确认。投保人在投保单上签字后,保险人受理同意,投保单就构成保险合同的要件。如果核保后所填信息没有变化,保险人据此认为投保人已经确认了保险合同的信息。

4.1.4 汽车投保的方式

目前,在我国汽车投保的方式主要有以下几种。

1. 业务员上门服务

投保人与所选择的保险公司联系,由保险公司派业务员上门服务。这是目前最为普遍的投保方式之一。由业务员对条款进行解释并提供咨询服务,帮助投保人进行险种的设计,指导投保人填写投保单并且可以提供代送保险单、发票等其他服务。

2. 到保险公司投保

投保人亲自到所选择的保险公司办公地点,进行投保处理等一系列手续。许多车主选择这种投保方式,不但能更全面地了解所选择的保险公司及投保险种,也能够免除一些车主对业务员及保险公司的不信任感。

3. 电话投保

电话投保是指通过保险公司开通的服务电话办理投保业务。这种方式广受投保人欢迎,电话投保将是我国汽车保险的方向之一。现在已开通的有 95518、95510、95511 等,但是我国电话投保系统还有待进一步开发。

4. 网上投保

网上投保是指利用网络完成投保业务。目前许多保险公司提供了网上投保服务。这种方式可大大降低保险公司的经营成本。

5. 通过保险中介机构投保

保险中介机构作为我国保险市场的组成部分,正处于蓬勃发展的阶段。保险中介机构的强大,会带动我国保险市场的健康发展,会给投保人带来更多的方便,能为投保人提供优质的保险服务。

4.1.5 汽车投保的步骤

汽车投保的步骤有以下几步。

(1)选择保险公司,先了解现在经营机动车辆保险业务的各家保险公司的服务情况,并考虑自己家或单位附近是否有正式的保险公司营业机构,从而确定一家既信得过又方便的保险公司。

(2)仔细阅读《机动车辆保险条款》,尤其对于条款中的责任免除条款和义务条款要认真研究,同时对于条款中不理解的条文要记下来,以便投保时向保险业务人员咨询。

(3)选择投保险种。根据对条款的初步了解和自身的情况,选择适合自己的投保险种。对于私家车而言,一般投保机动车车辆损失险、第三者责任险以及附加全车盗抢险、玻璃单独破碎险、自燃损失险、车上责任险和不计免赔特约险等几个险种较为合适,这种选择可以得到较为全面的保险保障。

(4)填制保险单。携带行车执照、购车发票、车主身份证等相关证件,并把要投保的车辆开到保险公司(网上投保、电话投保除外),在保险公司业务人员详细介绍了机动车辆保险条款和建议投保的险种后,如果对条款中还有不理解的地方可以向保险公司业务人员仔细咨询,已经完全清楚后,认真填写机动车辆保险投保单,将有关情况向保险公司如实告知。

(5)交付保险费。保险公司业务人员对投保单及投保车辆核对无误并出具保单正本后,首先要核对一下保险单正本上的内容是否准确,其次检查保险证是否填写齐全,理赔报案电话、地址是否清晰、明确,最后要履行一项重要的义务就是交纳保险费。

(6)领取保险单证。投保人(被保险人)拿到保险单证后,应审核保险单证是否有误。保险单证与行车执照要随身携带,以备随时使用,同时将保险单正本妥善保管。

投保人(被保险人)特别注意的事情是,车辆上完保险以后,应赶快去领牌照,只有领了牌照保险合同才能生效。

4.2　汽车核保实务

保险人在承保时必须经过核保过程。核保是指保险人在承保前,对保险标的的各种风险情况加以审核与评估,从而决定是否承保、承保条件与保险费率的过程。核保工作包括审核保险单、查验车辆、核定保险费率、计算保险费、核保等必要程序。

4.2.1　核保的意义

核保的意义主要有以下几点。

(1)防止逆选择,排除经营中的道德风险。保险公司通过建立核保制度,由资深人员运用专业技术和经验对投保人标的进行风险评估,通过风险评估可以最大程度上解决信息不对称的问题,排除道德风险,防止逆选择。

(2)确保业务质量,实现经营的稳定。保险公司要实现经营的稳定,关键的一个环节是控制承保业务的质量。但是,在实际工作中发展与管理始终是一对矛盾。其主要表现为:①为了拓展业务而急剧扩充业务人员,这些新人员的素质有限,无法认识和控制承保的质量;②保险公司为了扩大保险市场占有份额,稳定与保护业务关系,放松了对拓展业务方面的管理;③保险公司为了拓展新的业务领域,开发一些不成熟的新险种,签署了一些未经详细论证的保险协议,增加了风险因素。

(3)扩大保险市场规模与国际惯例接轨。随着我国市场经济体制改革的深入和加入全球经济一体化的进程加快,保险市场主体随之增加和完善,外国的保险中介组织对于中国的市场表现出极大的兴趣,纷纷要求进入中国市场,加入 WTO 以来,我国逐步向国外的保险中介机构开放,我国的保险中介力量也在不断壮大。

(4)实现经营目标,确保持续发展。在我国保险市场的发展过程中,保险公司要在市场上争取和赢得主动,就必须确定自己的市场营销方针和政策,包括选择特定的业务和客户作为自己发展的主要对象,确定对于各类风险承保态度,制定承保业务的原则、条款、费率等条件。通过核保制度实现风险选择和控制的功能,保险公司能够有效地实现其既定的经营目标,并保持业务的持续发展。

4.2.2 审核投保单与查验车辆

业务人员在接到投保单以后,首先根据保险公司内部制定的承保办法决定是否接受此业务。如果不属于拒保业务应立即加盖公章,载明收件日期。

1.审查投保单

审查投保单所填写的各项内容是否完整、清楚、准确。

2.验证

结合投保车辆的有关证明,如车辆行驶证、介绍信等,进行详细审核检查投保人称谓与其签章是否一致。如果投保人称谓与投保车辆行驶证标明的不符,投保人需要提供其对投保车辆拥有可保利益的书面证明;检验投保车辆的行驶证是否与保险标的相符,投保车辆是否年检合格。核实投保车辆的合法性,确定其使用性质。检验车辆的牌照号码、发动机号码是否与行驶证一致等。

3.查验车辆

根据投保单、投保单附表和车辆行驶证,对投保车辆进行实际查验内容主要包括以下几点。

(1)确定车辆是否存在和有无受损,是否有消防和防盗设备等。

(2)车辆本身的实际牌照号码、车型及发动机号、车身颜色等是否与行驶证一致。

(3)车辆的操作安全性与可靠性是否符合行车要求,重点检查转向、制动、灯光、喇叭、刮雨器等涉及操作安全性的因素。

(4)检查发动机、车身、底盘、电气等部分的技术状况。根据检验结果,确定整单的新旧成数。对于私有车辆一般需要填具验车单于保险单副本上。

4.2.3 核定保险费

核定保险费应根据投保单上所列的车辆情况和保险公司的机动车辆保险费率表逐项确定。所谓保险费率是指保险人计算保险费的依据,它是保险人向被保险人收取的,每单位保险金额的保险费,通常都用百分率或千分率来表示。在确定车辆保险费率的基础上,保险公司业务人员根据投保人所选择的保险金额和赔偿限额计算保险费。

1.交强险保险费计算方法

2006年7月1日起,所有上路行驶的机动车都必须投保交强险。保监会表示,交强险在我国是一项全新的保险制度,考虑到其法律环境、赔偿方式等诸多因素与商业性机动车第三者责任保险有本质不同,故交强险实施的第一年先实行全国统一价格,在实践中积累经营数据。今后,通过实行保险费与交通违法行为、交通事故挂钩的“奖优罚劣”的浮动费率机制,并根据各地区经营情况,加入地区差异化因素等,将逐步实行交强险差异化费率。

1)基础保险费的计算

(1)一年期基础保险费的计算投保一年期机动车交通事故责任强制保险的,根据机动车交通事故责任强制保险基础费率表中相对应的金额确定基础保险费。2008 年版交强险基础费率如表 4-1 所示。

表 4-1　机动车交通事故责任强制保险基础费用(2008 年版)

单位:元

车辆大类	序号	车辆明细分类	保险费
一、家庭自用车	1	家庭自用汽车 6 座以下	950
	2	家庭自用汽车 6 座及以上	1 100
二、非营业客车	3	企业非营业汽车 6 座以下	1 000
	4	企业非营业汽车 6～10 座	1 130
	5	企业非营业汽车 10～20 座	1 220
	6	企业非营业汽车 20 座以上	1 270
	7	机关非营业汽车 6 座以下	950
	8	机关非营业汽车 6～10 座	1 070
	9	机关非营业汽车 10～20 座	1 140
	10	机关非营业汽车 20 座以上	1 320
三、营业客车	11	营业出租租赁 6 座以下	1 800
	12	营业出租租赁 6～10 座	2 360
	13	营业出租租赁 10～20 座	2 400
	14	营业出租租赁 20～36 座	2 560
	15	营业出租租赁 36 座以上	3 530
	16	营业城市公交 6～10 座	2 250
	17	营业城市公交 10～20 座	2 520
	18	营业城市公交 20～36 座	3 020
	19	营业城市公交 36 座以上	3 140
	20	营业公路客运 6～10 座	2 350
	21	营业公路客运 10～20 座	2 620
	22	营业公路客运 20～36 座	3 420
	23	营业公路客运 36 座以上	4 690
四、非营业货车	24	非营业货车 2 吨以下	1 200
	25	非营业货车 2～5 吨	1 470
	26	非营业货车 5～10 吨	1 650
	27	非营业货车 10 吨以上	2 220
五、营业货车	28	营业货车 2 吨以下	1 850
	29	营业货车 2～5 吨	3 070
	30	营业货车 5～10 吨	3 450
	31	营业货车 10 吨以上	4 480

续表

车辆大类	序号	车辆明细分类	保险费
六、特种车	32	特种车一	3 710
	33	特种车二	2 430
	34	特种车三	1 080
	35	特种车四	3 980
七、摩托车	36	摩托车 50 毫升及以下	80
	37	摩托车 50 毫升~250 毫升(含)	120
	38	摩托车 250 毫升以上及侧三轮	400
八、拖拉机	39	农用型拖拉机 14.7 千瓦及以下	按保监产险〔2007〕53 号实行地区差别费率
	40	农用型拖拉机 14.7 千瓦以上	
	41	运输型拖拉机 14.7 千瓦及以下	
	42	运输型拖拉机 14.7 千瓦以上	

注:(1)座位和吨位的分类都按照"含起点不含终点"的原则来解释。

(2)特种车一:油罐车、汽罐车、液罐车。特种车二:专用净水车、特种车一以外的罐式货车,以及用于清障、清扫、清洁、起重、装卸、升降、搅拌、挖掘、推土、冷藏、保温等的各种专用机动车。特种车三:装有固定专用仪器设备从事专业工作的监测、消防、运钞、医疗、电视转播等的各种专用机动车。特种车四:集装箱拖头。

(3)挂车根据实际的使用性质并按照对应吨位货车的 30% 计算。

(4)低速载货汽车参照运输型拖拉机 14.7 千瓦以上的费率执行。

(2)短期基础保险费的计算投保保险期间不足一年的机动车交通事故责任强制保险的,按短期费率系数计收保险费,不足一个月按一个月计算。具体为:先按表 4-1 中相对应的金额确定基础保险费,再根据投保期限选择相对应的短期月费率系数,如表 4-2 所示,两者相乘即为短期基础保险费。

短期基础保险费 = 年基础保险费 × 短期月费率系数

表 4-2　短期月费率系数表

保险期间(月)	1	2	3	4	5	6	7	8	9	10	11	12
短期月费率系数(%)	10	20	30	40	50	60	70	80	85	90	95	100

2)保险费的计算办法

交强险最终保险费 = 交强险基础保险费 ×(1 + 与道路交通事故相联系的浮动比率)

机动车交通事故责任强制保险基础费率浮动因素和浮动比率按照《机动车交通事故责任强制保险费率浮动暂行办法》(保监发〔2007〕52 号)执行。

3)解除保险合同保费计算办法

根据《机动车交通事故责任强制保险条例》规定解除保险合同时,保险人应按如下标准计算退还投保人保险费。

(1)投保人已交纳保险费,但保险责任尚未开始的,全额退还保险费。

(2)投保人已交纳保险费,但保险责任已开始的,退回未到期责任部分保险费,计算公

式为

$$退还保险费 = 保险费 \times (1 - 已了责任天数/保险期间天数)$$

2. 主险保险费计算方法

1)第三者责任险

(1)按照投保人类别、车辆用途、座位数/吨位数/排量/功率、责任限额直接查找保险费。

(2)挂车保险费按同吨位货车保险费的 50% 计收。

(3)特种车分类。

①特种车一:油罐车、汽罐车、液罐车。

②特种车二:用于牵引、清障、清扫、清洁、起重、装卸、升降、搅拌、挖掘、推土、冷藏、保温等的各种轮式专用车辆。

③特种车三:装有固定专用仪器设备从事专业工作的监测、消防、运钞、医疗、电视转播的各种轮式专用车辆。

④特种车四:集装箱拖头。

(4)联合收割机保险费按农用 14.7 千瓦以上拖拉机计收。

2)机动车损失保险

(1)按照投保人类别、车辆用途、座位数/吨位数/排量/功率、车辆使用年限所属档次查找基础保险费和费率,机动车损失保险费率如表 4-3 所示。

其中,保险费的计算公式为

$$保险费 = 基础保险费 + 实际新车购置价 \times 费率。$$

表 4-3　机动车损失保险费率

家庭自用汽车与非营业用车		机动车损失保险			
		1 年以下		1 ~ 2 年	
		基础保费(元)	费率	基础保费(元)	费率
家庭自用汽车	6 座以下	539	1.28%	513	1.22%
	6 ~ 10 座	646	1.28%	616	1.22%
企业非营业客车	6 座以下	305	1.01%	290	0.96%
	6 ~ 10 座	365	0.96%	348	0.91%
	10 ~ 20 座	365	1.03%	348	0.98%
	20 座以上	381	1.03%	363	0.98%

[**例 1**]假定某 5 座家庭自用汽车投保车损险,车龄为 1 年以下,新车购置价为 10 万元。在费率表上查得对应的基础保险费为 539 元,费率为 1.28% 。

则该车辆保险费 =539 +100 000 ×1.28% =1 819 元。

[**例 2**]假定某 7 座企业非营业客车投保车损险,车龄为 1 年,新车购置价为 18 万元。在费率表上查得对应的基础保险费为 348 元,费率为 0.91% 。

则该车辆的保险费 =348 +180 000 ×0.91% =1 986 元。

(2)如果投保人选择不足额投保,即保险金额小于新车购置价,保险费应作相应调整,公式为

保险费=(0.05+0.95×保险金额/新车购置价)×足额投保时的标准保险费

(3)挂车保险费按同吨位货车对应档次保险费的50%计收。

(4)联合收割机保险费按农用14.7千瓦以上拖拉机计收。

3)车上人员责任险

车上人员责任险按照投保人类别、车辆用途、座位数、投保方式查找费率,计算公式为

保险费=单座责任限额×投保座位数×费率

4)机动车提车保险。

(1)机动车提车保险

①保险期间为30天的计算公式为

提车保险总保险费=(第三者责任险和机动车损失险保险费+车上人员责任险保险费)×$A1$×$A2$×$A3$

②保险期间为10天的计算公式为

提车保险总保险费=(第三者责任险和机动车损失险保险费+车上人员责任险保险费)×$A1$×$A2$×$A3$×50%

其中,第三者责任险和机动车损失险保险费根据投保人类别、新车购置价和三者险限额直接查找车上人员责任险按照投保人类别、责任限额查找每座保险费,其计算公式为

保险费=每座保险费×投保座位数

$A1$、$A2$和$A3$为保险费修正系数,在提车保险修正系数表中查找。

(2)机动车提车暂保单。

机动车提车暂保单仅承保机动车损失险和第三者责任险,机动车损失险保额为机动车的新车购置价,第三者责任险限额为5万元,保险期间为30天。

4.2.4 核保

计算保险费工作完成后,应进行核保。

1.本级核保

本级核保的主要内容包括以下几点。

(1)审核保险单是否按照规定内容与要求填写,有无缺漏。审核保险价值与保险金额是否合理。不符合要求的,退给业务人员指导投保人进行相应的更正。

(2)审核业务人员或代理人是否验证和查验车辆,是否按照要求向投保人履行了告知义务,对特别约定的事项是否在特约栏内有注明。

(3)审核费率标准和计收保险费是否正确。

(4)对于高保额和投保盗抢险的车辆,应审核有关证件、实际情况是否与投保单填写的情况一致,是否有按照规定拓印牌照存档。

(5)对高发事故和风险集中的投保单位提出限制性承保条件。

(6)费率表中没有列明的车辆,包括高档车辆和其他专用车辆提出厘订费率的意见。

(7)审核其他相关情况。核保完毕后,核保人应在投保单上签署意见。对超出本级核保权限的,应上报上级公司核保。

2. 上级核保

上级公司接到请示公司的核保申请以后,应有重点地开展核保工作

(1)根据掌握的情况考虑可否接受投保人投保。

(2)接受投保的险种、保险金额、赔偿限额是否需要限制与调整。

(3)是否需要增加特别的约定,

(4)协议投保的内容是否准确、完善,是否符合保防监管部门的有关规定。上级公司核保完毕后,应签署明确的意见并立即返回请示公司。核保工作结束后,核保人将投保单、核保意见一并转业务内勤据以缮制保险单证。

4.3 保险单的签发、续保与批改

4.3.1 签发保险单

1. 缮制保险单

业务内勤接到投保单及其附表以后,根据核保人员签署的意见,即可开展缮制保险单工作。保险单原则上应由计算机出具,暂无计算机设备而只能由手工出具的营业单位,必须得到上级公司的书面同意。

(1)计算机制单将投保单有关内容输入到保险单对应栏目内,在保险单“被保险人”和“厂牌型号”栏内登录统一规定的代码。录入完毕检查无误后,打印出保险单。

(2)手工填写的保险单必须是保监会统一监制的保险单,保险单上的印制流水号码即为保险单号码。将投保单的有关内容填写在保险单对应栏内,要求字迹清晰、单面整洁。如有涂改,涂改处必须有制单人签章,但涂改不能超过3处。制单完毕后,制单人应在“制单”处签章。

(3)缮制保险单时应注意的事项有以下几点。①双方协商并在投保单上填写的特别约定内容,应完整地载明到保险单对应栏目内,如核保有新意见,应根据核保意见修改和增加。②无论是主车和挂车在一起投保,还是挂车单独投保,挂车都必须单独出具有独立保险单号码的保险单。在填制挂车的保险单时,“发动机号码”栏统一填写“无”。当主车和挂车一起投保时,可以按照多车承保方式处理,给予一个合同号,以方便调阅。③特约条款和附加条款应印在或加贴在保险单正本背面,加贴的条款应加盖骑缝章。应注意,责任免除、被保险人义务和免赔等规定的印刷字体,应该与其他内容的字体不同,以提醒被保险人注意阅读。

保险单缮制完毕后,制单人应将保险单、投保单及其附表一起送复核人员复核。

2. 复核保险单

复核人员接到保险单、投保单及其附表后,应认真对照复核。复核无误后,复核人员在保险单“复核”处签章。

3. 收取保险费

收费人员经复核保险单无误后,向投保人核收保险费,并在保险单“会计”处和保险费收据的“收款人”处签章,在保险费收据上加盖专用章。

4. 签发保险单证

行车保险合同实行一车一单(保险单)和一车一证(保险证)制度。投保人交纳保险费

后,业务人员必须在保险单上注明公司名称、详细地址、邮政编码及联系电话,加盖保险公司业务专用章,根据保险单填写汽车保险证并加盖业务专用章,所填内容应与保险单有关内容一致,险种一栏填写总颁险种代码,电话应填写公司报案电话,所填内容不得涂改。

签发单证时,交由被保险人收执保存的单证有保险单正本、保险费收据(保户留存联)、汽车保险证。

对已经同时投保车辆损失险、第三者责任险、车上人员责任险、不计免赔特约险的投保人,还应签发事故伤员抢救费用担保卡,并做好登记。

5. 保险单证的补录

手工出具的汽车保险单、提车暂保单和其他定额保单,必须按照所填内容录入保险公司的计算机车险业务数据库,补录内容必须完整准确。补录时间不能超过出单后的第十个工作日。单证补录必须由专人完成,由专人审核,业务内勤和经办人不能自行补录。

6. 保险单证的清分与归档

对投保单及其附表、保险单及其附表、保险费收据、保险证,应由业务人员清理归类。

投保单的附表要加贴在投保单的背面,保险单及其附表需要加盖骑缝章。清分时,应按照以下送达的部门清分。

(1)财务部门留存的单证:保险费收据(会计留存联)、保险单副本。

(2)业务部门留存的单证:保险单副本、投保单及附表、保险费收据(业务留存联)。留存业务部门的单证,应由专人保管并及时整理、装订、归档。每套承保单证应按照保险费收据、保险单副本、投保单及其附表、其他材料的顺序整理,按照保险单(包括作废的保险单)流水号码顺序装订成册,并在规定时间内移交档案部门归档。

4.3.2 续保与批改

1. 续保

保险期满以后,投保人在同一保险人处重新办理保险汽车的保险事宜称为续保。汽车保险业务中有相当大的比例是续保业务,做好续保工作对巩固保险业务来源十分重要。在汽车保险实务中,续保业务一般在原保险期到期前一个月开始办理。为防止续保以后至原保险单到期这段期间发生保险责任事故,在续保通知书内应注明:“出单前,如有保险责任事故发生,应重新计算保险费。全年无保险责任事故发生,可享受无赔款优待”等字样。

2. 批改

在保险单签发以后,在因保险单或保险凭证需要进行修改或增删时,所签发的一种书面证明称为批单,也应背书。批改作业的结果通常用这种批单表示。

一般在保险合同主体及内容变更的情况下,保险合同需要进行相应变更。当汽车保险合同生效后,如果保险汽车的所有权发生了变化,汽车保险合同是否继续有效,取决于申请批改的情况。如果投保人或被保险人申请批改,保险人经过必要的核保,签发批单同意,则原汽车保险合同继续有效。如果投保人或被保险人没有申请批改,汽车保险不能随着保险汽车的转让而自动转让,汽车保险合同也不能继续生效。

保险车辆在保险有效期内发生转卖、转让、赠与他人,变更使用性质,调整保险金额或每次事故最高赔偿额,增加或减少投保车辆,终止保险责任等,都需申请办理批改单证,填具批改申请书送交保险公司。保险公司审核同意后,出具批改单给投保人存执。存执粘贴于保险单正本背面。保险凭证上的有关内容也将同时批改异动,并在异动处加盖保险人业务专用章。

为此,我国《机动车辆保险条款》也规定,在保险合同有效期内,保险车辆转卖、转让、赠与他人、变更用途或增加危险程度,被保险人应当事先书面通知保险人并申请办理批改。同时,一般汽车保险单上也注明“本保险单所载事项如有变更,被保险人应立即向本公司办理批改手续,否则,如有任何意外事故发生,本公司不负赔偿责任”的字样,以提醒被保险人注意。

批改作业的主要内容包括:①保险金额增减;②保险种类增减或变更;③车辆种类或厂牌型号变更;④保险费变更;⑤保险期间变更。

当办理保险车辆的过户手续时,应将保险单、保险费收据、新的车辆行驶证和有原被保险人签章的批改申请书等有关资料交送保险人,保险人审核同意后,将就车辆牌照号和被保险人姓名和住址等相关内容进行批改。

批改涉及的保险费返还,应根据相应规定执行。

第2部分　技能训练

实训项目1　汽车保险投保业务

实训目标

(1)能够熟练掌握汽车投保工作流程。

(2)能够为投保人提供最佳的汽车投保方案。

实训案例

王小姐,25岁,驾龄1年,用6.68万元买了一辆起亚轿车,作为上下班的代步工具,只限于本人使用,驾驶区域相对稳定,有固定停车地点,同时作为女性,驾驶较谨慎,发生事故的概率较小。

操作并填写工单

(1)请列出王女士投保前应准备的相关材料。

(2)请帮助王女士拟定三个以上可选的、量身定做的汽车保险方案,并计算相应的保险费用。

(3)请提醒王女士选择保险机构的注意事项。

(4)作为保险机构工作人员,应如何向王女士推荐车险产品。

(5)结合保险方案的推荐,保险公司业务员应提醒王女士哪些购买汽车保险的注意事项?

实训项目2　汽车保险费的计算

实训目标

(1)掌握汽车保险费率的相关知识。

(2)能够熟练利用费率准确计算汽车保险费。

实训案例

案例一:北京地区的某5座家庭自用汽车,新车购置价10万元,车龄1年以下,投保机动车交通事故责任强制保险、第三者责任险、机动车损失险、全车盗抢险、车上人员责任险、车身划痕损失险,约定第三者责任险的责任限额10万元,机动车损失险保险金额为10万元,车上人员责任险金额为1万元,盗抢险保险金额10万元,试计算保险费。

案例二:北京地区非营业家庭自用汽车,车龄1~2年,新车购置价18万元,投保机动车交通事故责任强制保险、第三者责任保险(15万元)、车辆损失保险、全车盗抢险、车上人员责任险(共5座,司机1万元,乘客每座1万元)、自燃损失保险、玻璃单独破碎险、车身划痕损失险(5 000)、基本险不计免率特约条款,试计算需要支付保险费。

案例三:北京地区非营业家庭自用汽车,车龄5年,新车购置价7.78万元,投保机动车交通事故责任强制保险、第三者责任保险(10万元)、车辆损失保险、全车盗抢险、车上人员责任险(共5座,司机2万元,乘客每座1万元)、自燃损失保险、玻璃单独破碎险、车身划痕损失险(5 000)基本险不计免赔率特约条款,试计算需要支付保险费。

实训项目3　填写投保单

实训目标

能够熟练指导投保人填写汽车保险投保单。

实训案例

王女士,35岁,驾龄1年,花了6.68万元买了一辆起亚轿车,作为上下班的代步工具,只限于本人使用,驾驶区域相对稳定,有固定停车地点,同时作为女性,驾驶较谨慎,发生事故的概率较小。

相关资料信息

序号	项目	说明
1	被保险人与投保机动车辆的关系	所有
2	车主	王××
3	号牌号码	津-HE2345
4	号牌底色	蓝色
5	厂牌型号	起亚 YQZ7140 轿车
6	发动机号	52057154
7	车架号	LJDEAA29180022159
8	核定载客	5人
9	核定载质量	—
10	排量/功率.	1.4
11	初次登记日期	2011年1月
12	已使用年限	0
13	年平均行驶里程	0
14	车身颜色	红
15	机动车种类	6座以下客车
16	机动车使用性质	家庭自用
17	是否本公司续保	否
18	行驶区域	中国境内

续表

序号	项目	说明
19	上年赔款次数	无
20	是否未还清贷款车辆	无
21	车损险车身划痕选择专修厂	无
22	上年度交通违规行为	无

4. 操作并填写工单

(1)填写汽车保险投保单。

(2)写出各投保产品保险金额的确定方式及保险费的计算过程。

(3)如何确定附加险的保险金额或赔偿限额。

课后练习

1. 名词解释

①投保单;②核保;③续保;④批改。

2. 简答题

(1)投保单内容填写的基本要求是什么?

(2)汽车投保的方式有哪些?

(3)汽车投保的注意事项有哪些?

(4)什么是核保? 核保工作的具体要求有哪些?

(5)如何签发保险单?

(6)什么是续保? 如何办理续保手续?

(7)什么是批改? 批改的内容有哪些?

3. 论述题

(1)简述我国汽车投保的步骤。

(2)简述汽车核保实务的工作流程。

4. 社会实践

(1)走访当地的保险公司,了解不同保险公司根据汽车保险市场的需求制定和推出的品牌车辆保险方案,并对各保险公司不同的保险方案进行比较。

第5章　汽车理赔实务

◎理论知识

☞理赔工作人员应具备的条件

☞汽车理赔的业务流程及内容

☞汽车理赔定损核损的流程及内容

◎技能训练

☞汽车保险理赔核算的基本方法

☞现场查勘程序、现场查勘方法及技巧

☞现场查勘草图的绘制方法

★案例导入

客户报案称,某日11点15分,他驾驶一辆奥迪轿车沿环线快速路由南向北行驶,行至辅道入口处,由于左前方一辆汽车突然向右变道想进入辅道,他紧急刹车并向右打方向盘躲避,导致车辆撞在护栏上,右前轮脱落,他又向左急打方向,导致车辆撞到另一边护栏,最后停在路中间,双气囊全爆,自己受轻伤。

通过阅读上述材料,思考如下问题:

(1)假如你是保险公司的现场查勘人员,请问你将如何进行本次事故的现场查勘工作?

(2)你将如何完成本次事故的理赔工作?

第1部分　理论知识

5.1　概述

汽车理赔是指保险汽车在发生保险责任范围内的损失后,保险人依据保险合同的约定解决保险赔偿问题的过程。理赔的质量取决于保险人赔案处理的效率和是否履行了保险合同的约定,关系到保险人的成本与信誉,也关系到被保险人的切身利益。所以,汽车理赔是整个汽车保险过程中非常重要的一个环节,保险人应当谨慎处理汽车理赔事宜。

5.1.1　汽车保险理赔的原则

汽车保险理赔工作涉及面广,情况比较复杂。为更好地贯彻保险经营方针,提高汽车保险理赔工作质量,汽车保险理赔必须遵循如下原则。

1. 满意性原则

在保险事故发生后,被保险人往往因惊恐而处于心理上的失衡状态。而被保险人对保险理赔工作的处理方式和处理意见是否满意,直接关系到保险人的信誉和经营效果。如果被保险人对保险的理赔过程和处理结果满意,则有助于通过被保险人的宣传而扩大保险经营的规模;如果被保险人对此不满意,往往导致当事双方诉诸法律。所以保险人理赔时所采取的处理方式和处理态度非常重要,保险理赔工作应首先遵循满意性原则。

2. 迅速性原则

汽车保险理赔的速度直接关系到被保险人能否获得及时的补偿。所以,保险人在汽车保险理赔时应遵循迅速性原则。保险人接到被保险人的事故报案以后,应该迅速作出反应。这种迅速体现为两个方面:一方面,查勘定损应力求迅速,以确保保险人掌握第一手的事故资料,防止被保险人为利益而隐瞒事实,实施欺骗;另一方面,案件处理应迅速。如果案件清楚明了,就应该迅速支付赔款结案;如果案情复杂但可确定属于保险责任且符合预付赔款要求的,现场查勘之后应预付部分赔款,以解被保险人的燃眉之急;如果事故确实属于责任免除范畴,应有理有据地出具拒赔通知书,并做好安抚工作。

3. 准确性原则

涉及责任免除的确定、被保险人义务的遵守、免赔的计算方法等许多有关保险合同的专业性问题,并不是每一个被保险人都清楚无误,所以需要保险人在计算保险赔付时应力求准确性原则,不能因保险人具有专业知识而刻意压低赔款或欺骗被保险人。因此,在汽车保险理赔时,应对事故导致的直接损失费用计算准确,依据保险合同的约定,合理地确定各项损失费用,这是确保被保险人满意的基础。

4. 公平性原则

根据保险分摊性质,如果赔付过多,虽然个别被保险人受益,将导致广大被保险人承担过多的保险费,同时也会影响到保险人的偿付能力。如果赔付过低,虽然保险人暂时受益,但因被保险人不满意将导致保险人的保险信誉下降,从而影响到保险的经营稳定性。所以,在保险理赔时,应遵循公平性原则,尽量做到理赔结果对保险当事双方都公平。对于不应赔付的案件,一定不赔付;对于应赔付的,不可多赔,亦不可少赔。

5.1.3 理赔工作人员应具备的条件

汽车保险理赔工作技术性强,涉及面广,直接关系到保险公司的信誉和车险业务的发展,对理赔人员的个人修养、业务素质都有非常高的要求。综合来看,理赔工作人员一般应具备以下条件。

(1)精通汽车保险法规、保险条款等规定。汽车保险条款和有关业务规定是处理汽车保险理赔的理论依据,又是保险合同关系双方当事人权利和义务顺利实现的具体保证。因此,作为理赔人员首先必须熟悉保险条款的内容和有关保险业务的具体规定,以免理赔时出现误差。

(2)掌握相关专业知识。汽车保险理赔是一项涉及面广、专业技术性较强的工作,而且汽车保险标的即车辆的性质和种类多而各异,因此,从事汽车保险理赔的工作人员,除有汽车保险方面的专业知识外,还必须懂得有关汽车的构造、维修、故障诊断等汽车技术方面的知识,汽车的有关法律和法规方面的知识,如《中华人民共和国道路交通安全法实施条例》《机动车强制报废标准规定》及各种运输法规等。此外,保险理赔工作人员必须懂得其他法律和法规知识,理赔工作人员应尽可能地学习如《中华人民共和国民法通则》等各种相关法律法规,以便在处理理赔案件时有法可依。

(3)掌握相关财会和资产评估知识。汽车保险理赔工作人员还应掌握一些财务会计知识和资产评估等方面的专业知识,如划分固定资产和流动资产的标准、各种财产价格构成的依据以及如何计算折旧,估计损失价值,查阅资产负债表、总分类账及明细科目卡片,等等。

(4)有高度的责任感。在处理赔案时应做到"主动、迅速、准确、合理",对保户热情、诚恳,不能拖拉、刁难,更不得以权谋私,尽可能把结案率控制在本公司规定的限度之内。

(5)避免道德风险的产生。为避免车险理赔过程中出现的道德风险,要坚持双人查勘,双人定损制度,尽可能堵塞理赔中可能出现的漏洞。

(6)树立廉洁奉公、以身作则的工作作风。汽车保险理赔工作人员不得收取任何形式的佣金,不得以滥赔作为条件接受客户及业务人员任何形式的礼品和礼金。由于理赔人员代表保险公司处理各种案件,涉及大量的钱财,因此,理赔人员必须树立廉洁奉公、以身作则的工作作风,坚决抵制理赔工作人员与汽车修理厂串通一气坑害保险公司的违法行为。

(7)严格执行条款计算赔款,树立风险管理意识。汽车保险理赔人员应能最大程度缩小预估偏差,降低预估损失率,保证公司车险盈亏统计的真实性,使公司能够及时掌握车险的经营状况。

(8)严格执行复审、逐级上报制度。坚决杜绝理赔中的错、乱、滥现象,维护保险公司的合法权益。汽车保险理赔工作人员应严格执行该制度。汽车保险理赔工作关系到保险企业的信誉,体现着国家的保险方针和政策,同时,理赔工作牵涉面广、情况复杂。因此,汽车保险理赔工作人员应严格按照上述要求去做。

5.2 汽车理赔业务流程

汽车保险理赔业务流程对于不同的保险公司有一些细微差别,对于不同的实际业务类型不是千篇一律的。但从总体而言,都要经过受理案件、现场查勘、审定保险责任、立案、汽车理赔定损核损、赔款理算、结案归档这样几个步骤。

汽车保险一般理赔的理赔业务流程如图 5-1 所示。

5.2.1 受理案件

1. 受理案件的操作流程

受理案件的操作流程如图 5-2 所示。

2. 受理案件的主要工作内容

1)接受报案

保险汽车出险后,被保险人一般是先以口头或电话等方式向保险人报案,然后再补交书面的出险通知。

接受报案工作人员在接到报案后应做以下主要工作。

(1)报案记录。理赔人员在接到报案时,应详细询问报案人姓名及联系方式、被保险人姓名、驾驶员情况、厂牌车型、牌照号码。保险单号码,出险险别、出险日期、出险地点、出险原因和预估损失金额等情况,并进行报案记录,迅速通知业务人员。同时指导被保险人尽快填报出险通知书。如果是电话报案,则要求其事后补填出险通知书。

(2)出险通知。一般出险通知应包括如下内容:①保险单证明号码;②被保险人姓名、

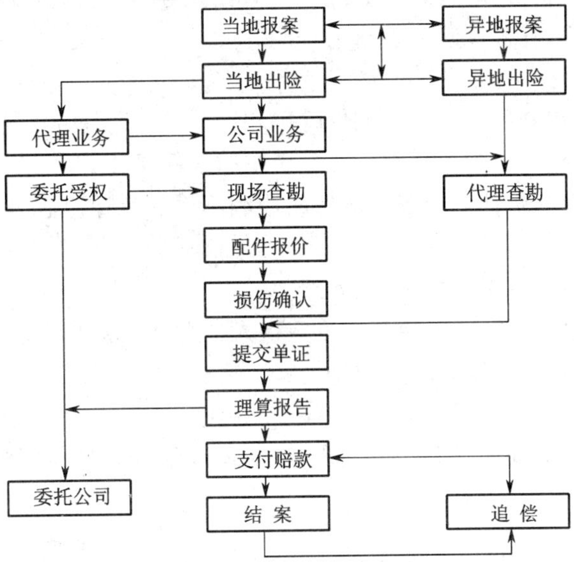

图5-1 汽车理赔业务流程图

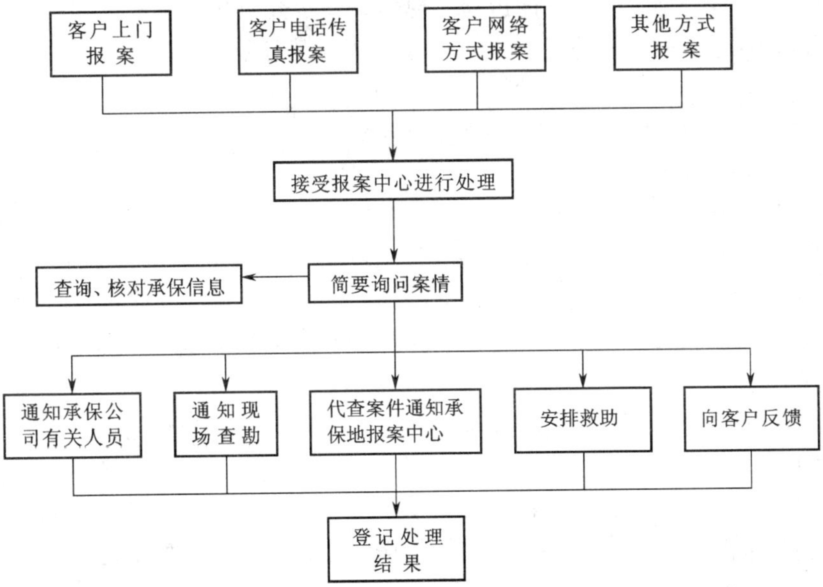

图5-2 受理案件的操作流程图

地址和电话号码;③保险汽车的种类及厂牌型号、生产日期、第一次申请牌照日期、牌照号码,发动机号码等;④驾驶员情况,包括姓名、住址、年龄、婚姻状况、驾驶证号码、驾龄和与被保险人的关系等;⑤出险时间、地点;⑥出险原因及经过,包括事故形态如正面碰撞、侧面碰撞、追尾碰撞、倾覆、火灾、失窃等,事故原因如超速、逆向行车、倒车不当等,发生事故前车辆的动态如行驶方向行驶、行驶速度、超车、转弯等,撞击部位如车头、车中、车尾等;⑦涉及的第三者情况,第三者的财产损失包括其姓名、住址、电话号码以及第三者车辆损失情况(车牌号码、保险单号码、受损情形及承修场所),或其他财产损失情况,涉及第三者伤害的包括伤亡者姓名、性别、受伤情形和所救治的医院名称、住址等；⑧处理的交通管理部门名称，经办人姓名及电话号码等；⑨被保险人签章与日期。

2）信息核对

接受报案后，应尽快查出出险车辆的保险单和批单。查询是否重复报案，查验出险时间是否在保险期限以内，核对驾驶员是否为保险单中约定的驾驶员，初步审核报案人所述事故原因与经过是否属于保险责任等情况。若事故原因不属于承保范围，应拒赔并以书面形式说明理由。

3）调度查勘

根据出险报案信息，迅速通知、调度查勘定损人员进行现场查勘。对于需要提供现场救援的案件，应立即安排救援工作。

4）代理查勘

代理查勘定损报案的处理，按照"异地出险，就地理赔"的原则将由出险地代理查勘、代理定损，并通知承保地保险公司。

5.2.2 现场查勘

现场查勘是指用科学的方法和现代技术手段，对交通事故现场进行实地验证和查询，将所得的结果完整而准确地记录下来的过程。现场查勘是查明交通事故真相的根本措施，是分析事故原因和认定事故责任的基本依据，也为事故损害赔偿提供证据。所以，现场查勘应公正、客观、严密地进行。

1. 现场查勘的主要内容

现场查勘的主要内容如下。

1）查明出险时间

确定查明出险时间是否在保险期范围内。对接近保险起止时间的案件应特别注意查实。为核实出险时间，应详细了解车辆启程或返回的时间、车辆行驶路线、伤者住院治疗的时间，如果涉及车辆装载货物出险的，还要了解委托运输单位的装卸货物时间等。

2）查明出险地点

要准确地查明出险地点。对擅自移动出险地点或谎报出险地点的，要查明原因。

3）查明出险车辆情况

查明出险车辆的类型、牌照号码、发动机号码、车架号码、行驶证，并与保险单或批单核对，查实车辆的使用性质是否与保险单记载的一致；如果是与第三方车辆发生事故，应查明第三方车辆的基本情况。

4）查清驾驶员情况

查清驾驶员姓名、驾驶证号码、准驾车型、初次领证时间等。注意检查驾驶证的有效性，是否为被保险人或其允许的驾驶员等。

5）查明事故原因

这是现场查勘的重点，要深入调查，根据现场查勘技术进行现场查勘，索取证明，搜集证据，全面分析。凡是与事故有关的重要情节，都要尽量收集以反映事故全貌。当发现有酒后驾车、驾驶证与所驾车型不符等嫌疑时，应立即协同公安交通管理部门获取相应证人证言和检验证明等。

6)施救整理受损财产

(1)现场查勘人员到达事故现场后,如果险情尚未控制,应立即会同保险人及其有关部门共同研究,确定施救方案,采取合理的措施施救,以防损失进一步扩大。

(2)保险车辆受损后,如果当地的维修价格合理,应安排就地修理,不得带故障行驶。如果当地修理费用过高需要拖回本地修理的,应采取防护措施,以防再次发生事故。如果无法维修的,应妥善处理汽车的残值部分。

7)核实损失情况

查清受损车辆、承运货物和其他财产的损失情况及人员伤亡情况,查清事故各方所承担的事故责任比例,确定损失程度。同时应核查保险车辆的保险情况,以便理赔计算时分摊赔款。

现场查勘结束后,查勘人员应按照上述内容及要求认真填写现场查勘记录。如果可能,应力争让被保险人或驾驶员确认签字。

2. 代查勘

代查勘限于本保险公司各分支机构所承保的汽车在异地出险的情形,出险当地的保险分支机构均有代查勘并提供各种协助的义务,具体程序如下。

(1)保险公司业务人员接到外地保险车辆本地出险的通知以后,应查验保险证或保险单。确认本公司承保的车辆后,询问并记录报案日期、报案人、保险单号、保险类型、被保险人、承保公司、出险时间、地点、原因、牌照号码等。同时向报案人出示出险通知书并交代填写事项,督促其按期交回。

(2)应立即安排现场查勘,并尽快通知承保公司。

(3)查勘人员到达事故现场以后,应视同本公司的赔案处理,认真开展现场查勘工作,按照要求填写查勘记录并由代查勘的领导签章。

(4)业务人员应将该案登录代查勘登记簿,并按照规定开具代查勘收据一式两联。一联连同出险通知书、查勘记录及现场照片、草图、询问记录及有关证明材料等发送至承保公司,一联连同出险通知书、查勘记录等材料在代查勘公司留存备查。

此外,如果承保公司同意并委托进行代定损,应按照规定的定损程序处理。处理完毕后,应将全部案件材料移交承保公司,并在代查勘登记簿上注明移交时间。

5.2.3　审定保险责任

审定保险责任是理赔过程中一项十分谨慎的工作,关系到被保险人的切身利益和保险人的信誉。所以在审定保险责任时,业务人员应根据现场查勘记录、事故证明、事故调解书等有关材料,结合机动车辆保险条款及其解释等有关文件,全面分析事故的主客观原因。

审定保险责任应注意以下事项。

(1)业务部门对于现场查勘记录及其相关材料应进行初审,按照规定的核赔权限,召集相关人员会议,听取查勘人员的详细汇报及其分析意见,研究审定保险责任。

(2)审定保险责任一定要以机动车辆保险条款及其解释为依据,领会条款精神,尊重客观事实,掌握案情的关键。尤其对不属于保险责任的案件,要认真讨论,反复推敲。对于属于责任范围的,应进一步确定被保险人对事故承担的责任和有无代位追偿的问题。认为是责任免除范畴应拒赔的案件,要有充分的、有说服力的依据和理由。拒赔前,应向被保险人耐心解释，倾听意见。

(3)当赔偿责任确定后，对被保险人所报的损失清单及其费用单证，应根据现场查勘的实际损失记录，逐项进行审核，确定赔偿项目和赔付范围。

(4)应妥善处理疑难案件。对于责任界限不明，难以掌握的疑难案件和拒赔后可能引起诉讼的，或经反复研究仍无法定论的理赔案件，应将"拒赔案件报告书"连同有关材料报上级公司审定。经上级公司批准后，应填具"机动车辆保险拒赔通知书"送交被保险人并耐心解释。

对于确定无异议属于保险责任的理赔案件，应立即开展定损和计算赔款工作。

5.2.4 立案

理赔人员应根据现场查勘记录和有关证明材料，依照保险条款的有关规定全面分析主客观原因，确定事故是否属于保险责任范围。对于经过现场查勘，认定不属于保险责任的案件，按不予立案或拒赔案件处理。同时，应该对事故现场和事故车辆以及涉及的第三方车辆、财产、人员伤亡情况进行认真的记录、取证，能够拍照的须拍照存档，与拒赔案件所需材料一并归档，并及时向被保险人递交"机动车辆保险拒赔通知书"。对属保险责任范围的、应进一步确定被保险人在事故中所承担的责任，有无向第三方追偿的问题。在现场查勘后24小时内，必须对所查勘的案件作出是否立案的决定，并注明责任人。

对在保险有效期内，且属保险责任的赔案，查勘人员应在现场查勘后24小时内进行立案登记，立案时认真、准确、翔实地制作相关表格。录入到计算机中并自动生成贯穿整个赔案的立案编号。

对不在保险有效期或明显不属于保险责任的报案，应在"机动车辆保险出险报案表"和"机动车辆保险报案""立案登记簿"上签注拒赔原因，并向报案人或被保险人作出解释，同时向被保险人送达"机动车辆保险拒赔通知书"。

本公司承保车辆在外地出险，接到出险地公司通知后，应将代查勘、代定损、代赔付的公司名称登录"机动车辆保险投案、立案登记簿"，并注意跟踪赔案的处理结果。

管理部门定期对赔案的处理过程、时限进行监控，对报案登记后超过规定时间未立案的案件、必须进行处理。

5.2.5 汽车理赔定损核损

1. 保险车辆出险后的定损核损项目

定损核损项目包括车辆定损、人员伤亡费用的确定、施救费用的确定，其他财产的损失确定和残值处理等内容。定损核损的流程图如图5-3所示。

2. 车辆定损基本内容、要求和程序

出险涉及的受损车辆在车辆定损时会同被保险人和第三者车损方一起核定。在整个过程中要体现"以保险公司为主"的原则。车辆定损基本内容、要求和程序如下。

(1)根据现场查勘情况认真检查受损车辆，确定受损部位、损失项目、损失程度，并进行登记，对投保新车出厂时车辆标准配置以外新增加的设备要进行区分，并分别确定损失项目和金额。损失严重的应将车辆解体后再确认损失项目，对估损金额超过本级处理权限的，应及时报上级公司协助定损。

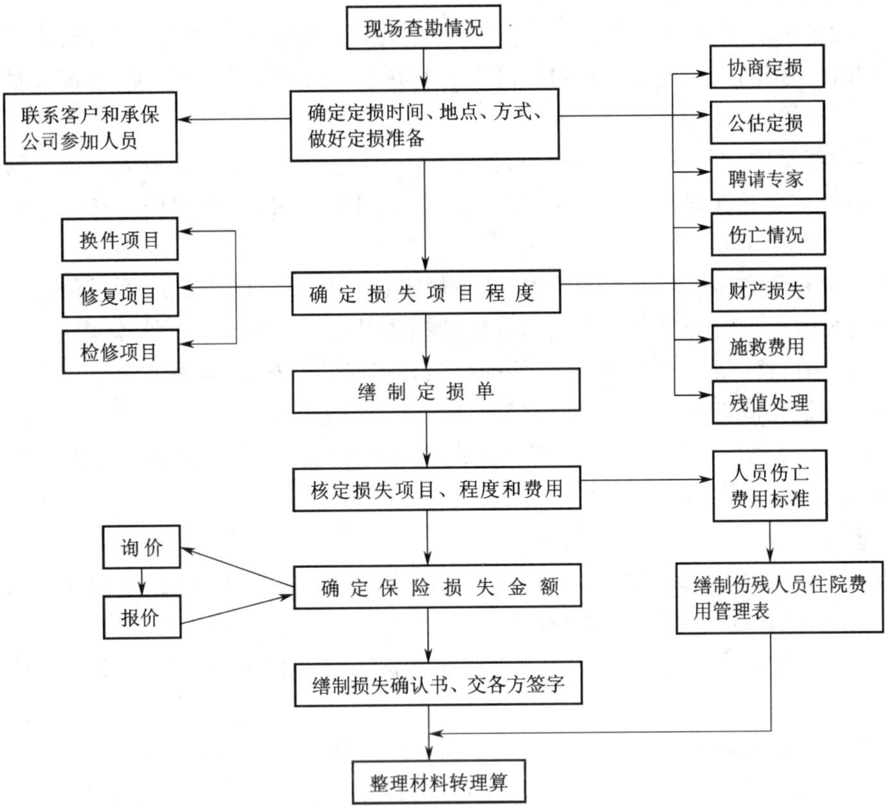

图5-3　定损核损的流程图

(2)与客户协商确定修理方案,包括换件项目、数量、修复项目、检修项目。协商双方应本着实事求是、合情合理的原则。协商时注意区分本次事故和非本次事故的损失,注意事故损失和正常维护保养的界限,对确定事故损失部位应坚持能修不换的原则,能够更换部件的,决不更换总成,严禁"搭车"修理。车主要求扩大修理的,其超出部分应由车主自己承担。

(3)根据换件项目、修理项目的有关内容,按照各保险公司的详细规定确定损失金额,并打印"机动车辆保险车辆损失情况确认书"。

(4)对损失金额较大、双方协商难以定损的或受损车辆技术要求高、难以确定损失的,可聘请专家或委托公估机构定损。

(5)受损车辆原则上采取一次定损。定损完毕后,可以由被保险人自行选择修理厂修理,或应被保险人要去推荐、招标修理厂修理。保险车辆修复后,保险人可根据被保险人的委托与修理厂结算修理费用,明确区分由被保险人自己负担的部分费用,并在"机动车辆保险车辆损失情况确认书"上注明,由被保险人、保险人和修理厂签字认可。

(6)车辆定损时应注意:经保险公司书面同意,对保险事故车辆损失原因进行鉴定的费用可以负责赔偿。受损车辆未经保险公司和被保险人共同查勘定损而自行送修的,根据条款规定,保险人有权重新核定修理费用或拒绝赔偿。

3. 人员伤亡费用的确定

(1)事故处理应遵循“以责论处,按责分担”的原则。说明承担费用的标准,应符合现行道路交通事故处理的有关规定。凡被保险人自行承诺或支付的赔偿金额,定损人员应重新核定,对不合理的部分应予剔除。

(2)事故结案前,所有费用均由被保险人先行支付。待结案后,业务人员应及时审核被保险人提供公安交通管理部门或法院等机构出具的事故证明,有关的法律文书和伤残证明以及各种相关费用单据。

依据国家有关交通道路处理的法律、法规规定以及保险合同约定的可以负责赔偿的合理费用进行核定。不符合规定的费用,如:精神损失补偿费、困难补助费、营养费、事故人员的生活补助、招待费、请客送礼费、事故处理部门扣车后的停车费、各种罚款和其他超过规定的费用均不负责赔偿责任。

(3)对车上及第三者人员伤亡的有关情况要进行调查,重点调查被抚养人的情况及生活费、医疗费、伤残鉴定证明的真实性、合法性、合理性。

4. 其他财产的损失确定

第三者责任险的财产和附加车上货物责任险承运货物的损失,应会同被保险人和有关人员逐项清理,确定损失数量、损失程度和损失金额。同时,要求被保险人提供有关货物、财产的原始发票。定损人员审核后,制作“机动车辆保险财产损失确认书”,由被保险人签字认可。

对于车上货物责任险中的货物损失。在确定损失金额,进行赔偿处理时,需要被保险人提供运单、起运地货物价格证明以及第三方向被保险人索赔的函件等单证材料。

5. 施救费用的确定

当保险车辆或其涉及的财务或人员在遭遇保险责任范围内的车祸时,被保险人应采取措施进行抢救,以防止损失扩大。其中因采取施救措施而支出的费用即位施救费用。施救费用必须是直接的、必要的、合理的,是按照国家有关政策规定为施救行为付出的费用。

施救费用的确定要严格遵照条款的规定,以下几种情况应特别注意。

(1)被保险人施救保险车辆时使用非专业消防单位的消防设备所产生的费用,应予赔偿。

(2)施救保险车辆时雇用吊车和其他车辆进行抢救的费用,以及将出险车辆拖运到修理厂的运输费用,应予赔偿。

(3)因抢修而不慎或不得已对他人财产的损坏,可酌情予以赔偿。但在抢救时抢救人员个人物品的丢失,不予赔偿。

(4)抢险车辆在拖运受损保险车辆途中发生意外事故造成的损失和费用支出,如果该抢救车辆是被保险人自己或他人义务派来抢救的,应予赔偿;如果该抢救车辆是有偿的则不予赔偿。

(5)保险车辆出险后,被保险人赶赴肇事现场处理支出的费用,不予负责。

(6)保险公司只对保险车辆的救护费用负责。

(7)经保险公司同意去外地修理的移送费,可予负责。但护送车辆者的工资和差旅费,不予负责。

(8)当施救、保护费用与修理费用相加,达到或超过保险车辆的实际价值时,则可推定全损,予以赔偿。

(9)第三者责任险的施救费用与第三者损失金额相加,不得超过第三者责任险的责任限额。

(10)施救费应按照规定扣减相应的免赔额。

6. 残值处理

残值应协商作价折旧归被保险人,如被保险人不要,参照特殊案件的内容处理。

5.2.6　赔款理算

在进行赔款理算之前,保险公司相关工作人员要核对有关的索赔单证材料和发生事故的驾驶员的机动车驾驶证及保险车辆机动车行驶证的原件和复印件,核对无误后留存复印件。再审核索赔单证材料时,对于不符合规定的项目和金额应予以剔除;对于有关的证明和资料不完整的,应及时通知被保险人补充提供有关的证明和资料。

对被保险人提供的各种必要单证审查无误后,理赔人员根据保险条款的规定,迅速审查核定,保险人应在与被保险人达成赔偿协议后 10 日内支付赔款。

在进行赔款理算时,由于保险费率的放开,各家保险公司的理算结果会有所不同,但都要严格按照相关保险条款和保险单的合同要求进行。

1. 交强险的赔款计算

在赔偿顺序上,交强险是第一顺序,汽车商业保险是第二顺序。因此,交强险的赔款理算,将影响到汽车商业保险的赔款理算。由于交强险对死亡伤残、医疗费用、财产损失三类分别设定了赔偿限额,同时又设定了无责任赔款限额,而无责任赔款限额又分死亡伤残、医疗费用、财产损失三类,所以其赔款理算比较烦琐。

[例 1]A、B 两车互碰,各负同等责任。A 车损失 3500 元,B 车损失 3 200 元,则两车交强险赔付结果如下。

A 车保险公司在交强险项下赔偿 B 车损失 2 000 元;B 车保险公司在交强险项下赔偿 A 车损失 2 000 元。对于 A 车剩余的 1 500 元损失,按商业险条款规定,根据责任比例在商业车险项下赔偿。即如 A 车投保了车损险、B 车投保了商业三者险,则在 B 车的商业三者险项下赔偿 750 元,在 A 车的车损险项下赔偿 750 元。

两辆机动车互碰,两车均有责,双方机动车交强险均在交强险财产损失赔偿限额内,按实际损失承担对方机动车的损害赔偿责任。

[例 2]A、B 两车互碰造成双方车损,A 车全责(损失 1 000 元),B 车无责(损失 1 500 元)。设 B 车适用的交强险无责任赔偿限额为 100 元,则两车交强险赔付结果为:A 车交强险赔付 B 车 1 500 元,B 车交强险赔付 A 车 100 元。

B 车对 A 车损失应承担的 100 元赔偿金额,由 A 车保险公司在本方交强险无责任财产损失赔偿限额项下代赔。

两辆机动车互碰,一方全责、一方无责,无责方机动车交强险在无责任财产损失赔偿限额内承担全责方机动车的损害赔偿责任,全责方机动车交强险在财产损失赔偿限额内承担无责方机动车的损害赔偿责任。无责方车辆对全责方车辆损失应承担的赔偿金额,由全责方在本方交强险无责任财产损失赔偿限额项下代赔。

2. 车辆损失险的赔款计算

1)全部损失

全部损失是指保险车辆在保险事故中发生整体损毁或受损严重已失去修复价值,即形成了实际全损或推定全损。

(1)保险车辆发生全部损失后,保险金额高于出险当时保险车辆的实际价值时,则按出险当时的实际价值计算赔偿。

赔款 =(实际价值 - 残值)×事故责任比例×(1 - 免赔率)

其中,保险事故发生时保险车辆的实际价值按保险事故发生时同种类型车辆市场新车购置价(含车辆购置附加费(税))减去该车以使用年限折扣后确定。免赔率之和包括:依据保险车辆驾驶员在事故中所负事故责任比例而由其自负的免赔率、非约定驾驶员驾驶保险车辆肇事后需要加扣的免赔率、同一保险年度内多次出险每次加扣的免赔率、违法安全装载规定而需要加扣的免赔率等。

在确定事故责任比例时,一般按照交警部门判定的事故责任比例判定。如果经过核赔人员认真审核,认为某种赔偿比例更符合实际情况、更为合适,此处的事故责任比例可以用该赔偿比例代替。

(2)保险车辆发生全部损失后,如果保险金额等于或低于实际价值时,则按保险金额计算赔偿。

赔款 =(保险金额 - 残值)×事故责任比例×(1 - 免赔率)

[例] 一辆新车购置价(含车辆购置税)为 150 000 元的汽车全额投保了车辆损失保险,即投保金额 150 000 元,该车辆在保险期内发生第二次交通事故时,实际价值 100 000 元,驾驶人员承担全部责任,依据该种车辆条款的规定承担 20% 的免赔率,同时又由于是第二次出险,应增加 5% 免赔率。车辆全部损失,残值 1 000 元,则由于保险金额高于实际价值,因此按以下公式计算:

赔款 =(实际价值 - 残值)×事故责任比例×(1 - 免赔率)

=(100 000 - 1 000)×100% ×[1 -(20% +5%)]

=74 250 元

2)部分损失

当保险车辆受损后,未达到“整体损毁”或“推定全损”程度时,按照部分损失计算赔款。

(1)保险车辆的保险金额按投保时新车购置价确定的,当保险金额等于或高于出险当时的新车购置价,发生部分损失按照实际修复费用赔偿。

赔款 =(实际修复费用 - 残值)×事故责任比例×(1 - 免赔率)

(2)保险车辆的保险金额低于投保时的新车购置价,发生部分损失按照保险金额与投保时的新车购置价比例计算赔偿。

赔款 =(实际修复费用 - 残值)×(保险金额/新车购置价)×事故责任比例×(1 - 免赔率)

按照上述方法计算的车辆损失赔款,当超过保险车辆的保险金额时,以保险金额为最高赔款金额。

3)施救费

(1)保险余额等于投保时新车购置价。

施救费赔款 = 实际施救费用×事故责任比例×(保险车辆实际价值/实际施救财产总

价值)×(1－免赔率)

(2)保险金额低于投保时的新车购置价。

施救费赔款＝实际施救费用×事故责任比例×(保险金额/新车购置价)×(保险车辆实际价值/实际施救财产价值)×(1－免赔率)

[**例3**]一辆新车购置价(含车辆购置税)为150 000元的汽车全额投保了汽车损失保险,即投保金额为150 000元,该车辆在保险期内发生交通事故时实施救助,包括救助车上物品价值50 000元,实际施救费用5 000元,驾驶人员承担全部责任,依据该种车辆条款的规定承担20%的免赔率,同时又由于违反安全装载规定,应增加5%免赔率。

施救费赔款＝实际施救费用×事故责任比例×(保险价值/实际施救财产总价值)×(1－免赔率)

＝5 000×100%×[150 000/(150 000＋50 000)]×[1－(20%＋5%)]

＝2 812.5元

3. 第三者责任险的赔款计算

第三者责任险的赔偿金额,按照"道路交通事故处理办法"规定的赔偿范围、项目和标准以及保险合同中的约定进行确定和计算。

(1)当被保险人按事故责任比例应承担的赔偿金额超过责任限额时,则

赔款＝责任限额×(1－免赔率)

(2)当被保险人按事故责任比例应承担的赔偿金额低于责任限额时,则

赔款＝应承担的赔偿金额×(1－免赔率)

(3)诉讼仲裁费用的计算。

①当被保险人应承担的诉讼仲裁费用超过保险单载明的责任限额的30%时,

诉讼仲裁费用＝责任限额×30%

②当被保险人应承担的诉讼仲裁费用低于保险单载明的责任限额的30%时,

诉讼仲裁费用＝应承担的诉讼仲裁费用

[**例4**]一辆按照责任限额150 000元投保机动车辆第三者责任险的汽车,在出险时给第三方造成300 000元损失,诉讼仲裁费用为5 000元。该车负主要责任,承担70%的损失,依据条款规定应承担15%的免赔率。此次事故中,被保险人按照事故责任比例应承担赔偿金额为300 000×70%＝210 000元,超过了150 000元的责任限额,则

赔款＝责任限额×(1－免赔率)＝150 000×(1－15%)＝127 500元

被保险人应承担的诉讼仲裁费用为5 000元,没有超过保险单载明的责任限额的30%,15 0000×30%＝4 500元,则,诉讼仲裁费用＝应承担的诉讼仲裁费用＝5 000元,保险人向被保险人支付赔款(包括诉讼仲裁费用)合计为:

127 500＋5 000＝132 500元

4. 车辆损失险、第三者责任险赔款计算应注意的事项

车辆损失险、第三者责任险赔款计算应注意的事项有以下几点。

(1)赔款计算依据交通管理部门出具的"道路交通事故责任认定书"以及据此作出的"道路交通事故损害赔偿调解书"。

当调解结果与责任认定书不一致时,对于调解结果中认定的超出被保险人责任范围内的金额,保险人不予赔偿;对于被保险人承担的赔偿金额低于其应按责赔偿的金额的,保险

人只对被保险人实际赔偿的金额在限额内赔偿。

(2)对于不属于保险合同中规定的赔偿项目,但被保险人已自行承诺或支付的费用保险人不予承担。

(3)法院判决被保险人应赔偿第三者的金额,如精神损失赔偿费等保险人不予承担。

(4)保险人对第三者责任事故赔偿后,对受害第三者的任何赔偿费用的增加不再负责。

(5)车辆损失的残值确定,应以车辆损失部分的零部件残值计算。

(6)诉讼仲裁费用标准应按照最高人民法院下发的有关标准执行。车损险诉讼仲裁费用计入车损险施救,第三者责任险诉讼仲裁费用必须经保险人事先书面同意,在第三者责任险责任限额的30%以内计算赔偿。

6. 免赔率的确定

免赔率按照条款的明确规定确定,其中需要特别注意的有以下几点。

(1)全车盗抢险中被保险人索赔时未能提供机动车行驶证、机动车登记证书、机动车来历凭证、车辆购置税完税证明(车辆购置附加费缴费证明)或免税证明等原件,每缺少一项增加1%的免赔率。

(2)因自然灾害引起的不涉及第三者损害赔偿的单纯车损案件,不计免赔。但对被保险人未尽到妥善保管或及时施救义务的案件除外。

5.2.7 核赔

1. 核赔的意义

在经过赔款理算之后,要根据有关单证缮制理赔计算书。首先由相关工作人员制作机动车辆保险理赔计算书和机动车辆保险结案报告书。机动车辆保险赔款计算书各栏要详细录入,项目要齐全,数字要正确,损失计算要分险种、分项目计算并列明计算公式,应注意免赔率要分险种计算。机动车辆保险赔款计算书一式二份,经办人员要盖章、注明缮制日期。业务负责人审核无误后,在机动车辆保险理赔计算书上签注意见和日期,送核赔人。

核赔是在授权范围内独立负责理赔质量的人员,按照保险条款及保险公司内部有关规章制度对赔案进行审核的工作。

2. 核赔的主要内容

核赔的主要内容有以下几点。

(1)审核单证。审核被保险人按规定提供的单证、经办人员填写赔案的有关单证是否齐全、准确、规范和全面。

(2)核定保险责任。包括被保险人与索赔人是否相符;驾驶员是否为保险合同约定的驾驶员;出险车辆的厂牌型号、牌照号码、发动机号、车架号与保险单是否相符;出险原因是否属保险责任;出险时间是否在保险期限内;事故责任划分是否准确合理;赔偿责任是否与承保险别相符等。

(3)核定车辆损失及赔款。包括车辆定损项目、损失程度是否准确、合理;更换零部件是否按规定进行了咨询报价;定损项目与报价项目是否一致;换件部分拟赔款金额是否与报价金额相符;残值确定是否合理等。

(4)核定人员伤亡及理赔。根据查勘记录、调查证明和被保险人提供的事故责任认定书、事故调解书和伤残证明,依照国家有关道路交通事故处理的法律、法规规定和其他有关规定进行审核；核定伤亡人员数、伤残程度是否与调查情况和证明相符；核定人员伤亡费用是否合理；被抚养人口、年龄是否真实，生活费计算是否合理、准确等。

(5)核定其他财产损失赔款。根据照片和被保险人提供的有关货物、财产的原始发票等有关单证，核定财产损失、损余物资处理等有关项目和赔款。

(6)核定施救费用。根据案情和施救费用的有关规定，核定施救费用有效单证和金额。

(7)审核赔付计算。残值是否扣除；免赔率使用是否正确；赔款计算是否准确等。如果是上级公司对下一级进行核赔，应侧重审核；普通赔案的责任认定和赔款计算的准确性；有争议赔案的旁证材料是否齐全有效；诉讼赔案的证明材料是否有效；保险公司的理由是否成立、充分；拒赔案件是否有充分证据和理由等。

结案时，"机动车辆保险赔款计算书"上赔款的金额必须是最终审批金额。在完善各种核赔和审批手续后，方可签发"机动车辆保险领取赔款统治书"统治被保险人。

3. 核赔的操作流程

核赔的主要工作内容包括审核单证、核定保险责任、审核赔款计算、核定车辆损失及赔款、核定人员伤亡及赔款、核定其他财产损失及赔偿、核定施救费用等。核赔是对整个赔案处理过程进行控制。核赔对理赔质量的控制体现在：①及时了解保险标的出险原因、损失情况，对重大案件，应参与现场查勘；②审核、确定保险责任；③核定损失；④审核赔款计算。核赔的操作流程如图5-4所示。

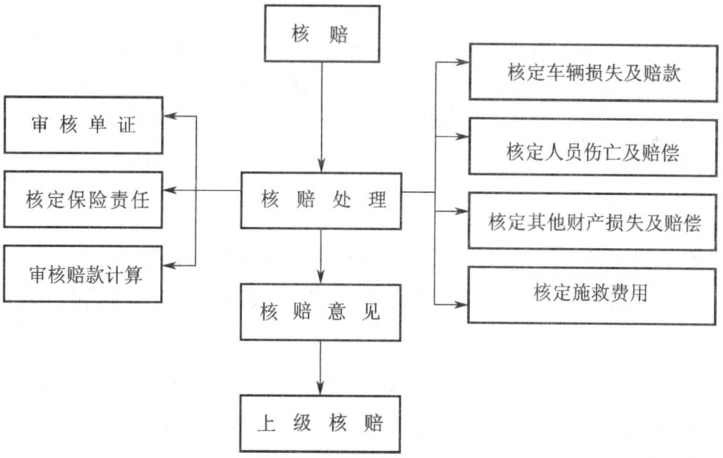

图5-4　核赔操作流程

5.2.8　结案

在赔案经过分级审批通过之后，业务人员应制作"机动车辆保险领取赔款通知书"，并通知被保险人，同时通知会计部门支付赔款。保户领取赔款后，业务人员按赔案编号输入"机动车辆保险已决赔案登记簿"，同时在"机动车辆保险报案、立案登记簿"备注栏中注明赔案编号、赔案日期，作为续保时是否给付无赔款优待的依据。

未决赔案的处理办法：未决赔案是指截止到规定的统计时间，已经完成估损、立案，尚未结案的赔款案件，或被保险人尚未领取赔款的案件。处理原则是：定期进行案件跟踪，对可以结案的案件，需督促被保险人尽快交齐索赔材料，赔偿结案；对尚不能结案的案件，应认真核对、调整估损金额;对超过时限,被保险人不提供手续或找不到被保险人的未决赔案,按照"注销案件"处理。

5.3 现场查勘的程序与方法

查勘定损人员所采用的现场查勘技术是否科学、合理,是现场查勘工作成功与否的关键,直接关系到事故原因的分析与事故责任的认定,是计算事故损害赔偿的基础。

5.3.1 出险现场分类

交通事故现场是指发生交通事故地点上遗留的车辆、树木、人、畜等与事故有关的物体以及其痕迹物证所占有的空间。交通事故现场试推断事故过程的依据和分析事故原因的基础。根据现场的完整真实程度,一般可以分为三类。

1. 原始现场

原始现场也称第一现场,是指发生事故后至现场查勘前,在现场的车辆和遗留下来的一切物体,痕迹仍保持着事故发生过程的原始状况没有变动和破坏的现场。这类现场能够反映事故发生的全过程,可以较好地为事故原因的分析与责任鉴定提供依据所以是取证价值最大、最理想的现场。

2. 变动现场

变动现场也称移动现场,是指发生事故后至现场勘查前,由于自然或人为的原因,致使事故现场的原始状态的一部分,大部分或全部面貌的改变的事故现场。这类现场有种种不利因素,由于现场物证遭到破坏,不能全面真实反映事故全过程,给勘查工作带来很大的困难。

变动原因通常有以下几种。

(1)抢救伤者。为抢救伤者而变动了现场的车和有关物体的原始位置。

(2)保护不善。事故现场的痕迹因保护不善,导致被过往的车辆和行人碾踏、触动而变得模糊或消失。

(3)自然影响。因刮风、下雨、下雪、日晒等自然因素,造成现场的痕迹消失或被破坏。

(4)执行任务。执行任务的消防、救护、警备、工程救险车在发生事故后因任务的需要而驶离现场,致使现场发生变化。

(5)交通拥阻。主要交通干道或繁华地段发生交通事故,需及时排斥交通堵塞而移动肇事车辆及相关证物而导致现场变化。

(6)驾驶员疏忽。车辆发生交通事故后当事人没有发觉而驾车驶离现场。

(7)伪造现场。当事人为了逃避责任毁灭证据,或出于嫁祸于他人的目的,有意或教唆他人改变现场的车辆、物体、痕迹或其他物品的原始状态,或故意布置现场。这类现场事故状态不合常理,不符合事故发生的客观规律。

3. 恢复现场

一般是指事故现场因某种原因撤离后,基于案件需要,根据原现场记录图、照片或查勘记录等资料重新布置恢复的现场。在特殊情况下,根据现场分析,目击人或当事人指认,将变动现场恢复到原始状态,此现场称为原始恢复现场。

5.3.2　现场查勘程序

查勘定损人员接案后，应迅速做好查勘准备，尽快赶到事故现场，会同被保险人及有关部门进行现场查勘工作。现场查勘工作必须由两位以上查勘定损人员参加，尽量查勘原始现场。如果原始现场已经清理，必须查勘移动现场，调查了解有关情况。如果保险车辆仍处于危险中，应立即协助客户采取有效的施救措施、保护措施避免损失扩大。现场查勘操作流程如图 5-5 所示。

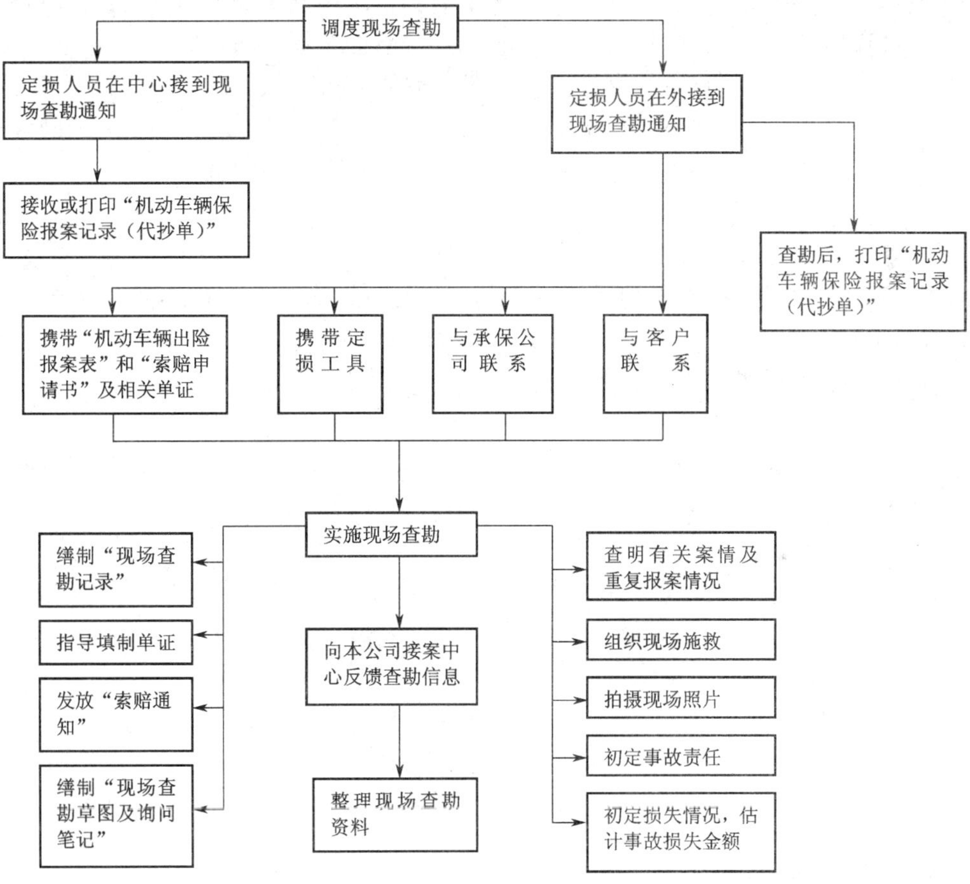

图 5-5　现场查勘操作流程图

1. 尽快赶赴出险现场

除了属于前述的代查勘案件以外，查勘定损人员在接到出险通知后，应立即赶赴出险现场进行现场查勘，这样有利于第一手资料的掌握。

2. 现场查勘

查勘定损人员赶到出险现场以后，所涉及的现场查勘主要内容很多，包括收集材料、摄影、丈量、绘制草图、车辆检查、道路鉴定等，均要求较强的时间性和技术性。现场查勘要收集的主要物证有以下几项。

(1) 首先应丈量车辆制动印痕的长短，这是判断车辆事故前行驶速度的主要依据。

(2) 根据轮胎的印痕，确定轮胎的宽度与花纹形状，这是判定和追查肇事车辆的主要依据之一。

(3)车体上的泥土及其他易碎装置落下的位置,据以判断相撞的地点。

(4)车门把手和方向盘上的指纹,这是判定当事人的主要依据。

3. 调查证人

调查证人工作非常重要。如果条件允许,最好取得证人的文字证明材料,将证人目击时的位置和事情发生经过绘制成草图,标明各方的位置、行驶方向和估计的速度,作为确定事故责任人的参考。第一证人应该是保险车辆的驾驶员。他的证词极其重要,要尽量创造条件让驾驶员心平气和和客观地回忆现场发生时的有关情况。当车辆与人发生碰撞时,应查询行人穿越道路的原因,未穿越前有谁与受害人在一起;当车辆之间相撞时,应访问对方车辆驾驶员,了解对方车辆的行驶的位置、动态及所采取的措施等。

4. 现场复核

当现场丈量、摄影和绘制草图等工作结束后,应复核一遍,做到准确无误。

5.3.3 现场查勘工作

现场查勘工作主要包括收取物证、现场摄影、现场丈量、绘制现场图、车辆检查等。

1. 现场查勘方法

现场查勘采用的主要方法有以下几种。

1)沿车辆行驶路线查勘法

当事故发生地点痕迹清楚时,可以采用此种查勘方法。查勘时,沿着车辆的行驶路线进行取证、摄影与丈量,并绘制现场图,进行事故原因分析与责任认定。

2)由内向外查勘法

当出险现场范围不大、痕迹与事故遗留物集中、事故中心点明确时,可以采用此种查勘方法。查勘时,由事故中心点(接触点)开始,由内向外进行取证、摄影与丈量,并绘制现场图,进而分析事故原因和认定事故责任。

3)由外向内查勘法

当出险现场范围较大、痕迹较为分散时,宜采用此种查勘方法。查勘时,沿着事故现场外围向事故接触点的方向进行取证、摄影与丈量,并绘制现场图,分析事故原因和认定事故责任。

4)分片分段查勘法

当现场范围大或者伪造现场时,应采用此种查勘方法。查勘时,将事故现场按照现场痕迹、散落物等特征分成若干的片或断,分别进行取证、摄影与丈量,绘制现场图,并分析事故原因和认定事故责任。

2. 现场查勘工作

1)收取物证

物证是再现交通事故发生过程和分析事故原因与责任的最为客观的依据,收取物证是现场查勘的核心工作。各种查勘技术、方法、手段均为收取物证服务。物证的收取过程实际上就是认识物证、发现物证和用科学的方法与手段取得物证的过程。

2)现场摄影

(1)现场摄影的原则。现场摄影一般应遵循以下拍摄原则:先拍原始,后拍变动;先拍重点,后拍一般;先拍容易的,后拍困难的;先拍易消失与易被破坏的,后拍不易消失与不易被破坏的。

(2)现场摄影的方式。一般现场摄影包括方位摄影、中心摄影、细目摄影和宣传摄影等四种摄影方式。

①方位摄影。当拍摄事故现场的全貌时,一般采用此种摄影。方位摄影是指根据事故车辆为中心的周围环境,采用不同的方位拍摄现场的位置、全貌以反映事故现场轮廓的摄影。采用方位摄影应反映出事故现场的地形、地貌、路况,以及事故车辆与人畜、建筑物、道路、山、树木、周边的其他物体之间的相互关系,也应反映出事故的时间、气候等。

②中心摄影。当拍摄现场的中心地段时,宜采用中心摄影方式,即以事故接触点为中心,拍摄事故接触的各部位及其相关部位,以反映与事故相关的重要物体的特点、状态和痕迹。中心摄影应重点在被事故破坏的地方和遗留痕迹及物证的地方进行。

③细目摄影。当需要拍摄事故现场的各种痕迹、物证,以反映其大小、形状、特征时,需要采用细目摄影。

④宣传摄影。有时为了宣传和收集资料的需要,通过宣传摄影,运用技巧突出反映某一侧面,如车辆损伤、伤亡者以及事故责任者等。

(3)现场摄影的方法。

①相向拍摄法。采用此方法进行现场摄影时,应从两个相对的方向对现场中心部分进行拍摄,可以较为清楚地反映现场中心情况,如图 5-6 所示。

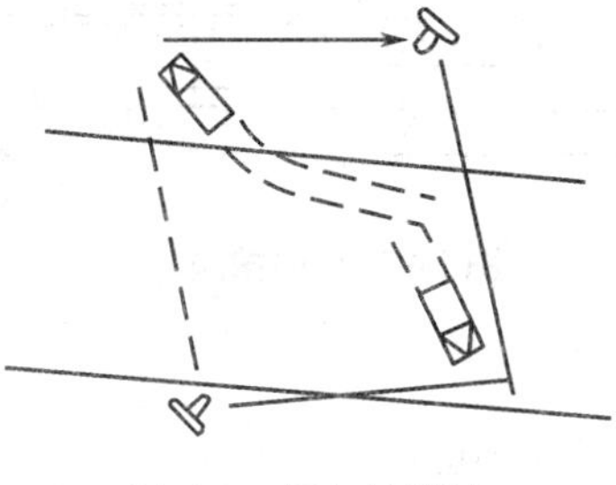

图 5-6　相向拍摄法

②十字交叉拍摄法。采用此方法进行现场摄影时,应从四个不同的地点对现场中心部分进行交叉拍摄,可以准确反映现场中心情况,如图 5-7 所示。

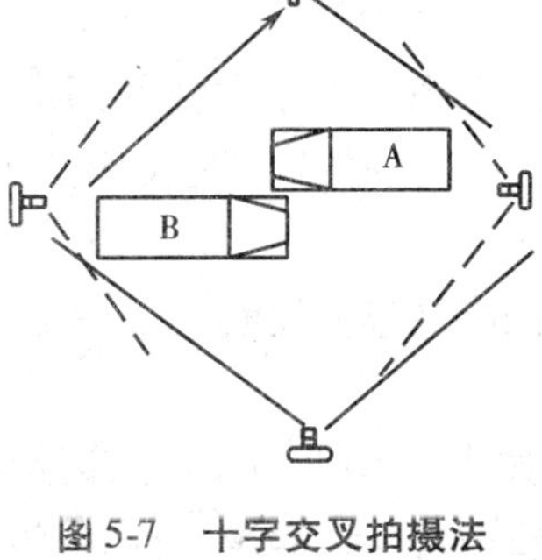

图 5-7　十字交叉拍摄法

③连续拍摄法。这是将现场分段进行拍摄,然后将分段照片拼接为完整的照片的方法。

此种拍摄方法适合于事故现场面积较大,一张照片难以包括的情况。此方法一般分为回转连续拍摄法和平行连续拍摄法。回转连续拍摄法是将相机固定在一处,通过转动相机的角度进行分段拍摄。此方法用于距离较远的拍摄对象。平行连续拍摄法是将同一物距的平行直线分成几段,移动镜头逐段拍摄,每个摄影地点要求与被摄对象的距离相等,如图 5-8 所示。此方法适合于拍摄狭长的平面物体,如车厢栏板和客车侧面较长的刮痕等。

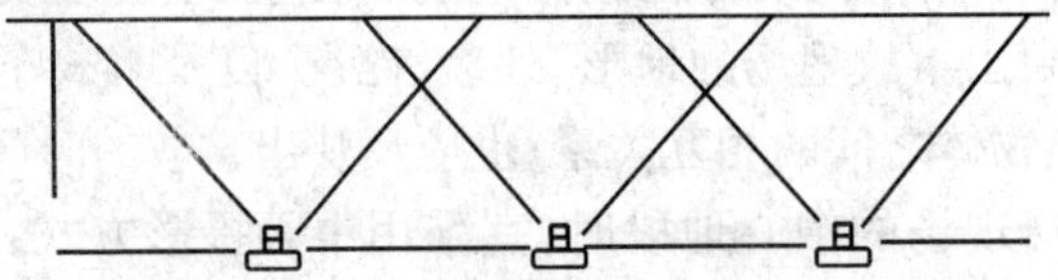

图 5-8　平行连续拍摄法

④比例拍摄法。此法是将尺子或其他参照物放在被损物体旁边进行摄影,如图 5-9 所示。常常在痕迹、物证以及碎片、微小物摄影的情况下采用此法,以便根据照片确定被摄物体的实际大小和尺寸。

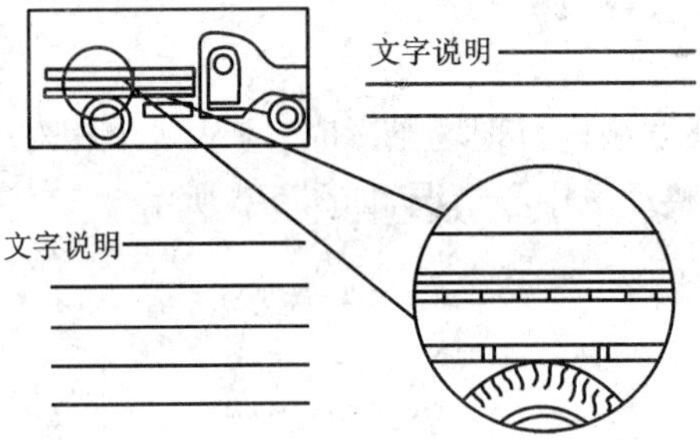

图 5-9　比例拍摄法

3)现场丈量

现场丈量必须准确,必要的尺寸不能缺少。现场丈量前,要认定与事故有关的物体和痕迹,然后逐项进行并做好相应的记录。

(1)确定方位、选定坐标与现场定位。

确定方位就是确定公路的走向,通常用道路中心线与指北方向的夹角来表示,可以用袖珍经纬仪测得。如果事故路段为弯道,可以用进入弯道的直线与指北方向的夹角和转弯半径表示。

选定坐标就是在事故现场附近选择一个永久性的固定点,作为固定现场的基准点。这个坐标可以用里程碑、电线杆等表示,但必须注明相应的里程或号码,这是恢复现场所必需的。

现场定位就是通过一定的方法将现场固定在一个特定的位置上。其主要方法包括以下几种。

①三点定位法。三点定位法如图 5-10 所示,是从选定的坐标点 A 向道路中心线作垂线,交点为 B,B 点再与事故车辆某一点 C 连起来,量出各边的距离,用形成的 $\triangle ABC$ 固定现场的位置。

②垂直定位法。垂直定位法如图 5-11 所示,是从事故车辆选取一个主要点 C,向道路

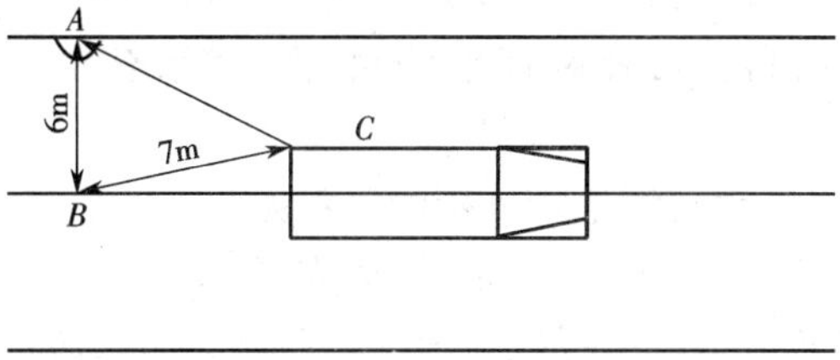

图 5-10　三点定位法

的边线作垂线,再由选定的坐标点 A,做道路边线的平行线;两条直线的交点为 B,通过 AB 和 CB 的距离,就可以固定现场的位置。

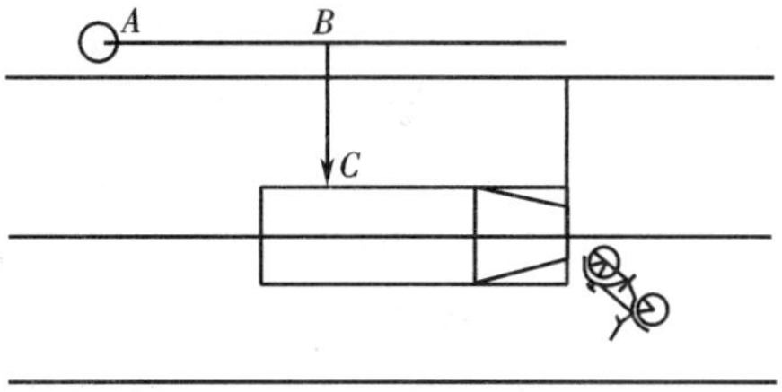

图 5-11　垂直定位法

③极坐标法。将选定的坐标点 A 与事故车辆上的某一点 B 连接起来,通过直线 AB 的距离和与道路边线垂直方向的夹角 θ 来定位现场的方法为极坐标法,如图 5-12 所示。

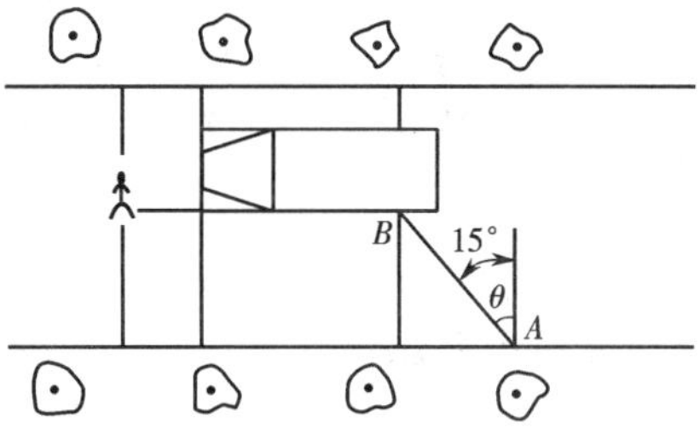

图 5-12　极坐标定位法

(2)丈量道路。丈量道路包括勘察道路的走向、附近的交通标志、安全设施、行车视距,以及丈量路面、路肩及边沟的宽度和深度。

(3)丈量主要物体及痕迹。

①车辆位置及行驶方向。为了固定事故车辆的停放位置,一般以其停放地点为准,丈量四个距离,即车辆的四个轮胎外缘与地面接触中心点到道路边缘的垂直距离。

可以根据现场遗留的痕迹判断车辆行驶的方向。如果车辆压折树枝、草棍等物,那么它们的断端所指的方向一般与车辆行驶的方向相反;如果从车上滴落油点、水点,一般其尖端的方向为车辆的行驶方向;如果车辆经过水沟或有污泥的地方,常会将水和污泥带到干燥、清洁的路面上留下痕迹,依此可以判断行驶方向;车辆行驶时,轮胎滚动常常带动尘土、沙尘等在其侧面形成扇面,其展开面与车辆行驶的方向相反。

②制动印痕。车辆制动时,轮胎与地面摩擦留下炭黑的拖印痕迹。一般的拖印距离比

较好测量,但当制动印痕为弧形时,应在印痕起止间等分四个距离,找出五个点,分别丈量各点至道路一边的垂直距离,再量出制动印痕的长度。如果有压印痕迹,丈量时也要一并测量。

③测量车辆与车辆、人畜或与其他物体接触后双方留下的痕迹。

④测量事故现场的微小痕迹,如指纹、毛发、血皮、纤维,或其他不易发现的微小印痕。

⑤对现场的其他遗留物,如轮胎花纹、车身漆皮、玻璃碎片、脱落的车辆零部件、泥土、物资等进行测量。

(4)丈量事故接触部位。事故的接触部位是形成事故的焦点,也是判定事故责任的重要依据。交通事故的接触部位具有多样性,但都有其特定的空间位置和平面位置,对事故的接触部位首先应进行科学分析,认真判断。判定接触部位的依据一般包括:

①事故现场的物理现象,包括运动和受力,双方损坏的部位和受力情况;

②事故现场的散落物,如车体下的泥土、玻璃碎片等;

③车辆的制动拖印;

④根据碰撞物的运动轨迹和碰撞部位凹陷损坏情况,结合运动学与动力学理论和能量守恒理论进行分析。

根据现场查勘情况进行科学分析,确定出准确的接触部位才能丈量。丈量时,一般应测量车与车、车与人,或者车与其他物体接触部位距地面的高度、接触部位的形状大小等。

4)绘制现场查勘草图

对重大赔案的查勘应绘制事故现场查勘草图。现场查勘草图是根据现场查勘程序,在出险现场边绘制边标注,当场完成的出险现场示意图。它是现场查勘的主要记录资料,是正式的现场查勘图绘制的依据。由于现场查勘草图在查勘现场绘制,绘制时间较短,对草图的要求可以不工整,但内容必须完整,尺寸数字要准确,物体的位置、形状、尺寸、距离的大小应基本成比例。

(1)现场查勘草图的基本内容。现场查勘草图实际上是保险汽车事故发生地点和周围环境的小范围地形图。所表现的基本内容包括以下几点。

①能够表明事故现场的地点与方位,现场的地物、地貌和交通条件。

②表明各种交通元素以及与事故有关的遗留痕迹和散落物的位置。

③表明各种事物的状态。

④根据痕迹表明事故的过程、车辆及人畜的动态。

(2)现场查勘草图的绘制过程

①根据出险情况,选用适当比例进行草图的总体构思。绘制前,应首先对出险现场进行总体观察,对车辆、人、物品、痕迹、道路状况、地形地貌、建筑设施等要有总的轮廓。根据图纸大小和对现场的感性认识,选用合适比例,进行图面构思。

②按照近似比例画出道路边缘线和中心线。确定道路走向,在图的右上方绘制指北标志。标注道路中心线与指北线的夹角。

③用同一近似比例绘制出险车辆,再以出险车辆为中心绘制各有关图例。有关图例的绘制按照规定执行。

④根据现场具体条件,选择基准点和定位法,为现场出险的车辆和主要物品、痕迹定位,标注尺寸,必要时加注文字说明。

⑤根据需要绘制立体图、剖面图和局部放大图。现场查勘结束后，应根据现场查勘草图所标明的尺寸和位置，按照正投影的绘图原理，选用一定比例和线型，工整准确地绘制出正式的现场查勘图，它是理赔和申请诉讼的依据。

第2部分　技能训练

实训项目1　赔款理算

实训目标

（1）能熟练掌握理算的主要内容。

（2）能熟练完成理算工作，计算赔款金额。

操作并填写工单

案例一：甲车投保车辆损失险和第三者责任险以及车上人员责任险，前者保险金额为20万元，后者赔偿限额为每次事故10万元，车上人员责任险为（5座×1万）；乙车投保了车辆损失险、第三者责任保险和不计免赔特约条款，车损险保险金额为30万元，第三者责任险每次事故赔偿限额为20万元。两车在保险期间发生碰撞事故，甲车车辆损失10万元，一人受伤，人身伤亡补偿费合计1.5万元；乙车车辆损失15万元，一人受伤，人身伤亡补偿费合计1.2万元。经交通管理部门裁定，甲车负主要责任，即70%，乙车负次要责任，即30%，甲、乙两车的承保人各应付多少赔款？

案例二：A、B、C三车互碰造成三方车损，A车全责（损失600元），B车无责（损失600元），C车无责（损失800元）。设B、C车适用的交强险无责任赔偿限额为100元，试计算保险公司应支付的赔款金额是多少？

案例三：一辆家庭自用汽车，其新车购置价（含车辆购置税）为100 000元。汽车全额投保了机动车损失保险，该车辆在保险期内发生交通事故时，实际价值90 000元，驾驶员承担全部责任，为非约定驾驶员肇事，车辆的实际修理费用5 000元，残值150元，试计算保险公司应支付的赔款金额是多少？

实训项目2　现场查勘与定损

实训目标

（1）掌握现场查勘与定损的工作流程和工作内容。

（2）制定现场查勘和定损方案。

（3）完成机动车辆保险事故现场查勘记录表的填写。

（4）绘制交通事故现场查勘草图。

实训组织

（1）全班分成6个小组（每组4～6人），每组指定专人负责。

（2）以小组为单位，其中一人扮演客户，其他人扮演查勘定损人员，模拟现场查勘与定损业务。

实训案例

客户报案称，某日11点15分，他驾驶一辆奥迪轿车沿环线快速路由南向北行驶，行至辅道入口处，由于左前方一辆汽车突然向右变道想进入辅道，他紧急刹车并向右打方向盘躲避,导致车辆撞在护栏上,右前轮脱落,他又向左急打方向,导致车辆撞到另一边护栏,最后停在路中间,双气囊全爆,自己受轻伤。

操作并填写工单

(1)现场查勘应注意哪些问题?

(2)定损的基本内容、要求和程序是什么?

(3)每组提交一份填好的机动车辆事故现场查勘记录表。

(4)每组提交一份交通事故现场查勘草图。

课后练习

1. 名词解释

①出险现场;②原始现场;③变动现场;④方位摄影;⑤中心摄影;⑥细目摄影;⑦相向拍摄法;⑧十字交叉拍摄法;⑨连续拍摄法;⑩比例拍摄法。

2. 简答题

(1)汽车保险理赔的重要意义是什么?

(2)汽车理赔过程中接受报案的主要工作内容有哪些?

(3)现场查勘的主要内容有哪些?

(4)出险现场是如何分类的?事故现场出现变动的原因有哪些?

(5)现场摄影时应注意哪些事项?

3. 论述题

(1)简述保险公司的汽车保险的理赔程序,对汽车保险理赔工作人员有什么特殊要求?

(2)简述车辆定损的程序及注意事项。

4. 案例分析

2001 年 2 月 23 日,投保人李某将自己的一辆桑塔纳 2 000 型轿车在某保险公司投保了车辆损失险和第三者责任险,同时附加投保了盗抢险和不计免赔特约险,保险期限为一年。

2001 年 4 月 3 日 22 时 50 分,被保险人驾车在某高速公路上行驶时,恰遇某造纸厂驾驶员张某驾驶的大货车因行错路向后倒车而撞上了本保险汽车,大货车上的毛竹(该车毛竹过长)致使被保险人当场死亡,保险汽车上一乘客受重伤抢救无效死亡,两名乘客受伤,保险车辆损失。事发后,张某驾驶的大货车驶离交通事故现场,高速公路警察于 4 月 4 日 15 时将肇事驾驶员张某查获。后经交通部门责任认定:张某因在高速公路违章倒车,负事故的全部责任。

保险公司接到报案后,经过对事故的调查得知,张某驾驶的大货车在某一保险公司投保。并得知因张某驾驶车辆逃离现场,对方保险公司以肇事逃逸属于保险除外责任范畴为由,不负责此车的赔偿责任。被保险人的受益人在向肇事人索赔未果的情况下,反复向其投保的保险公司提出索赔要求,而此保险车辆在此次交通事故中又没有事故责任,能否立案受理,是否承担保险事故损失责任,究竟如何处理此案,各方当事人各持己见。

请根据上述资料,结合汽车理赔部分所学内容,对案例进行分析。

第6章　汽车保险事故的损失评估

◎理论知识

☞事故车辆的定损原则与方法

☞受损部件更换与修理的原则

☞车辆维修费用的组成

◎技能训练

☞汽车车身、发动机及底盘的损伤分析和定损方法

☞碰撞损伤评估报告的撰写

★案例导入

2007年10月23日上午10时，一保户报案称自己的丰田花冠轿车与路面固定石墩相撞，造成发动机与自动变速器连接部位漏油，及时停车后报了案。

查勘定损人员接到报案后及时与保户电话联系，告之千万不要启动发动机、移动车辆。他们赶到现场后对事故现场进行了详细查勘，发现碰撞物与车损状况相吻合。同时认定碰撞部位为自动变速器油底壳部位，造成变速器油大量泄漏。查勘定损人员根据损失部位特征，在征得保户同意后，将事故车辆拖到维修厂。

经维修人员检查，变速器只有油底壳损坏，机油滤清器、滑阀体、变速器壳体没有断裂和损坏。在更换了变速器油底壳，并加注了变速器油后，重新启动试车，发现自动变速器在各挡位工作均没有异常现象。通过阅读上述材料，思考如下问题。

(1)该事故是否属于保险责任？拖车费用是否应当赔付？

(2)如果你是保险公司的查勘定损人员，你将如何完成本次事故的损失评估？

第1部分　理论知识

6.1　事故车辆的定损原则与方法

事故车辆损伤的鉴定和维修费用的评估工作，对车辆的维修工作有着重要的意义。它也是汽车保险与理赔工作中的关键一环，它的质量将直接影响保险合同双方的利益。因此，要求损伤评估工作必须具有真实性、专业性和准确性。

6.1.1　对定损核价人员的要求

为了准确客观地、无争议地完成保险赔付业务，对于一定规模的保险分支机构或物价管理部门都设置有专门的机动车辆验损中心，配有专职的定损和估价人员。定损核价人员应具备以下综合素质。

1. 良好的职业道德

良好的职业道德是定损核价人员应具备的首要条件。损伤鉴定工作与有关方面的经济利益直接相关,而损伤鉴定工作又具有相对的独立性和技术性,定损核价人员具有较大自由掌握的空间。一些不良的修理厂,甚至被保险人由于受到利益驱动,常常会对定损核价人员实施各种方式的利诱,希望定损核价人员与其合作虚构、谎报和高报损失,以获得不正当的利益。为此,要求定损核价人员具有较高的职业道德水平,以维护检验工作的信誉。

2. 娴熟的专业技术

机动车辆的检验工作是一个专业性和技术性均较强的工作,作为一名定损核价人员开展工作的前提条件是必须具有娴熟的专业技术,主要包括:机动车辆构造和修理工艺的知识,与交通事故有关的法律法规以及处理办法的知识,机动车辆保险的有关知识。以上这些都是作为一个定损核价人员分析事故原因,分清事故责任,确定保险责任范围和确定损失所必需的知识。

3. 丰富的实践经验

在处理交通事故的过程中,除了需要具有相关的知识外,丰富的实践经验常常也是十分重要的因素。丰富的实践经验不但能够有助于定损核价人员准确地判断损失原因,科学而合理地确定修理方案,而且丰富的实践经验对于施救方案的确定和残值的处理也会起到重要的作用。同时,丰富的实践经验对于识别和防止日益突出的道德风险和保险欺诈有着十分重要的作用。

4. 灵活的处理能力

检验过程也是处理各种关系的过程。这些关系总是矛盾和错综复杂的,定损核价人员应当善于驾驭和处理这种多角关系。有时,尽管定损核价人员是本着公正的原则和立场开展工作的,但是,各个关系方由于利益和角度的不同,往往会产生意见分歧,甚至冲突。而这种分歧和冲突的焦点大都集中在定损核价人员的工作上,所以定损核价人员应当在公正的前提下,运用灵活的处理能力使各个方面对于事故以及赔偿处理的方案均能够在“求大同,存小异”的基础上形成统一的认识,实现案件顺利的处理。

6.1.2 事故车辆的定损原则

定损核价人员接到任务及有关资料后,利用必要的设备和技术手段做好事故车辆的查勘工作,对事故车辆及受损部位进行拍照。定损人员确定事故车辆的损伤部位,并确定受损总成及零部件的更换或修理。在此基础上,对零配件价格及修理工时费用作出正确的核定。定损核价应遵循以下原则。

1. 严格执行理赔制度

保险公司的理赔工作应严格执行《机动车辆保险与理赔实务》的有关规定,工作人员在查勘、定损、估价过程中,要做到双人查勘、双人定损、交叉复核。对损失较大或疑难案件做到重复多次审核,专门会议分析研究,确保核定无误。对任何一个理赔案件都要做到严格细致、客观真实,不受人情的影响,做到既不损害保险人利益,又要保证被保险人的权益不受侵害。

2. 准确进行定损核价

定损核价人员在事故车辆的定损、估价过程中,在保证被保险人的权益不受侵害、不影响车辆性能的前提下，应遵循“公平公正”“能修不换”的保险补偿原则，参照当地交通运输管理部门规定的修理工时及单价和零配件价格对事故车辆的损伤部位逐项进行审定，做到合理准确地定损核价。定损核价是一项政策性、技术性很强的工作，要求定损核价人员能准确认定车辆、总成和零部件的损伤程度，准确实施“能修不换”的原则。定损人员应根据事故车辆的损伤情况，准确认定保险赔付范围及赔付方式，即是修还是换。对于车辆的外覆盖件来说，应以损伤程度和损伤面积为依据，确定修复方法。对于功能来说，判断零件的更换或修理存在一定的难度，要做到准确判定事故原因及损伤形成的因果关系，这要求定损人员必须掌握足够的汽车结构和性能方面的专业知识。汽车零部件功能的下降和受损，有两方面原因：一是随车辆行驶里程的增加，各零部件、总成的功能都会有不同程度的下降；二是在道路交通事故中，由于碰撞产生的撞击力使部分零部件或总成丧失部分或全部功能。

3. 正确划分赔付范围

定损人员应正确区分：哪些是车辆本身故障所造成的损失；哪些是车辆正常使用过程中零件自然磨损、老化造成的损失；哪些是使用、维护不当造成的损失；哪些是损伤产生后没有及时进行维护修理致使损伤扩大造成的损失；哪些是撞击直接造成的损失。依照机动车辆保险条款所列明的责任范围，明确事故车辆损伤部位和赔付范围。

6.1.3　事故车辆的定损方法

在实际运作过程当中，经常存在着这样的问题，被保险人与保险人在定损范围与价格上存在严重分歧，被保险人总希望能得到高的赔付价格，而保险人则正好相反。另外在保险业，特别是机动车辆保险业，经常有骗保案件发生。因此，为避免上述情况发生，定损人员应掌握正确的定损方法。

(1)确定出险车辆的性质，确认是否属于保险赔付范围。根据有关机动车辆保险条款的解释及事故现场的情况，验明出险车辆号牌、发动机号、车架号是否与车辆行驶证及有关文件一致，验明驾驶员身份，驾驶证准驾车型是否与所驾车形相符，如驾驶出租车是否有行业主管部门核发的出租车准驾证，确认是否属保险赔付范围及是否属骗保行为。

(2)对现场及损伤部位照相。按事故查勘照相的要求，对现场及车辆损伤部位拍照，必须清晰、客观、真实地表现出事故的结果和车辆的损伤部位。

(3)对事故车辆损伤部位进行查勘，确定损伤程度。在对外部损伤部位照相的基础上，对车辆损伤部位进行细致查勘，对损伤零件逐个进行检查，即使很小的零件也不要漏掉，以确定损伤情况。如对车身及覆盖件查验时，应注意测量、检查损伤面积、塑性变形量、凹陷深度、撕裂伤痕的大小，必要时应测量、检查车身及车架的变形，以此确定零件是否需要更换或进行修理所需工时费用。对于功能件应检验其功能损失情况，确定其是否更换或修理方法及费用。

(4)对不能直接检查到的内部损伤，应进行解体检查。如车辆发生强度较大的正面碰撞时，在撞击力的作用下，除车身及外覆盖件被撞损坏以外，同时会造成一些内部被包围件的损坏。如转向机构、暖风及空气调节装置等的损伤情况，就需要解体检查。所以发生碰撞事故后，应根据实际情况确定是否需要解体检查，以确认被包围件的损伤情况。

(5)确定损伤形成的原因。零部件及总成损伤形成的原因，可以是事故本身，也可能是其他的原因，不能一概而论。因此，在定损过程中，尤其是对功能件的定损中，一定要根据其损伤的特征，正确区分造成损伤的原因，准确认定赔付范围。

6.2 车身的定损

车辆的车身，在碰撞、刮擦和倾覆等交通事故或意外事故中，是受损最严重的部分，其车身覆盖件及其他构件会发生局部变形，严重时车架或整体式车身都会变形，使其形状和位置关系不能符合制造厂的技术规范，这不仅影响美观，还会影响车身和汽车上其他总成的安装关系。要做好车身的定损和维修费用的评估工作，需要定损人员具有一定的车身维修经验，要对车辆的构造，尤其是车身的结构和碰撞对车身的影响要有充分的认识，并且了解和熟悉车身修理的具体操作。

6.2.1 车身基本结构

1. 车身结构

汽车车身结构从形式上说，主要分为非承载式和承载式两种。

1）非承载式车身

非承载式车身的汽车有刚性车架，又称底盘大梁架。车身本体悬置于车架上，用弹性元件连接。车架的振动通过弹性元件传到车身上，大部分振动被减弱或消除，发生碰撞时车架能吸收大部分冲击力，在坏路行驶时对车身起到保护作用，因此车厢变形小，平稳性和安全性好，而且车厢内噪声小。但这种非承载式车身比较笨重，质量大，汽车质心高，高速行驶稳定性较差。

2）承载式车身

承载式车身的汽车没有刚性车架，只是加强了车头、侧围、车尾、底板等部位，车身和底架共同组成了车身本体的刚性空间结构。这种承载式车身除了其固有的乘载功能外，还要直接承受各种负荷。这种形式的车身具有较大的抗弯曲和抗扭转的刚度，质量小，高度低，汽车质心低，装配简单，高速行驶稳定性较好。但由于道路负载会通过悬架装置直接传给车身本体，因此噪声和振动较大。

2. 车身构成

轿车普遍采用承载式车身结构，其车身主要车身前部、车身底部、中间车身、车身侧部、车身后部及其他相关附件组成。

（1）车身前部。车身前部主要由翼子板、前段纵梁、前围板及发动机罩等构件组成。大多数轿车的前部装有前悬架及转向装置和发动机总成，当汽车受到正向冲击时，依靠前车身来有效地吸收冲击能量。为此，前车身在构造上须确保足够的强度、刚度。所以，一般将前悬架支承座的断面制成箱形封闭式结构。

（2）车身底部。车身底部是将车身前部后侧、客厢和行李舱底板连接在一起的构件。车身底部是中间车身的基础，而且汽车行驶中加给车身的载荷都是通过底板传递并加以扩散的。除选用高强度钢板冲压外，车身底板上还配置了抗载能力强的车身纵梁和横梁。车身测量与维修用的基准孔也反映在车身的横、纵梁上。

车身底部要求具有较高的刚性，用以支撑人员和货物并连接后悬架和后轴，车身底部由数条横梁及两侧的纵梁，构成刚性较高的承载浅盘形地板。为了适当吸收车辆碰撞时的部分冲击能量,防止发动机侵入驾驶舱,前纵梁和后纵梁都设计成向上弯曲的挠曲状。

(3)车身侧部。车身侧部用以连接车身的底部、前部、后部和顶盖,并构成客厢的侧面。用前、中、后 3 根立柱和上下纵梁构成车门框,用以安装车门。由于车门面积的要求,车身侧面的刚性较弱。

(4)车身后部。轿车后车身是用于放置物品的部分,可以说是中间车身侧体的延长部分。车身后部主要由后侧板、后挡泥板、衬板、行李舱盖或背门形成行李舱。与车身前部相比,车身后部只有面板,而没有骨架部分,所以其刚性比车身前部低得多。

后车身的主要载荷来自于汽车后悬架,尤其是对于后轮驱动的车辆,驱动力通过车桥、悬架直接作用于后车身上。为确保后车身的强度,车身重量由中间车身径自向后延伸,到相当于后桥部位再形成拱形弯曲。这样既保证了后车身的刚度,又不至于使后桥与车身发生干涉。而且,当车身后部受到追尾碰撞时,还能瞬时吸收部分冲击能量,以其变形来实现对客厢的有效保护。

上述四大件焊接在一起构成了车身壳体,车身壳体内部一般都设置隔音隔热和防振材料或涂层。车身除了这四大构件以外,还包括以下几点。①车身外部装饰件,主要有:装饰条、车轮装饰罩、标志等,散热器面罩、保险杠等也具有明显的装饰作用。②车身内部装饰件,包括仪表板、顶棚、侧壁内衬、车门内衬等。③车身附件,包括:车门锁、门铰链、玻璃升降器、各种密封件、扶手及辅助车身电器元件。为增加行车安全性,现代汽车上还配备安全带、安全气囊及座椅头枕等。

6.2.2　车身修复作业的主要内容

碰撞事故造成车身损坏的特点主要是骨架扭曲变形、断裂和板面的刮裂、凹陷、皱褶等。在事故车辆修复作业中,修理人员除了应熟练掌握矫正、热收缩、焊接修补等一般操作技能外,还应灵活运用撑拉、垫撬、解体、开褶等工艺的操作技巧,并学会分析事故损坏部位的受力情况,以及所涉及的影响范围。事故车辆的钣金修复是一项综合性的、难度较大的修理作业。

事故车修复,首先应对事故车辆状况做仔细、全面的观察,判断汽车受碰撞瞬间外力作用位置、大小及方向,并对车身进行几何尺寸的检测和分析,分清主要受力变形位置,被牵动的次要变形位置及其变形程度,制定出修理方案。根据检测结果,从骨架的初步矫正入手,有针对性地采取撑拉、垫撬、解体、开褶、整平、焊修、挖补等工艺,视情节分别或交错地进行。事故车修复后,车身各钣金件外形尺寸和工作性能应基本达到原厂设计要求,若质量未达到要求或其他零部件装配困难时应返工。

车身修复作业的主要内容有两大项,即钣金修复和喷涂修复。

1. 钣金修复的主要内容

车身钣金修复作业的主要内容包括:鉴定、拆卸、修正与装配等。

(1)鉴定。鉴定就是用尺子、样板或模具等对车身损伤部位进行检查,以确定损伤的性质和具体的修复方法。这项工作往往要与拆卸结合起来进行,否则无法准确鉴定完整的损伤情况。

(2)拆卸。为便于车身的维修操作和彻底的检验损伤,同时避免维修操作时对被拆卸件造成不必要的损伤,要对有关件进行拆卸。拆卸的原则是尽量避免零件的损伤和毁坏,连接件的拆卸方法除用扳手外，还可以根据实际情况采取钻孔、锯、錾、气割等。

(3)修整。车身变形的修整作业内容和方法很多，根据不同形式的损伤采取不同的方法，具体有：锤敲、撑拉、挖补、氧—乙炔焊、气体保护焊、手工电弧焊、电阻点焊、铝合金钎焊、等离子弧切割等。

(4)装配。将经过修正的车身和局部附件、需要更换的部件和拆卸件，按原车的要求进行总装。

2. 喷涂修复的主要内容

车身进行钣金整形后的工序就是喷涂工序。工艺过程包括：脱漆、表面预处理、涂料选择和调色、实施喷涂工艺。

(1)脱漆。根据车身维修和车身旧漆的情况，需要部分或全部除去车身上的旧漆，以保证涂装工艺的质量要求。常用的方法有：火焰法、手工或机械法、化学脱漆剂等。

(2)表面预处理。预处理的工序是：去锈斑、除污垢，进行氧化处理、磷化处理、钝化处理等。去锈除污的目的是增加涂层和腻子与基体金属的附着力；氧化处理、磷化处理、钝化处理的目的是防锈，延长车身的使用寿命。

(3)涂料选择和调色。根据原车面漆的质地与色号，选择涂料和调色。车身涂料除面漆外，还需要各种附料，如底漆、腻子、稀释剂、清漆、固化剂、防潮剂、红灰、胶纸等。

(4)涂装工序。涂装主要工序包括：头道底漆喷涂，刮涂腻子，二道底漆喷涂，用红灰填补沙眼、气孔，喷涂末道底漆，面漆喷涂，罩清漆，喷涂后处理。头道底漆为防锈底漆，目的是防锈和增加腻子与基体金属的附着力。腻子要刮涂 2 ~ 3 遍，并进行打磨，刮涂腻子的目的是将修整时留下的不平找平。整形效果越好，腻子的使用量越小。

6.2.3 车身定损分析我们以轿车为例进行分析

1. 保险杠定损分析

当汽车发生正面碰撞（含追尾）时，保险杠支架、骨架可能发生变形，保险杠面罩（大多为塑料件）可能发生擦伤、撕裂、断裂、凹裂等损坏。保险杠支架、骨架，一般变形（含中度变形的）可采取修复校正方法处理。但对于极个别变形很严重的，因涉及安装尺寸要考虑更换。保险杠面罩：对于轻微擦伤、撕裂、凹陷变形的可采取塑焊的方法进行处理，并保证外观不能有明显痕迹。特别是高档小轿车，一般情况下不得更换。对于撕裂、断裂较严重或有掉块的，修复后达不到车容要求的可予以更换。个别高档小轿车，保险杠由几部分组合而成（如导流板），原则上损坏哪一部分则更换哪一部分，不必更换总成。还有些越野吉普车，保险杠为金属电镀件，对于此类保险杠变形稍严重的一般很难采用修复方法处理。因为修复后很难保证保险杠表面光洁度，影响美观；对于轻微变形，亦可采取修复，但修复整形后须经表面电镀处理。

2. 发动机罩定损分析

一般机动车辆的正面碰撞以及前侧斜交碰撞都会引起不同程度的发动机罩变形，尤其是正面碰撞导致发动机罩变形（翘曲）的程度将会更大。一般小轿车发动机罩由蒙皮和内加强筋两部分组成。轻微碰撞，因变形部位不受内加强筋限制，钣金容易操作的，可不必将蒙皮与内加强筋剥离。对于碰撞较严重且整形操作受影响的，则必须将蒙皮与内加强筋剥离后进行整形修复，相对来讲此项作业难度及工作量要大，在定损时应考虑工时费用的区别。

一般情况下，大多数正面（侧前斜交）碰撞，发动机罩都可进行修复处理，除非特别严重的正面碰撞，否则不能轻易更换。

3. 前翼子板定损分析

前翼子板结构相对发动机盖要简单一些，一般正面碰撞及斜交碰撞对翼子板的损坏程度都不是十分严重，基本上都可采取修复方法进行处理，但对严重的斜交碰撞则可能造成翼子板面板报废，同时也将殃及前轮罩（此部分定损分析在前纵梁和挡泥板部分叙述）。对于严重正面碰撞，翼子板前部损伤将十分严重，一般小轿车此部分几何形状较为复杂（弧度、弯度）且牵涉与前大灯以及前面罩（亦称前中网）的安装、配合，遇有严重死褶或撕裂破碎的，难以恢复原来几何形状的可考虑更换。

4. 前围定损分析

小轿车前围部分的结构、形状都比较复杂，它是由前风窗与机盖过渡板、雨水收集盒、散热器框架焊接件总成、电瓶框架、机舱隔板等组成的。前围位于车身前部，当汽车发生正面、侧面碰撞时，都会造成前围不同部位的变形，变形程度取决于撞击力的大小。当汽车发生正面碰撞时（含追尾），首先发生变形的就是散热器框架。对于轻微的碰撞或者局部的碰撞，一般都可采取整形恢复的办法处理，但对追尾碰撞，造成该部位破损、变形严重，因其几何形状复杂，可采取更换的办法进行处理。造成前风窗与机盖过渡板、雨水收集盒、电瓶框架、机舱隔板变形者，一般都是特大碰撞造成的。前纵梁弯折，发动机后移，都能触及这些部位，机舱隔板变形程度与前纵梁弯折、发动机后移程度有关。对于这些部位的定损一般都采用修复的方法来解决。因为这些部位的变形，都是碰撞后间接受损，变形程度一般都是不太严重。在整形修复散热器框架时，应由机修工、电工配合拆装水箱、冷凝器、大灯等。当机舱隔板需整形修复时，大多需要将发动机总成抬下。发生隔板变形时，发动机多数含程度不同的损伤，也需抬下发动机进行检查，且校正前梁也必须将发动机抬下。

5. 前纵梁和挡泥板定损分析

1）前纵梁定损分析

当汽车发生正面碰撞、侧面斜交碰撞时，往往会造成双边纵梁或单边纵梁弯曲变形，较大的碰撞还可能造成弯折或破损。前纵梁在车体的结构中起着相当重要的作用，它与汽车的乘载、转向、传动、行驶等息息相关。前纵梁的变形会造成车体的扭变，轻度变形会影响汽车的行驶。前纵梁的变形，一般用眼观就可以断定，鉴定方法如下：若前纵梁弯曲变形，则前纵梁上的漆皮将会脱落，铁皮起皱，左右前翼子板的缝隙大小不一，发动机盖向两边偏移等。定损处理如下：在一般情况下，大多采取校正处理，若前纵梁变形弯折严重，如强行按校正处理，则很难达到原来的几何形状尺寸，有些附件以及发动机总成将会装不到原来位置，而更为严重的是汽车的前轮定位等技术参数将得不到保障，影响事故车辆修复后的行驶技术性能；对于纵梁变形程度较大的，一般情况下可采取更换处理。目前，大多数轿车有前纵梁构件（很多情况下前纵梁是与挡泥板连为一体的）如：桑塔纳、夏利等。更换时一般采取与机舱隔板焊接处理，在焊接时应拆除仪表台以及机舱隔板上的其他附件。

2）挡泥板定损分析

挡泥板在轿车前部左右两侧，它是由前轮旋及平行包组合而成的，与前纵梁焊接成为一个整体,也可以说是轿车前部的一个骨架组合件。它与前纵梁配合,是一个多功能的部件。它的主要组件平行包,担负着悬挂的定位与安装。当汽车发生正面碰撞或侧面碰撞时,都能造成挡泥板不同程度的变形。正面碰撞,一般会造成前纵梁支撑及挡泥板前部变形,侧面碰撞或者严重的正面碰撞则可能造成平行包变形。

当汽车发生正面碰撞,挡泥板前部变形时,一般都采取整形修复处理。若碰撞严重,造成前纵梁弯折,挡泥板破损,在决定更换前纵梁的同时,连挡泥板一同更换。若从侧面碰撞,使平行包变形严重或破损,可更换挡泥板。

6. 车身支撑件定损分析

车身支撑件包括左右侧前立柱,左右侧中柱,左右侧后翼子板三角窗框架等部位。这些支撑件是由内、外板组合而成的单元体,作用是连接其他部件组成一个适合的空间,以满足汽车内部的各种装饰,它是轿车中部的骨架。当汽车发生正面碰撞,一般来说对此部位的变形影响不大,如碰撞严重也只能造成立柱的变形。但对于汽车的侧面碰撞或倾覆则会造成前柱、中柱、后翼子板三角窗框架受损变形。其受损程度,与碰撞力的大小相关。

由于这些部位都是些组合件,且焊接比较牢固,所用的材质比其他构件厚、刚度较大。因此在变形、受损后,要进行修复难度较大。轻微凹陷变形,用顶拉的方法即可恢复,如果变形严重,就要解体分开修整,最后组合。如该部件弯折或破损严重,经过鉴定后确实无法恢复原来尺寸,可考虑更换此件。因此,在修复定损时一般工时费用较高。有时,因考虑到本身车壳体的整形基准,在有此部构件的情况下,亦可采取更换方法处理。

7. 车门定损分析

车门是轿车的关键部件之一。车门的结构由窗框、外板、外加强板、加强板、车门内板及其他附件组合而成。在汽车碰撞事故中,造成车门变形、破损的主要原因是该车被侧面碰撞或倾覆。一般情况下,碰撞比较容易造成车门的中下部变形破损,而倾覆则容易造成车门的中、上部变形破损。一般轻度的擦碰,只能伤及车门的门皮(如凹陷、局部破裂),如碰撞严重,不但会造成门皮的凹变、破裂,而且会造成车门骨架及其组合附件的变形、损坏(如玻璃升降器、升降器电机、导槽、玻璃、门顶等),因此碰撞变形严重的车门在定损时,应细心检查车门所有附件的完好程度,并由此确定修复或更换。

车门由许多相关的附件组成,当汽车发生碰撞、覆倾造成车门的变形或破损时,首先应断定是哪个部位变形破损,再根据变形破损的程度,决定该部位是修复还是更换。由于车门由多体件组成,在定损时可采取哪个附件变形破裂,就修复或更换哪个附件。如:该车门门皮破裂严重,就采用更换门皮的方法处理,有些车型门皮有专卖的成品,而有些车型的门皮在社会上无销售,可采取修复挖补的方法解决。若车门骨架、门皮同时变形破裂严重,就采用更换门皮的方法处理,有些车型门皮有专卖的成品,而有些车型的门皮在社会上无销售,可采取修复挖补的方法解决。若车门骨架、门皮同时变形破损,修复后很难达到原来的几何形状及尺寸,可考虑更换新件,但车门的其他附件如完好无损,可继续安装使用。所以说,在更换车门时,特别是更换车门总成(含所有的附件)时更应该注意。不要放弃未变形旧件的再利用,防止定损范围扩大而造成不必要的赔付。

8. 后翼子板定损分析

轿车的后翼子板形体构造较为复杂,它与轿壳后部焊接为一体,前上部为后侧窗框架,中上部为后窗玻璃框架，前部为后门锁框架，内侧前部与后轮旋焊接。后翼子板的碰撞一般由于开车人倒车时，麻痹大意撞上其他物体，这种碰撞一般变形不大，只是后翼子板侧角凹陷变形；再就是其他车（第三者）的追尾碰撞；这种碰撞所造成的变形、破裂比较严重；还有就是其他车辆，从侧面碰撞，这种碰撞一般使后翼子板变形严重，涉及后翼子板侧窗框架，后窗玻璃框架及门锁框架；还有一种是会车、超车的擦碰，这种变形程度不会太大，只是在表面上擦伤；其次，车辆倾覆也将会造成后翼子板损坏变形。后翼子板受严重碰撞之后，由于检查的部位较多，因此要求估价员工作必须细心。因本次事故碰撞所涉及的相关部位，都应仔细观察，做到不漏项目，以保证修复后的车辆能够正常行驶。

一般来说，轻微的擦撞，只是对翼子板面板损伤，修复整形后能够达到表面光滑、弧度均匀，恢复到原来的几何形状。对于翼子板尾部的凹变一般经过修复后都能达到原来的尺寸，操作工艺简单。对于侧面碰撞，较为严重者一般需解体整形，操作工艺复杂，工时费用较高。在定损时，要根据变形程度及变形部位的修复难度确定工时费用。对于碰撞后，变形、破损严重的，为保证车体后部的标准尺寸和车的外型几何形状要求，可采取更换此件的方法解决。

9. 后围定损分析

后围与左、右后翼子板尾部焊接，下部与行李箱底板焊接。后围的结构比较简单，碰撞变形后的恢复较容易。后围的碰撞一般由以下原因造成。

(1)开车人在倒车时未发现后面的障碍，盲目倒车，致使后围遭受碰撞造成损坏变形。

(2)其他车辆的追尾碰撞造成后围的凹变。如碰撞严重，后围的变形一般用眼即可看到变形程度；若轻微碰撞，则变形程度较轻，可用行李箱盖的锁机进行试验，一般后围稍有轻度变形，行李箱盖锁与后围锁架就连接不上或连接困难了。

后围的变形破损，在定损过程中都是以修复为主（无单体件可供更换）由于它的结构简单，恢复后基本上无后遗故障，因此在定损方面，比较容易掌握，而且定损工时也不会太高。

10. 车顶定损分析

车顶由车顶蒙皮与骨架组成，从外观上看它是一个曲线完美的抛物线体，它在轿车附件中是一个较大的整体冲压件。从形状上看，车顶本身结构并不复杂，但在车身中却起着许多关键性的作用。它的前部与前立柱（亦称风挡立柱）焊接，侧部与中立柱焊接，后部与后翼子板上部焊接，是轿车主要附件的连接中心，车顶本身结构比较薄弱，轿壳内上部有一加强筋给予支撑，所以说轻微的直接碰撞都会造成车顶的凹变。

车顶的凹陷、变形基本上由以下几个原因造成。

(1)汽车发生正面碰撞，其碰撞力通过前纵梁、前立柱促使车顶前部、侧中部轻度弯折凹陷变形。

(2)汽车发生后部碰撞，碰撞力通过后翼子板板促使车顶后部或侧中部轻度弯折凹陷变形。

(3)汽车发生中部碰撞，碰撞力通过前柱、中柱、后翼子板促使车顶中部弯折凹陷变形。

(4)车顶与物体发生直接碰撞，容易使车顶发生严重变形或破裂。

(5)汽车发生倾覆，会使车顶发生严重的凹陷变形，甚至破裂。车顶经碰撞、倾覆发生变形破裂，一般比较明显，在定损过程中难度不大，容易发现。车顶的轻度变形或局部凹陷，通过简单的整形就能恢复到原来的形状，不会影响相关的附件，工时费用较低，如变形面积大,局部破裂,遇到这种情况,整修工艺就比较复杂。因为,车顶是一个较大的曲线体,连接的部位较多,弧度不对,其他附件,达不到原来的位置,又影响相邻附件的安装和使用尺寸,况且车顶又是汽车的一个较大的外观件,修复的质量,直接影响整车的外观。

车顶的重度变形、破裂一般都采用修复整形的方法进行处理。在整形修复时,多采取将轿顶蒙皮剥离,修复后再重新焊接。目前,大部分轿车无轿顶蒙皮构件,但有些轿车有此构件(如夏利小轿车),对于有此构件的,考虑整形修复质量亦可视情予以更换。一般来讲,凡轿顶蒙皮严重凹陷且大面积损伤的,其轿顶骨架也会有程度不同的变形损伤,对于骨架的校正相对难度较大一点,它牵涉基准定位问题,相对来讲修复费用也要较高一点。凡轿顶凹陷变形时,整形修复都需将车顶内饰拿下,涉及内顶装潢工时费用;有的轿顶内饰属一次性修复,在考虑装潢工时费用的同时还需考虑材料费用。

11. 车身底板

汽车发生碰撞、倾覆,对车身底板来说,一般不会出现较大的变形。因为,车身底板的位置在汽车的底部,前边有前围的保护,侧面有车门、立柱及底板边梁的保护,后有后箱底板保护,车身底板处于中央位置,且车身底板的结构也比较特殊。车身底板的周边是框架结构,它的平面冲压加强筋密布,表面又增加了十字形骨架。所以说车身底板的变形,除非严重碰撞,否则一般不会造成变形,若造成车身底板变形,其原因大致有以下几点。

(1)汽车发生正面碰撞,碰撞力通过前纵梁的根部传递给车身底板,使车身底板前部变形。

(2)汽车发生正面碰撞,使发动机变速器严重后移,造成车身底板前部变形。

(3)汽车侧面,受外来力的巨大冲击,造成底板边梁及车身底板的侧面变形。

(4)前、后被其他汽车碰撞的夹击力,促使车身底板的拱变。

(5)车身底部碰撞异物,造成车身底板的局部变形、破裂。

(6)汽车的严重倾覆造成车身底板的变形。当汽车发生碰撞、倾覆后,车身底板的变形一般都不十分明显,尤其是轻度变形。原因是每辆汽车,在车内都铺有地板,遮盖着底板的金属件,为了鉴定的准确性,可将汽车举升查看。

车身底板的变形,一般都采用修整的办法来恢复原来的几何形状及尺寸,破裂的进行焊补。如车身底板锈蚀,可用挖补的办法来进行恢复,修复好的车身底板必须牢固,要保证行车安全。因为车身底板在汽车构件中,是一个承载件,它关系着驾驶员及乘车人的生命安全,尤其是在定损老旧车及锈蚀严重的汽车。在定损时,应给的辅助材料一定要给,而且还要充足(如挖补用的铁皮)防止修理厂该补的地方不补,凑合焊接,这种做法后果甚为严重。当车身底板定为修复时,应注意这一点,切勿粗心大意。

12. 行李箱盖定损分析

行李箱盖的变形、破损,一般来自两个方面的碰撞,一个是从后侧部的碰撞,一个是从尾部的正面碰撞。侧部碰撞行李箱盖一般只是轻度变形,或者移位;正面碰撞,行李箱盖变形、拱曲、破损比较严重。

行李箱盖由蒙皮和骨架两部分组成,是个单纯构件,它的构造也十分简单。当行李箱盖碰撞变形后,通过整形修复基本上都能恢复原来的形状,修复后的行李箱盖在使用上不会出现影响其他附件的性能,所以行李箱盖的变形,一般都采取修复的方法处理。但对严重折变、破损的行李箱盖,在无法修复的前提下,也可采取更换的办法处理。

碰撞倾覆事故带有很大的随意性,碰撞、倾覆所造成的损坏及车身壳体的变形部位、变形面积、变形程度千差万别,但其变形损坏都比较直观,在定损过程中所需掌握的是根据变形面积、程度以及整形工艺难易程度准确核定工时费用。对于局部损坏,可按上述方法分部位进行确定。但对于严重碰撞、倾覆事故造成车身壳体大范围严重变形损坏的,在定损处理过程中即要考虑车身壳体整体维修方案,更重要的还要考虑各部位相互关联关系,从技术上(车身壳体整形维修的基准)保证车身壳体整形修复后的几何形状及尺寸。

在定损处理上不能千篇一律,要灵活运用,从维修方案上提供足够的整形修复质量的技术保障。车身壳体总成一般价值都较昂贵,在有技术保障的前提下,不得轻易采取更换。对于一些车身壳体损坏很严重的,从技术上无法恢复车身壳体外部形状的可考虑采取更换车身壳体总成方法处理。

6.3　发动机、底盘的定损

车辆发生碰撞、倾覆等交通事故,车身因直接承受撞击力而造成不同程度的损伤,同时由于波及、诱发和惯性的作用,发动机和底盘各总成也存在着受损伤的可能。但由于结构的原因,发动机和底盘各总成的损伤往往不直观,因此,在车辆定损查勘过程中,应根据撞击力的传播趋势认真检查发动机和底盘各总成的损伤。

6.3.1　发动机损伤的鉴定

汽车的发动机,尤其是小型轿车的发动机,一般布置于车辆前部发动机舱。车辆发生迎面正碰撞事故,不可避免地会造成发动机及其辅助装置的损伤。对于后置发动机的大型客车,当发生追尾事故时,有可能造成发动机及其辅助装置的损伤。

一般发生轻度碰撞时,发动机基本上受不到损伤。当碰撞强度较大,车身前部变形较严重时,发动机的一些辅助装置及覆盖件会受到波及和诱发的影响而损伤,如空气滤清器总成、蓄电池、进排气歧管、发动机外围各种管路、发动机支撑座及胶垫、冷却风扇、发动机正时罩等,尤其对于现代轿车,发动机舱的布置相当紧凑,还可能造成发电机、空调压缩机、转向助力泵等总成及管路和支架的损坏。更严重的碰撞事故会波及发动机内部的轴类零件,致使发动机缸体的薄弱部位破裂,甚至致使发动机报废。在对发动机损伤检查时,应注意详细检查有关支架所处发动机缸体部位有无损伤,因为这些部位的损伤不易发现。发动机的辅助装置和覆盖件损坏,可以直接观察到,可以采用就车拆卸、更换或修复的方法。若发动机支撑、正时罩和基础部分损坏,则需要将发动机拆下进行维修。当怀疑发动机内部零件有损伤、破裂或缸体有破裂损伤时,需要对发动机进行解体检验和维修。必要时应进行零件隐伤探查,但应正确区分零件形成隐伤的原因。因此,在对发动机定损时,应考虑到修复方法及修复工艺的选用。

6.3.2　汽车底盘的定损

1. 悬挂系统的定损

悬挂是车架(或承载式车身)与车桥(或车轮)之间的一切传力装置的总称。

悬挂系统的作用是把路面作用于车轮上的垂直反力、纵向反力(牵引力和制动力)和侧向反力以及这些反力所形成的力矩传递到车架(或承载式车身)上。悬挂系统还承受车身载荷,其传力机构维持车轮按一定轨迹相对于车架或车身跳动;而独立悬挂还直接决定了车轮的定位参数。

由于悬挂直接连接着车架(或承载式车身)与车桥(或车轮),其受力情况十分复杂,在碰撞事故中,悬挂系统(尤其是独立悬挂系统)经常受到严重的损伤,致使前轮定位失准,影响车辆正常行驶。

车辆遭受碰撞事故时,悬挂系统由于受到车身或车架传导的撞击力,悬架弹簧、减振器、悬挂上支臂、悬挂下支臂、横向稳定器和纵向稳定杆等元件会受到不同程度的变形和损伤。悬挂系统元件的变形和损伤往往不易直接观察到,在对其进行损伤鉴定时,应借助检测设备和仪器进行必要的测量及检验。这些元器件的损伤一般不宜采用修复方法修理,应换新件,在车辆定损时应引起注意。

2. 转向系统的定损

转向系统的技术状况直接影响着行车安全,而且由于转向系统的部件都布置在车身前部,通过转向传动机构将转向机与前桥连接在一起。当发生一般的碰撞事故时,撞击力不会波及转向系元件。但当发生较严重的碰撞事故时,由于波及和传导作用会造成转向传动机构和转向机的损伤。转向系统易受损伤的部件有:转向横拉杆、转向机、转向节等。更严重的碰撞事故,会造成驾驶室内转向杆调整机构的损伤。转向系统部件的损伤不易直接观察,在车辆定损鉴定时,应配合拆检进行,必要时做探伤检验。

3. 制动系统的定损

车辆制动性能下降会导致交通事故的发生,进而造成车辆的损失。车辆发生碰撞事故时,同样会造成制动系统部件的损坏。

对于普通制动系统,在碰撞事故中,由于撞击力的波及和诱发作用往往会造成车轮制动器的元器件及制动管路损坏。这些元器件的损伤程度需要进一步的拆解检验。

对于装有 ABS 系统的制动系统,在进行车辆损失鉴定时,应对有些元件进行性能检验,如 ABS 轮速传感器、ABS 制动压力调节器。管路及连接部分的损伤可以直观检查。

4. 变速器及离合器的定损

变速器及离合器总成与发动机组装为一体,并作为发动机的一个支撑点固定于车架(或承载式车身)上,变速器及离合器的操纵机构又都布置在车身底板上。因此,当车辆发生严重碰撞事故时,由于波及和诱发等原因,会造成变速器及离合器的操纵机构受损,变速器支撑部位壳体损坏,飞轮壳断裂损坏。这些损伤程度的鉴定,需要将发动机拆下进行检查鉴定。

6.4 电气设备与空调系统的定损

6.4.1 电气设备的定损

汽车电气设备包括电源部分和用电部分。电源部分有蓄电池、发电机和调节器;用电部分有启动机、点火系、照明装置和辅助设备等。车辆碰撞直接撞击电气设备零件,造成电气零件壳体变形、断裂等直接损坏。

正确判定电气部件的事故损坏范围,并确定可修复和报废的界限是理赔定损的关键。

1. 蓄电池

汽车蓄电池一般安装在发动机盖里、驾驶员座位下或车架纵梁外侧。当蓄电池直接受到撞击时有可能造成如下损坏。

(1)蓄电池外壳产生裂纹或破裂,致使电解液溢出。定损时,根据裂缝的部位和程,确定对壳体进行修补或单独更换外壳。

(2)连接板断裂,可进行焊接。

(3)极柱折断,可将折断处清洁干净,重新焊修。

(4)极板组因碰撞而变形,活性物质脱落,可更换单格极板组。蓄电池所损坏的各部件均可单独更换零件予以修复处理,在定损中轻易不得更换总成。只有当外壳破碎,极板组栅架弯曲、变形,活性物质脱落无法修复时方可更换总成。

2. 发电机

发电机一般安装在发动机机体前部的侧面,当车辆发生碰撞时容易造成发电机出现以下损坏。

(1)发电机皮带盘破裂或变形。皮带盘破裂,一般应予更换。

(2)发电机外壳破裂。凡发生壳体破裂的一般应予更换。

(3)电枢轴因碰撞弯曲,对电枢轴弯曲的可进行校正处理。

(4)前、后端盖支臂螺孔处断裂,发生断裂的可进行修焊处理

3. 启动机

启动机安装在发动机后侧飞轮壳上,一般事故不会使其受损,只有当车辆严重碰撞造成飞轮壳受损或启动机本身遭直接撞击时,才可能使启动机部分零件造成以下损坏。

(1)驱动机构的驱动齿轮变形、牙齿断裂,更换驱动齿轮。

(2)后端盖因碰撞断裂,应更换。

(3)电枢轴弯曲,可进行校正处理。

(4)启动开关变形损坏。可根据损坏程度确定是否需要更换总成,电磁式启动机开关若碰撞凹陷,可导致内部线圈短路,一般应更换开关总成。

(5)推动离合机构的传动叉因碰撞变形,可拆下校正,但校正后应摆动灵活,工作可靠。

4. 照明装置

照明装置(灯具)在碰撞中极易损坏。对灯罩破裂的,如有灯罩配件可更换灯罩,无灯罩但有半总成的可更换半总成。对于灯具底座(或称后壳)破裂的可采取塑焊修补方法处理。

5. 仪表板(亦称仪表台)

仪表板由仪表台面、仪表及各类开关所组成。仪表台面大多数为塑料件,其表面处理造型,都对汽车驾驶室起装饰作用,尤其是轿车类。有些汽车,其仪表台面为一整体,而有些汽车,其仪表台面由几部分组合而成。

在碰撞事故中极易造成仪表台面挤压弯折及破裂。对于台面轻微弯折或破裂的可采取塑工处理;台面内支架破裂的可进行塑焊处理;对于有组合部件的可更换部分组件,对于仪表损坏的可单独更换仪表;对于仪表未损坏,而仪表台面严重损坏的可单独更换仪表台面。仪表台总成一般价值都较高(尤其是高档轿车类),不得轻易更换仪表台总成。

6.4.2 空调系统的定损

汽车空调系统包括制冷压缩机、冷凝器、蒸发箱、储液罐(俗称干燥瓶)、暖气水箱、干燥瓶、鼓风机等组成。

1. 冷凝器

冷凝器与水箱一起被安装在水箱框架上。一般的正面碰撞极易造成冷凝器损坏。

对于冷凝器轻度弯扭变形的,可采取校正方法处理;严重变形或破漏的一般应予更换。对冷凝器外部连接的空调管道直接撞击弯折、破裂的一般都应更换。

2. 制冷压缩机

制冷压缩机的损坏一般表现为:皮带盘变形、压缩机轴弯曲变形、压缩机壳体破裂、压缩机空压管接头损坏等。皮带盘的轻微变形可采取校正方法处理,严重变形的可更换皮带盘;压缩机轴弯曲变形可校正处理;壳体破裂的一般应予更换;空压管接头损坏的可设法更换接头。制冷空压机技术要求高、价格昂贵,一般不得轻易更换,但维修技术确实无法达到技术要求,或配件市场无配件可供更换时,也可采取更换总成处理,但所更换的空压机旧总成件必须收回,以便以后定损时充分利用可用零件。

3. 干燥瓶

干燥瓶遭受碰撞损坏时一般采取更换办法处理。但干燥瓶连接管道损坏时,只需更换连接管,不必更换干燥瓶总成。

4. 蒸发箱与鼓风机

蒸发箱及鼓风机在碰撞过程中极易遭受挤压壳体破碎。一般壳体局部破碎都可采取塑焊方法处理,但对于壳体大面积破碎的,亦可采取更换壳体处理(有壳体配件的),一般不得轻易更换总成件。

6.5 车辆其他保险事故的定损

保险车辆的事故赔偿除了道路交通事故以外,还包括火灾、盗抢及其他灾害等。

6.5.1 火灾损失的鉴定

根据《机动车辆损失保险条款》保险责任部分的规定,车辆发生火灾、爆炸事故属于保险赔偿范围。这里的火灾指的是由车辆本身以外的火源以及保险事故造成的燃烧导致保险车辆的损失,不包括违反车辆安全操作规程造成的和因车辆本身漏油、漏电或载运货物本身原因引起的火灾损失(即车辆自燃)。因此,在对火灾事故车辆进行损失鉴定时,应依据公安、消防部门出具的火灾原因证明,确认火灾原因及是否应付保险赔偿责任。车辆可以投保附加险,车辆投保自燃损失险后发生自燃火灾,保险公司应根据保险合同条款的有关规定进行赔偿。

车身面漆、车身附件和汽车内衬都属于易燃品且有毒,发动机附件及车辆上的油品也会加剧燃烧,促使火灾损失加重。火灾过后,这些附件的品种和数量都不复存在,如确定车辆有修复价值,定损时应借助其他型号的车辆进行。车辆的车身(尤其是承载式车身)是由薄壁板材制造的,发生严重的火灾后,金属车身会降低其强度和刚度,致使车身塌陷,车辆丧失修复价值。

6.5.2　车辆盗抢损失鉴定

全车盗抢险属于机动车辆保险附加险的一种。保险车辆在停放中被他人偷走，或保险车辆在停放和行驶中被劫走、抢走，下落不明，经县级以上公安机关刑侦部门立案证实，满 60 天未查明下落的赔偿案件成立。赔偿范围包括：被盗抢车辆的实际价值，被盗抢后受到的损坏或车上零部件、附属设备丢失需要修复的合理费用。

6.5.3　其他灾害造成事故损失鉴定

造成车辆损失的意外原因有：外界物体坠落、倒塌。造成车辆损失的自然原因有：雷击、暴雨、龙卷风、洪水、海啸、地陷、冰陷、崖崩、雪崩、雹灾、泥石流、滑坡。

（1）外界物体（指地上或地下建筑物、树木）倒塌、空中运行物体（陨石、飞行器等）坠落，致使保险车辆受损。在对此类车险事故验损时，应根据坠落物体的外形结构，车辆被砸部位，结合碰撞事故车身的定损程序，采取不同的鉴定方法。

（2）遇有暴风雨、洪水、海啸等自然灾害，车辆有可能部分或全部被淹，如不及时处理，会造成车辆损坏。对于该类出险事故车辆进行损失鉴定时，应考虑对整车或部分总成进行清洗处理，如发动机、驾驶室、变速器、驱动桥、空调及通风装置等。这项工作需要对总成或整车解体完成，需要消耗一部分辅助材料，如发动机进行解体清洗检查，需要的辅助材料有：润滑油、全车衬垫、机油滤清器、密封胶、清洗剂等。

现代新型汽车普遍采用各种电子控制装置，这些电子控制装置浸水或被水淹，尤其是在运行中，则极有可能被损坏。对电子控制装置的定损应格外慎重，因此类装置的价格一般都很高，定损时应采用检测仪器进行性能检测以确定是否损坏。

（3）其他自然原因造成的事故往往会致使车身发生变形。对于这类事故造成的车身变形，应根据与车辆接触客体的外形结构，参照碰撞事故车身受力情况分析及变形趋势分析，进行车辆损失鉴定。

6.6　维修费用的评估

维修计划包括的内容一般有：需要维修或更换的项目、维修工位、需要采购或外协加工的项目、维修时间等。无论是保险公司的定损还是承修厂家的费用估价都应该根据当地和厂家的实际情况进行统筹安排。尽量缩短维修的时间，充分利用人员和设备等资源，尽可能完成维修工作。一般的碰撞损伤维修流程，如图 6-9 表示。制订出维修计划后，将要根据计划作出维修工时的估算。

6.6.1　判断零部件维修与更换的技术标准

1. 判断零部件修与换的技术标准

GB 7258—2004《机动车运行安全技术条件》规定了机动车辆（含挂车）的整车及其发动机、转向系统、传动系统、行驶系统、照明和信号装置等有关运行安全的技术要求。其中大部分要求与汽车修理，尤其是事故车辆修理并无直接的规定关系，但间接地规定了车辆正常行

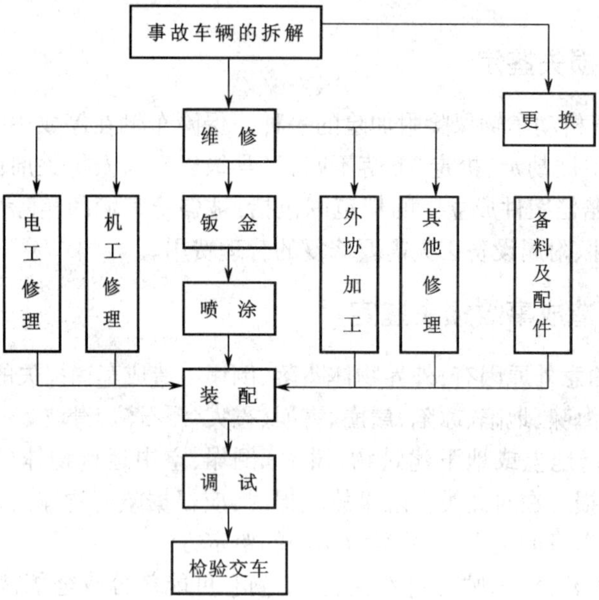

图 6-9 损伤修理流程

驶所必需的技术条件,是事故车修复与重点参照标准。事故车辆由于碰撞、翻车等导致转向、制动等部件的机件受损,修复后的转向、制动系统的机件必须达到"技术条件"的要求。但是,由于未受损机件在正常使用时磨损严重,往往使转向、制动等系统达不到技术要求,这时也需要按规定更换这些零部件。更换这些零部件的费用应当计入维修费用之中。但如果保险公司的定损超出的费用评估,这一部分的维修费用理应由车主承担。

2. 确定换件与维修的一般原则与方法

1)质量寿命有保证

修理后零部件的使用寿命应能达到新件使用寿命的 80% 以上,且应能与整车的使用寿命相匹配。

2)修理零部件的费用与新件价格的关系

(1)价格较低的,修理费用应不高于新件价格的 30% 。

(2)中等价值的,修理费用应不高于新件价格的 50% 。

(3)总成的修理费用,不应超过新件价格的 80% 。

3)确保行车的安全

有关安全和车辆性能的部件变形后,如没有探伤条件,无法确定其受损具体状况时,应予以更换以确保行车的安全;如没有有效的矫正设备或检验设备来保证维修质量时,受伤变形的部件也应当予以更换。例如车辆的侧梁、整体承载车身的翼子板内板(在整体承载式车身中,这个部件一般为悬挂系统的支撑)、发动机副梁、传动轴等,均属于重要部件,若无确定的维修把握,一定要用更换的方法修复。

4)板件的损伤程度

对于非结构性的板件,如前、后翼子板、发动机舱盖、车门外皮等,如无撕裂、死褶或裂伤部位非常小,均属于可以钣金修复的情况,否则可以考虑更换。对于结构性的板件,由于其在车身中起到承载作用,需要仔细考虑整体更换车壳总成。

5)老旧车型

对于一些老旧车型,其配件在市场上已经很难购买,且价格昂贵。虽然采用更换的方法维修可以保证质量,但考虑到其昂贵的维修费用和距离法定报废时限的时间很短,还是应采用修理的方法更好。

6)特殊零部件的修与换

(1)仪表类。对于车辆碰撞损伤,其仪表损坏由于没有有效的检测手段,并且仪表也不易检查。所以,凡有明显碰伤、破损的都需要更换。有些车型的仪表可以进行单独的更换,而多轿车采用组合仪表,需要整体进行更换。

(2)电气元件。现代汽车的电气元件和部件应用非常广泛,对于各种传感器、继电器等元器件。尤其是ECU等部件,由于无法进行修理,只能采用更换的方法。

对于车内的音响系统,在大的碰撞事故中会有不同程度的损伤,这类设备的修理价格应有一定的控制。一般维修价格以不超过原机价格的30%为宜。

(3)电镀装饰件。该类零件属于装饰品,在碰撞损伤后失去作用,应予以更换。

(4)橡胶、塑料和玻璃制品。车上的橡胶制品,如软管、油封、防尘套、缓冲垫等属于低值易耗品,一般都更换,但轮胎除外。轮胎在行驶中被扎坏,属于正常损坏,不在车损保险之内。但由于车胎爆裂或碰撞引起的轮胎损坏,则属于保险赔偿范围。在确定轮胎更换时,还要考虑轮胎的实际磨损状况,确定实际价值。

车身塑料制品在现代汽车上的应用也很广,有些车身上还使用玻璃钢型材等复合材料作为非结构件(如保险杠、翼子板等)。这些制品通常是可以用黏接或塑料焊接的方法进行修复的,但如果损伤严重,或已经残损,则应当更换。

车身玻璃属于不可修复件,必须更换。

(5)车身附加设备。有些车主在购买车辆以后对爱车进行了装修,新增了不少的设备,音响、车身外观饰件和一些车辆改装等。这些车辆在碰撞损伤后,由于新增设备的价格通常较高,在进行维修费用估算,尤其是涉及需要更换时,往往会很高。此时如系保险公司的定损,就要看该车主是否投保车辆新增设备险。因为车损险按照保险公司的有关条款,赔偿范围应限定于该车型的原厂配置。所以如果车主未投保新增设备险,则损伤的定价应以原厂配置为标准定价。

3. 关于外协加工和专项修理

在车辆定损时也要考虑到外协加工和专项修理等因素。在汽车维修市场上有许多专项修理业户,他们对某些专项修理得非常好,维修质量有保证且价格合理。对于有些修理厂,因本厂没有相应的设备和技术人才,某些可以维修的项目需要采取更换的方法来修复,如此,价格会较高。但将这些项目送到专项维修厂家进行修理,则可大大降低维修的实际发生费用,对厂家或保险公司都是非常有帮助的。

例如铝合金件的修理,铝合金件在车上的应非常广泛,发动机的缸体、缸盖、变速器壳和车身许多板件、结构件等使用铝合金的越来越多。铝合金件在发生撞击后极容易损坏,而现在的修理厂很少有能够焊接铝合金的人员和设备,所以只能采取更换手段。但实际上,对于可修理的铝合金件进行修理后,不但其质量可以得到保证,价格会下降很多。所以,充分利用市场上的专项修理业户,也是开发利用有效资源,降低维修成本的一条好渠道。无论是维修厂家还是保险公司，都应该充分考虑。

6.6.2 维修费用的确定

1. 车辆维修费用的组成

车辆的维修费用主要有工时费、材料费、外协加工费和税费等。

1）工时费

工时费的计算公式如下

$$工时费 = 工时费率 \times 工时定额$$

工时费率即维修工作中每工时所需的费用，一般因维修作业、项目作业和工种的不同而有所差异。工时定额即完成单项修理所需的工时数，一般业界有相应的规定。具体的工时费计算将在下面介绍。因工时费中是含有利润的，因此按照该公式计算出的费用即是维修所需的实际工费，不应再加利润。

2）材料费

材料费是维修工作中所需要更换的零件费用和使用的材料，如涂料及其配套固化剂、稀释剂等及需要添加的运行材料费用。一般汽车修理所需的消耗（如零件清洗用品，钣金维修所需的氧气、乙炔气，普通砂纸和水，电消耗等）不应包含其中。

这部分费用应已经包含在工时费中。但是，如果一辆事故车需要更换更多种配件时，会有一些小件和塑料件、橡胶件、螺栓、垫圈、电线及插头等损坏或丢失。这些零件价值不高，但数量众多，计算起来比较麻烦，此时可凭经验适当增加辅料费用，计算到材料费中。

3）外协加工费

外协加工费是维修过程中因厂家条件所限或某些必须专项修理的项目（也包含为降低修理成本而需要的专项修理），需要外协加工和专项修理的实际费用。这部分费用应按实际发生进行估算，不得再行加价。

4）税费

税费是维修厂家进行结算收费时必须收取的，应按照国家规定执行。因此在进行维修费用估算时，税费也应考虑在内，尤其是在维修费用很大时更加不能忽略。

2. 确定维修费用需要的资料

要想做好车辆碰撞的定损工作，准确地判定所需维修费用，除必需的专业技能外，还要借助很多资料，这些资料可以帮助定损人员更好地把握维修的费用。定损常常要用到的资料除车辆的维修手册外，还有零配件价格表和维修工时定额等。

1）零配件和喷涂材料的价格

作为优秀的定损人员，应该对市场上各种车辆的零配件价格和涂料价格有深入的了解。在现在汽车销售市场整车价格风云变幻的情况下，零配件市场也有较大波动。随时掌握最新的零配件价格无疑对维修费用的评估具有不可估量的作用。

在国外，维修费用的估算是有一定时间性的，主要的一点就是配件的价格变化。在国内也同样如此，对于修理厂家来讲，配件的使用和销售是利润的一大来源。按有关规定，厂家按出厂价进货的零配件可以加价 30%；按照批发价进货的零配件可以加价 15%；按照零售价进货的零配件不准加价销售，但可以收取 3% 的代购手续费。厂家的零配件渠道和来源不同，零件的差价也很大，给厂家带来的利润是有差异的。根据配件市场的价格对维修材料费用进行估算是最为准确的。

2)维修工时定额和工时费率

工时定额是指完成单项维修作业需要的工作时间。作为一个衡量维修作业工作量的单位,通常并不以工人工作一个小时的实际工作时间来确定。而是比较笼统地规定了该项维修所需的工作量。

工时费率是指完成一个工时所需的费用,即每工时收费的标准。工时费根据工作项目、工作环境和工种等有所差异。

维修工时定额和工时费率是由地方政府物价部门和地方汽车维修管理部门等政府机关,根据本地区汽车维修业平均先进工时和本地多数保有车型联合制定的指导性价格标准。它有利于平衡和统一本地区的车辆维修价格。近年来,由于汽车技术的发展,新车型新技术不断涌现,汽车修理技术明显有了高低之分。因此,某些地区在维修收费标准上也按车型划分了档次,执行"汽车维修车型系数",在计算维修费用时要将基本工时定额乘以车型系数,使不同档次的汽车修理的收费标准拉开了较大距离。各维修厂家由于其本身条件不同,可以根据本身的实际情况在政府指导工时定额和功率费的基础上适当上浮和下浮,报当地车辆维修管理机关批准后可以按本厂规定实行。

3. 维修工时的确定

根据车损情况作出维修计划,按照每个维修项目估计确定维修工时,再根据工时定额可以计算出维修工费,确定维修工时是计算维修工费的关键。车辆碰撞损伤维修中主要包含以下几种工时。

1)拆装工时

事故车辆的修理和正常的汽车维修不同,事故车修理中拆装工时常占有很大的比例。例如一辆轿车的侧面与另一辆车发生碰撞后,车门受损、B柱和部分车顶损坏。要修理顶部就要拆除内顶饰板和B柱内饰板等部分,修理后要按照原样装好。往往拆装所需要的工作量比整形修理所需的工时还要多。拆装特定零部件的工时在工时定额中有明显规定,只要按照维修要求计算即可。

为碰撞修复而产生的拆装工时有显性工时、隐性工时和整车拆装工时。在计算工时核算时,要根据实际情况分别计算。

(1)显性拆装工时。

显性拆装工时是修理某些零部件时,拆装该零部件所需的工时。在上例中,两车门需要整型,那么拆装这两个车门所需要的工时即为显性工时。

(2)隐性拆装工时。

维修某些零部件,应首先拆除不需要修理的完好的部件,在修复装配时也是如此,这部分工时即为隐性工时。在上例中,为矫正车顶而进行的内顶饰板和中柱内饰板等的拆装操作即为隐性工时。轿车前部正面或前角碰撞后,会造成纵梁和前翼子板内部的损坏。而要矫正或更换纵梁或翼子板内板,除要先拆除水箱支架、水箱、冷凝器、风扇、翼子板等(这些部件已经损坏,他们的拆装工时是显性的,亦包含在该单项修理的工时中)外,还要拆除发动机才能进行。发动机的拆装作业即为隐性工时。隐性工时在轿车的碰撞修理中是经常有的,定损人员应充分注意。

(3)整车拆装工时。

非承载式车身车辆在发生翻车和重大撞击事故时,会造成车架的严重变形。为矫正或更换车架,就要拆下车体、吊下发动机、变速器、前后桥、悬架等几乎所有的车身零部件;在修复后则按照拆卸的相反顺序逐一装复,这就成了整车的拆装。

2)换件工时

事故车修理中,某些零部件经鉴定已经损坏,更换这些零部件所需要的工时称为换件工时。例如,轿车前部碰撞,前保险杠及保险杠衬板、散热器格栅、水箱支架、灯具、翼子板等需要更换。更换这些零部件所需的工时,计为换件工时。

3)整形工时

事故车辆的钣金件因碰撞而变形,对其整形修理所需的工时称为整形工时(钣金工时)。整形工时的定额根据车辆的钣金件部位和损伤程度等有很大的区别,一般按照钣金件的损伤程度将其分为轻度、中度和重度损伤三类。

(1)轻度损伤。局部的、小范围的、不影响整体安装的变形。其钣金修理的工时费用约为新件价格的10% ~20%,如轿车的前翼子板、车门的轻微碰撞变形等。

(2)中度损伤。局部框架的变形或板件中等程度的损伤。中度损伤的矫正需要局部拆开进行整形操作,其钣金修理的工时费用约为新件价格的20% ~35%,如轿车的前门立柱、中柱等钣金修理。

(3)重度损伤。板件或结构件已经整体变形,需要全部拆开进行整形矫正操作。其钣金整形工时费用约为新件价值的35% ~50%。如平头货车的前门立柱、前围板、车门和驾驶室总成等。

损伤部位不同其钣金整形的工时费用也有所差异,比较重要的结构性部件和外观要求比较高的外观板件其工时定额要高一些。表6-1为某省轿车金属构件整形工时的参考定额。

表6-1 轿车车身构件整形定额工时(节选)

序号	作业项目	工时定额			需更换
		轻度	中度	重度	
1	前围框架	6	9	12	16
2	发动机罩	10	15	20	
3	前翼子板	8	10	12	
4	前纵梁挡泥板总成	12	16	20	28
5	前风挡框架	8	12	16	
6	前门前立柱	10	15	20	25
7	车门中柱	12	16	20	20
8	车门	10	16	22	
9	后备箱盖	10	15	20	
10	后翼子板	10	15	20	24

4）机修工时

事故车辆维修中，对机械部分进行的检查、调整、修理所需要的工时称为机修工时。例如变速器在碰撞中发生损坏，更换变速器壳体（即变速器总成大修）所需要的工时即为机修工时。在事故车损伤维修中机修工时与总成大修或维修作业是相同的，可参考汽车修理工时定额进行计算，但有时应相应增加拆装工时。

5）电工工时

电工工时包括对电气设备的修理和配合其他工种作业进行的灯具拆装，线路的更换或修整，仪表台及仪表的拆装，蓄电池的电解液补充和充电，仪表传感器等的拆装，发动机、启动机的检修等，可参照工时定额确定。

6）调整工时

调整工时包括总成机件检修后的调试、磨合、制动、转向、离合器、四轮定位等修正后的路试检验，以及所有修理部位的检查等所需要的工时。

7）喷涂维修费用

按喷、烤漆工时定额和收费标准，其费用为：工时费 + 喷、烤漆材料费。以某省轿车喷、烤漆成本核算参考定额为例，一辆普通桑塔纳轿车喷、烤普通漆的价格如下：

（1）铲底 30% 以下，全车喷、烤漆为 120 工时；

（2）铲底 30% ~60%，全车喷、烤漆为 160 工时；

（3）铲底 60% 以上，全车喷、烤漆为 200 工时。

铲底即底材处理。全车喷涂应包括底漆、原子灰、中途、面漆和打磨等处理的费用和材料费用。一般事故车辆全车喷漆，轿车内部不喷涂，其铲底面积可按 30% ~60% 计算，如按每工时收费 7 元的参考价格，喷、烤漆工时的费用约为 1 200 元，材料费约 900 元，喷、烤漆房使用费 400 元，加利润和税费（按成本的 18% 计）后，该车全部喷涂所需的费用总计约为 1 800 元，见表 6-2。

表 6-2　某省轿车喷、烤漆成本核算参考定额（节选）

序号	项目	定额			
		夏利 7100		普通桑塔纳	
		用量	金额（元）	用量	金额（元）
1	原子灰	2 桶	120	3 桶	180
2	面漆	1.2 升	450	1.5 升	550
3	固化剂	0.6 升		0.75 升	
4	稀释剂	0.7 升		0.8 升	
5	底漆	1.3 千克	45	2 千克	80
6	稀释剂	1.3 千克		2 千克	
7	砂布	10 张	30	15 张	50
8	砂纸	15 张		20 张	
9	胶带	7 盘		10 盘	
10	贴护纸	—		—	
11	材料费合计		645		860
12	普通漆内、外喷	增加 250 元	895	增加 300 元	1 160
13	喷金属漆	增加 300 元		增加 300 元	

续表

序号	项目	定额			
		夏利 7100		普通桑塔纳	
		用量	金额(元)	用量	金额(元)
14	烤漆房使用费		400		400
15	外表全喷工时费	5×120	600	5×160×1.4	1 120
16	内、外喷工时费	5×150	750	5×200×1.4	1 400
17	普通漆外表喷烤成本		1 645		2 380
18	增加 18% 利润、税费		约 1 900		约 2 800
19	普通漆内、外喷烤成本		约 1 900		2 680
20	金属漆外表喷烤成本		1 945		2 680
21	增加 18% 利润、税费		约 2 300		约 3 160

桑塔纳轿车车身(地板除外)共由 15 块组成,各部分的单件喷、烤费用见表 6-3。

表 6-3 桑塔纳轿车车身各部件喷、烤费用

序号	车身部件名称	喷、烤费用(元)
1	前围框架	100
2	发动机罩(内、外)	450
3	前纵梁挡泥板总成	100×2=200
4	轿顶	400
5	前翼子板	200×2=400
6	后翼子板	250×2=500
7	车门	250×4=1 000
8	后备箱盖(内、外)	300
9	后舱后围	100

单件的喷、烤漆费用要高于整车的喷、烤漆费用,这是因为单件喷涂的涂料消耗要高于整车喷涂。金属漆的费用要高于普通漆,因为金属漆的价格要高于普通漆。同时,金属漆要喷清漆,这是普通漆所不用的。因此金属漆的整车喷烤价格要比普通漆的整车价格高 300 元左右;珍珠漆的费用比金属漆还要高,整车喷涂费用比使用金属漆高 200~300 元。

8)其他工时

汽车维修中还有外协加工工时和辅助工时等。一般的修理企业安装玻璃、修焊水箱、玻璃钢或铝合金制品的修焊等,需要到专门的专业加工厂完成。此外,外协加工工时,其费用应根据实际发生费用估算。另外,有些大型修理厂,其专业分工细致,专有缝工、轮胎工等,如有这些工种的参与,也应当将其工时计算在内。

9)特种车辆的维修工时

在定损工作中有时会遇到特种车辆的费用估算问题,因为特种车辆的维修是比较专业的,有的车种还需要到专门指定的维修企业进行维修,所以在特种车定损是需要多方了解。特种车辆类型繁多,批量较小,发生事故的概率也比较低。这类车型一般都附加有其他的机械设备,且价格都很高。比如消防车、冷藏车、大型吊车、重型自卸车、豪华大型轿车等。这些车一旦发生事故,损失都比较大,而且有的还需要到原制造厂或专业厂维修。修理工时没有可以参照的资料,确定起来有一定的困难。在定损时需要参考制造厂家或专业修理厂的标价进行。

6.6.3　碰撞损伤的评估报告

在对车辆的损伤状况做完必要的检查与费用估算工作后,需要以书面的形式对车辆的损伤情况进行记录。这份记录将对制订车辆的修复计划起到决定性的作用。碰撞损伤的评估报告,可以是单独的损伤情况记录,也可以与车辆损伤的费用估算合二为一。对于保险公司或修理厂家,对车辆损伤及其修复费用作出的定损单或维修费用评估单,通常都以两者合一的形式对被保险人或托修客户进行报告。其所报告的费用和修理方案及修理时间等多为估算。而作为承修厂家的接车业务人员对车辆损伤情况进行的检验单,则多以损伤报告的形式与托修单(也称托修任务委托书)一同下达到修理车间,作为下一步的修理工作依据。具体的修理费用和维修时间等,需待进一步确定后,与客户进行协商和统一结算。

1. 损伤评估报告的编制

对事故车辆的损伤报告和维修预算表格,不同的单位其格式、称谓等各不相同,但主要的内容都是一样的。主要内容应包括:送修单位或车主的信息;车辆的信息;车辆损伤的情况;预计的修理方式;预计的维修费用;待定项目等。下面就损伤报告的主要内容做简单介绍。

1)托修单位或车主的信息

托修单位或车主的信息主要有:托修单位或车主的名称、地址、邮编、联系电话等。保留这些信息可以通知托修方提车结算,或就维修方面临时发生的问题(如维修项目、维修费用、维修时间等的变化)及时与托修方取得联系,便于双方协商解决。

2)车辆的信息

(1)车辆的信息主要包括:车辆的厂牌型号、VIN码和发动机号、生产年代、登记日期和车牌号等。

记录这些内容可以为维修中配件的购买和查阅维修手册等维修帮助信息提供很大的帮助。

(2)车身颜色(如果有车身颜色代码,也要记录)、有无改色等记录这些信息对于车身的涂装修复有很大的帮助。车身涂装修复要尽量做到无痕迹修补,即让人们不能看出车辆是经过车身修复的。

(3)车辆的行驶里程和车身的类型等记录车辆的行驶里程和车身的类型(承载式或非承载式),有助于车身维修技师对车辆的修复作出正确的计划。

(4)交通部门的证明文件

如系事故车辆,或需要全车改色的车辆,还应有交管部门或相关部门出具的事故证明和车部门出具的改色证明文件。但如果承修的是经保险公司定损后的车辆,这一项则可省去。

3)车辆损伤的情况和预计的修理方式

经过对车辆的损伤检验之后,车辆的损伤情况需要仔细地记录,并提出维修方案。对车身或其他机修、电器修理中的零部件或结构件是修理还是更换,在经过损伤检查之后应已经确定。对于车辆的损伤情况,首先要对碰撞进行简单的描述,记载当时的车速、碰撞物体、碰撞角度、驾驶员采取的措施情况、车辆的载重等。便于维修技术人员对车辆进行进一步的检查和分析。

4)待定项目

无论是保险公司的定损,还是承修厂方的接车人员,在经过损伤鉴定而确定了维修和更换项目之后,都应是在维修中加以执行的。因此,在定损中要严肃认真,尽量不留死角。但再仔细的工作难免也会有疏漏,因此,在鉴定书中应保留待定一项,以免造成不良的后果。

2.典型案例分析

1)案情介绍

2001年9月10日,高某驾驶辽××××××号桑塔纳2000型轿车在去往沈阳的高速公路上,因疲劳驾驶,与护栏相撞,碰撞后该车前部受到严重损坏。所幸人员没有造成伤亡,由于该车投保了汽车损失保险,于是,涉及该事故车的损伤评定。

2)评估报告的撰写

对于上例所描述的事故车辆,应查阅碰撞定损手册,列出所需更换的零部件名称,查阅各种部件价格,并且应用科学计算方法合理确定修理工时、油漆工时(根据当地核价,工时费率计为5元/工时),对该车作出全面、合理、科学的交通事故车辆损伤评定报告。其损伤评定报告如表6-4所示。

表6-4 事故车辆损伤修理的评定报告

客户名称	高××	牌照号	辽××××××	车型	SANTANA2000
驾驶员	高××	出险地点	朝阳村三岔路	出险时间	2001.9.10
车架号	LSVJF0331 XB××××××	发动机号	AJR×××××	车辆颜色	白色
序号	修理项目	修理工时数	备注		
1	发动机罩整形	15.00	手工		
2	右前纵梁整形	20.00	矫正器		
3	左前纵梁整形	12.00	矫正器		
4	前围框架整形	12.00	矫正器		
5	左前翼子板整形	10.00	手工		
6	换件工时	15.00	专用设备		
7	调整工时	10.00	专用设备		
8	油漆	100.00	烤漆		
工时数合计		194.00			
工时费合计	大写:玖佰柒拾元整	小写:970.00元			
型号	更换零部件	单位	数量	当地价格(元)	
1	前组合大灯 (含转向灯)	只	2	448.00×2	
2	前雾灯	只	2	140.00×2	
3	前保险杠	个	1	750.00	
4	前保险杠铁	个	1	140.00	

续表

5	右前翼子板	个	1	260.00	
6	前面板	个	1	40.00	
零件费合计	大写:贰仟叁佰陆拾陆元整			小写:2366.00	
修理费总计(大写):叁仟叁佰叁拾陆元整				小写:3 336.00	
保险当事人各方经协商同意并达成如下协议:(1)同意按本确认书的确定的更换配件项目修理范围及金额对保险事故车辆进行修理;(2)修理质量须符合维修办或车辆管理部门质量标准,修理质量和修理时间由承修厂负责;(3)更换配件项目需要报价的,本确认书只确认更换配件项目的数量,金额以保险公司报价为准。					
盖 章	核报价 年 月 日	承修厂 年 月 日	被保险车方 年 月 日	三责车方 年 月 日	保险公司 年 月 日

第2部分 技能训练

实训项目 碰撞损伤评估报告的撰写

实训目标

(1)了解汽车车身的组成结构。

(2)了解汽车常见的修复方法。

(3)掌握事故车辆的损伤评定报告的填写。

实训案例

2001年11月1日,辽宁省某公司驾驶员王某辽A×××××普通桑塔纳轿车去往沈阳的公路上,于朝阳村三岔路口,因避让右侧的摩托车而向左急转弯,由于转向过度与大树相撞,碰撞后该车前部严重损坏。所幸没有造成人员伤亡,由于该车向中国人民保险公司投保了机动车损失保险,该车经过一段时间的维修后,王某向中国人民保险公司提出索赔。于是,涉及该车的定损问题。请完成该事故车的损伤评估报告。(工时费率计为5元/工时)。

填写评估报告

事故车辆损伤修理的评定报告

客户名称		牌照号		车型	
驾驶员		出险地点		出险时间	
车架号		发动机号		车辆颜色	
序号	修理项目			修理工时数	备注
1					
2					
3					
4					
5					

续表

6				
7				
8				
工时数合计				
工时费合计	大写：		小写：	
型号	更换零部件	单位	数量	当地价格(元)
1		只		
2		只		
3		个		
4		个		
5		个		
6		个		
零件费合计	大写：		小写：	
修理费总计（大写）：			小写：	

保险当事人各方经协商同意并达成如下协议：(1)同意按本确认书的确定的更换配件项目修理范围及金额对保险事故车辆进行修理；(2)修理质量须符合维修办或车辆管理部门质量标准，修理质量和修理时间由承修厂负责；(3)更换配件项目需要报价的，本确认书只确认更换配件项目的数量，金额以保险公司报价为准。

盖章	核报价	承修厂	被保险车方	三责车方	保险公司
	年 月 日	年 月 日	年 月 日	年 月 日	年 月 日

课后练习

1. 名词解释

①工时费；②材料费；③外协加工费；④保险利益；⑤工时定额；⑥工时费率。

2. 简答题

(1)事故车辆的定损原则是什么？

(2)事故车辆的定损方法是什么？

(3)如何进行车身常见损伤部件的鉴定及定损处理？

(4)如何进行发动机损伤的鉴定及定损处理？

(5)事故车辆受损部件更换与修理的原则是什么？

(6)车辆维修费用的组成有哪些？

3. 论述题

(1)简述如何完成汽车保险事故的损失评估报告。

(2)简述车辆维修费用的确定方法。

4. 社会实践

到当地的保险公司实习，与查勘定损人员一道参与一辆事故车的损伤评估，完成相应的评估报告。

第7章　汽车保险欺诈与预防

◎理论知识

☞汽车保险欺诈的概念及原因

☞汽车保险欺诈的表现形式

☞汽车保险欺诈的预防方法

◎技能训练

☞汽车保险欺诈的识别与预防

★案例导入

被保险人李某将自己的轿车按新车购置价购买了车辆损失保险,保险期限是2007年8月6日至2008年8月5日。2008年5月20日上午8:30分,保险公司接到李某报案称:5月19日李某驾驶自己的轿车于23:30分在市区环城路行驶时前部与一大型厢式货车追尾,货车已趁夜逃逸,目前被保险车辆已在郊区某修理厂。5月20日上午10时,受保险公司委派,查勘定损人员随即赶到修理厂,发现保险车辆前部受损,需要更换保险杠、左右大灯、左右转向灯、左右雾灯、冷凝器、散热器等部件,预计费用1万元。经修理厂对该车做进一步拆检后发现,发动机因过热已严重损坏,需要更换活塞、缸体、曲轴、连杆等部件,这部分修理费用为3万元。

通过阅读上述材料,思考如下问题。

(1)作为保险公司的查勘定损人员,你应该如何处理客户的索赔?

(2)本起索赔案件是否存在疑点?如存在,你认为有哪些疑点?

(3)通过本案,你认为查勘定损人员应该具备哪些素质?

随着我国汽车工业的快速发展,汽车保险业也得到了迅猛的发展。但是,日益增多的汽车保险欺诈骗赔现象已严重干扰了我国汽车保险业的健康发展。汽车保险欺诈骗赔不仅提高了汽车保险成本,影响了保险公司的经营效益,而且,日趋增多的汽车保险欺诈骗赔犯罪活动,严重危害保险事业的顺利发展,影响了社会的安定。

第1部分　理论知识

7.1　汽车保险欺诈的概念

7.1.1　汽车保险欺诈及其成因

汽车保险欺诈,是指汽车保险的投保人、被保险人不遵守诚信原则,故意隐瞒有关保险车辆的真实情况,或歪曲、掩盖真实情况,夸大损失程度,或故意制造、捏造保险事故造成保险标的损害,以牟取保险赔偿金的行为。

近年来,汽车保险的发展突飞猛进,具体体现在:开办汽车保险业务的保险公司、中介公司数量迅速增多;汽车保险的保险费收入快速增长(2005年达到854.7亿元,占财产保险业务保险费收入的66.9%);汽车保险条款日新月异,保障面逐渐拓宽,开始出现精神损害赔偿和车辆减值损失赔偿等新条款;汽车保险费率的厘定已从只简单考虑车的因素过渡到考虑车辆、人员、地域三方面因素;机动车交通事故强制责任保险于2006年7月1日开始实施。但在快速发展过程中,也存在一些问题,如赔付率过高、保险欺诈较多等。

据统计,汽车保险欺诈金额占理赔总额的20%～30%。过高欺诈金额会直接导致赔付率过高,间接导致汽车保险费的提高。因此,汽车保险欺诈对保险公司的经营效益和广大投保人购买保险成本支出都会造成较大影响。另外,目前汽车保险欺诈已不是某一个公司、地区或国家的问题,而是一个全球性问题,保险欺诈损失已经成为一个巨大的"黑洞"。

7.1.2 汽车保险欺诈的原因

汽车保险欺诈的产生与蔓延以及骗保案件的屡禁不止、居高不下,追究其原因,除作案人追求金钱的欲望极度膨胀以及存在侥幸心理等个人因素外,还有不少客观因素,主要有以下几种。

1. 经营性原因

保险人与投保人之间非赢即输的权利义务关系,带有一定赌博或博彩性质,是诱发汽车保险欺诈的行业因素。保险欺诈是伴随着保险业的产生而存在的一种传统犯罪。保险最初出现的目的是为了减少损失和博取一笔意外之财,减少损失是通过众多的投保人的投保费,适当地补偿某些不幸遭到意外损失人的损失,可是这种约定的保险事故可能出现,也可能不出现,当不出现时,保险方就白赚取了这笔保险费,即所谓博取意外之财。因此,人们又将保险合同称为"射幸合同",带有一定的赌博或博彩色彩。凡是保险法律关系,保险人或投保人非赢即输,不可能成为平手,换言之,保险合同是一种特殊的合同,在不发生约定的保险事故时,保险合同一方当事人即投保人的保险费转移给另一方当事人即保险人,当发生保险事故时,保险人须偿付比保险费高得多的费用给投保人,而这后一点又构成了保险欺诈骗赔的物质基础,它引诱了某些缺乏道德以及因种种原因需要解脱困境的人或集体铤而走险。

2. 社会原因

缺乏正确舆论引导,法律打击力度不够,是形成汽车保险欺诈的社会因素。如果你的钱财被偷了,或者被骗了,你会很气愤,而周围的人也会谴责这种盗骗行径,然而同样是骗取钱财,社会上很多人却将保险欺诈骗赔视作一种可以原谅的过错,认为仅仅是取回多年来付给保险公司保险费的一种手段,正是在这种扭曲道德观的支配下,这些"好心人"自觉自愿地帮助同事、朋友和亲属欺骗保险公司,即使其欺诈行为被识破,他们在社会上的声誉也没有大的损害。更有甚者,有些国家工作人员及其相关人员不惜为这些欺诈行为提供伪证,如医院、公安交警、消防人员、评估部门、鉴定部门,等等。

某些公众甚至包括部分地方政府和主管部门的领导,对保险职能不了解,视保险为福利事业,他们认为交了保险费,发生了损失,就应该得到赔款,无视保险合同的存在,他们往往多次为欺诈骗保的人讲情,而这一做法通常又能够被周围的人群所认同。

还有相当一部分保险欺诈骗赔案件,究竟认定是合同纠纷中的不当得利,还是违法犯罪活动,在司法实践中有争议,因此司法部门对保险欺诈骗赔案件介入不多,除有命案存在的罪犯,绝大部分涉嫌人员都没有被追究骗取保险金的刑事责任,尤其是涉及小额欺诈金,往往都是不了了之。

正是由于法律打击的力度不够,缺乏社会舆论的正确引导等原因,部分经济不景气的单位或发生财务危机的个人才敢于冒触犯法律的危险,制造保险事故,试图以小额保险费支出,牟取大额赔款。

3. 保险机构内部原因

条款制定不完善,从业人员素质不高,保险行业间恶性竞争,甚至对保险业"社会效益"的片面理解,是汽车保险欺诈形成的保险机构内部因素。我国的现代保险制度起步较晚,经验不足,条款制定不完善,保险机构内部的规章制度不健全,加上保险从业人员业务素质跟不上,专业知识欠缺,而有些犯罪分子却非常熟悉保险公司理赔处理程序,善于利用保险公司管理上和制度上的漏洞,进行各种形式的保险欺诈活动。同样由于上述原因,有些保险公司自身的工作人员和被保险人员或受益人内外勾结,制造欺诈骗赔事件。

再者,目前我国保险业正处于一个快速发展时期,多家公司展开竞争的局面已经形成,有些时候已到了恶性竞争的程度,甚至出现了以"高手续费、高退费、高回扣"等不正当手段争揽保险业务的现象,保险公司互相之间不通气、不合作,犯罪分子往往骗过一家后,又以同样手法去骗另一家保险公司,竟还能连连得手,某些保险公司为了招揽业务,放松理赔要求,以期取得竞争优势,这就有意无意给保险欺诈的犯罪分子提供了作案的机会,同样是为了招揽业务,保险公司打击保险欺诈的态度不坚决,怕对自身的业务发展产生负面影响,发现了欺诈骗赔后,往往是拒赔或追回赔款了事,不愿意进一步加大打击力度,以致姑息养奸。

和社会公众一样,有些保险从业人员也没有完全领会保险的职能,没有正确理解"社会效益"的概念,对赔与不赔,不是严格按照法规和保险条款,而是片面地认为只要支付了赔款就是取得了社会效益,因而放松理赔原则,对于超出保险合同条款、不属于保险责任范围的损失也往往以通融赔付的方式解决,对社会产生了很大的误导及负面示范作用,这些示范可能会诱导欺诈骗赔行为的发生。

4. 法制原因

汽车保险事故发生量大,保险人员现场查勘取证不到位,给汽车保险欺诈造假留下机会。汽车比一般财产具有机动性和高危险性的特点,车辆险事故也比一般财产保险事故发生的概率高,汽车保险事故总量较大。发生事故后,需要大量保险工作人员及时、细致、专业地进行事故现场痕迹勘察检查、目击证人调查访问,车辆及人身损害评估,但由于工作人员成本、专业技术水平等原因,保险公司对汽车保险事故,尤其是损失金额不大的"碰撞"事故,都不到现场勘查,只凭一些单证支付汽车保险赔偿金,这就给造假留下了大量准备时间和侥幸机会。

总之,各种原因的综合存在,或导致了保险欺诈的发生或为该行为的发生起到了推波助澜的作用。

7.1.3　汽车保险欺诈的危害

1. 违背民法原则

欺诈行为违背了民法意思自治的精神,对民法的诚实信用原则构成了威胁,不利于社会正义及善良风俗的形成。保险法律关系须建立在最大诚信的基础上，严格遵循《合同法》《保险法》的规定履行诚信的义务。投保方的诚信义务应为，订立保险合同时，就保险公司提出的保险标的或被保险人有关情况的询问如实告知，发生保险事故时及时通知保险公司，并尽可能提供与确认保险事故性质、原因、损伤程度等有关的证明和资料，禁止在未发生保险事故的情况下谎称发生保险事故，禁止故意制造保险事故和夸大保险损失等。

保险公司的诚信义务应为，订立保险合同时，应向投保人明确说明保险条款的内容，尤其是有关免责条款的规定，保险事故发生后，应当根据投保方提供的事故证明和资料及时核定保险损失，迅速理赔，依照合同约定，如认为投保方的事故证明和资料不完整，应通知其补充不完整的部分。无论哪种机动车保险欺诈行为，或是故意虚构保险标的，或对发生的保险事故编造虚假的原因或者夸大损失的程度，或编造未曾发生的保险事故，或故意造成财产损失的保险事故，骗取保险金的，都属于故意捏造虚假情况，或歪曲、掩盖真实情况，违反了诚信义务。

2. 影响保险业的发展

保险欺诈影响保险业的发展，如果对保险欺诈骗赔打击不力，将会导致社会的不安定。保险欺诈给保险公司造成的经济危害是多方面的，一是减少保险公司的盈利收益。美国保险业务专家会议曾公开承认保险欺诈已被确定为当前对保险业盈利构成威胁的最大部分。二是降低了保险公司偿付能力。保险赔偿基金与实际支付赔款的差额越大，保险公司的赔偿能力就越不稳定，而应付这种偏差需要的偿付准备金就越大，反之，则越小。三是影响保险费率的合理制定，保险公司在制定保险费率时，迫不得已地要将欺诈风险作为一个变数适当将其考虑在内。

保险公司是我国的金融机构的组成部分，直接经营的就是货币，保险欺诈骗赔所破坏的客体就是金融秩序，它不但侵犯了国家财产，而且也直接侵犯了保险公司的利益，同时也侵犯了投保人、被保险人、受益人和法定继承人的利益。

保险欺诈骗赔还常常伴有其他暴力犯罪的发生，因此是一种社会危害极大的违法犯罪行为。如果对保险欺诈骗赔打击不力，将会导致社会的不安定，影响到我国的对外开放，影响到社会主义的经济体制改革，还直接影响到保险事业的发展。例如，保险欺诈骗赔不成，即可能对保险人打击报复、威胁、伤害或杀害。保险欺诈被揭露或被诉讼后，作案分子就可能利用黑社会势力，伤害保险人及其亲属等。对于恶性骗保案件，将会给人民生命财产造成更重大的损失。

7.2 汽车保险欺诈的表现形式及特点

7.2.1 汽车保险欺诈的表现形式

汽车保险欺诈从欺诈主体来看，可划分为保险人欺诈、投保人欺诈和保险代理人欺诈。

1. 保险人欺诈

保险人欺诈的表现，包括保险公司的经营管理问题和保险公司从业人员的欺诈两个方面。

1)保险公司的经营管理问题

随着市场竞争主体的增多,保险市场的进一步放开和保险市场营销机制的广泛推行,竞争日益激烈,保险公司普遍存在着擅自提高手续费,搞恶性竞争,使经营成本增加的现象。部分保险分支机构随意降低承保条件或扩大承保责任,又故意不履行说明义务,出险后为了控制赔付率而设置障碍,增加投保人的获赔条件,少赔、惜赔、拖赔及无理拒赔,往往又引起理赔纠纷,小额赔款解决,如遇大案则要求再补缴保险费,补报案、补赔等层出不穷,严重影响了保险公司的声誉。部分保险公司内部管理比较粗放,比如收保险费,有的采用权责发生制,有的按收付实现制核算,有的在按收付实现制核算的同时,还实行账外管理,出现了结算期大于保险期、截流保险费等现象。有些保险公司公布的新车险条款还存在模糊、不合理的地方,甚至有些条款表述前后矛盾,容易使投保人踏入陷阱。

2)保险公司的从业人员的欺诈

保险从业人员素质偏低也是保险欺诈蔓延的一个重要原因。保险工作专业性要求很强,不仅需要较高的政治思想素质,而且需要较强的专业素质。个别从业人员人经不住金钱的诱惑,同其他欺诈者内外勾结,共同骗取保险金,一些保险公司的雇员或代理人为了促销,获取高额佣金或收入,不惜采取欺诈手段,恶意误导,诱使投保人上当,还有部分雇员利用保险公司内部管理上的漏洞收取保险费后占为己用,损害公司和保户的利益。究其主要原因,一是各保险公司大量聘用业务员,这些人素质参差不齐;二是保险公司的业务员所获报酬是根据所揽业务的多少,按比例获取薪金,这样的报酬体系容易使一些品行不端的人铤而走险;三是虽然保险行业对其业务员制订了较为严格的规章制度,但各公司对其业务员没有相互通报和锁定不良行为记录的制度和措施,一旦某业务员在这家公司发生不良行为,导致公司与保户利益受损,那么对其最重的处罚就是解雇,而在其被解雇的同时,他所办理的业务以及对保户所承诺的服务也就随之消失;四是由于被处理或"跳槽"的保险业务员对业务熟悉并有一定业务能力,极容易被另一家不了解真相的公司聘用,从而导致不良保险纠纷一再发生。

2. 投保人欺诈

随着保险人服务水平的提升和理赔速度的加快及国家对交通事故处理的根本性改革,再加上目前相关法律、道德舆论对保险骗赔的现象缺乏有效的约束力,而且骗保失败后可能受到的惩罚相对于骗保成功所获得的经济利益不足以形成有效的威慑,机动车辆出险率大幅上升,理赔人员工作繁忙,致使一部分别有用心的人乘机以各种手段进行骗赔,使车险骗赔案件呈上升趋势。保险诈骗的目的就是要在保险公司取得保险金,获取不正当的利益。

从各保险公司发生的车险骗赔案件来看,投保人骗赔主要有以下几种表现形式。

1)为欺诈而有预谋的购买保单

这类保户购买保险,并非为了获得一般的保险保障,而是企图通过廉价的保险以攫取不义之财。个别公司为扩大市场份额,疏于对承保质量的控制,放松了对保户逆选择的勘查,更有甚者,为争取客户,不惜以赔促保,这些无疑为保险欺诈提供了土壤,给保险公司的稳定经营埋下了隐患。

(1)超额投保。投保人以高于车辆实际价值的金额投保,以期在保险事故发生时,获取高于保险车辆实际价值的赔款。投保时明知自己的车辆接近报废期或陈旧、破烂不堪,故意找借口使保险公司无法验车承保,使保险金额超过标的物的实际价值,出险后再以投保时的保额向保险公司获得额外的索赔。

(2)重复保险。重复保险是指投保人就同一保险标的、同一保险利益、同一保险责任分别向两个或两个以上保险公司订立保险合同的一种保险。利用重复保险欺诈,是指投保人违反保险法律的有关规定,进行重复保险时不将保险金额和超过保险价值的情况通知各保险人,待保险事故发生后,又持各保险人签发的保单分别索赔,以获取多重保险赔款的行为。因保险人内部横向信息沟通不畅,投保人利用重复保险进行保险欺诈,向多个保险人同时索赔。如同一辆车多处投保,一旦出险便同时向多个保险公司索赔,或有意制造险情向保险公司索赔。

(3)隐情投保。根据保险经营的最大诚信原则,如实告知是投保人必须履行的义务。这一范畴包括与保险标的有关的所有有利与不利的事实,以便保险人确定是否承保以及保险费和保险金额的高低。很多保户出于某种目的或企图在较低的缴费水平上获得较高的保障程度,往往采取虚报、漏报或错报等手段提供假的证明资料欺骗保险人。

2)将非保险损失偷梁换柱,变为保险损失

这是最为普遍的一种保险欺诈形式,主要是当未参加保险的车辆遭受损失后,欺诈者便想方设法将其转化为保险标的,并提供相应“证据”,向保险公司索赔。另外,当保险标的发生损失是由于除外责任引起时,被保险人往往提供虚假证据,将其转化为保险责任范围内的损失,以骗取保险金。

(1)普通伤亡者冒充保险事故伤亡者。此类现象以第三者人员伤亡案件居多,其手法是将伤亡病残的治疗费用,一并记在第三者伤亡者名下,然后持医疗发票向保险人索赔。伤残鉴定时,被鉴定人故意伪装,骗取鉴定人的信任,或将被鉴定人移花接木,冒名顶替,致使伤残等级鉴定结果偏高,以骗取更多的保险赔款。

(2)除外责任事故伪造成保险责任内的事故。车险条款规定了多项除外责任,当被保险车辆肇事是因除外责任引起时,投保人会不择手段将其“转化”为保险责任范围内的损失。如车辆出险时存在酒后驾驶、无证驾驶等问题,但车主当时不报案,次日再索赔,使保险人无法掌握出险时的真实情况,有的被保险人本来有小问题需要维修,但不愿自掏腰包,因此故意制造事故破坏车辆,让保险公司一起买单支付其所有需要维修的费用,没有驾照的人员出了交通事故,找有驾照的人顶替,找保险公司索赔,有三种情况:①车主未取得正式驾照便急于上路,②车主驾照已过期或年审不合格,③车主把车借给无驾照的熟人开。三者都是发生事故后再找有驾照的人来顶替。有这样一个案例,2007 年 4 月 29 日,车主付某的弟弟驾驶其投保的富康轿车载客下乡,返回时撞上路边桥栏,造成 3.5 万元损失,付某知道弟弟无有效驾证,在报案时谎称是本人驾车肇事。后在检察机关技术部门协助下,查清车子确系其弟无证驾驶肇事,决定予以拒赔。投保自燃险的车辆发生火灾后伪造火灾起因,车辆撞伤家庭成员则虚报为非家庭成员,未过户车辆发生事故,原来的车主承担责任,车辆转卖后,新车主未取得驾照,故意拖延办理过户手续,发生事故后,让卖主承担责任,骗取的赔款由两人平分。

3)虚构事实,故意作案,伪造损失

投保人在保险车辆没有发生事故的情况下,有意骗造或制造险情,然后向保险公司索赔,或者将保险车辆私下转卖后谎称被盗,诈取保险赔款,而实际上保险车辆完全是被停放在某个距离较远的地方、沉在水中或是别处。伪造是指投保人、被保险人或受益人在保险期限内对并未发生的损失向保险公司提出索赔的行为，投保人伪造有关证明，利用假医疗发票、假诊断证明等向保险人索赔，投保人还常常试图通过伪造，从多个保险公司多次得到赔偿。如将汽车未发生的修理项目加入修理清单，等等。2000 年 3 月 20 日，某县人保公司在审查某公司申请理赔的有关票据时，发现医药费发票万位数字与后四位数运笔规律不一致。即产生怀疑，经到医疗单位核查发票存根，发现投保人在发票上的原数字前加了一位数。

还有一种情况是双边责任瞒报单方事故。投保车辆与其他机动车碰撞后，谎称是别处碰到固定物要求保险公司索赔，其目的一是为了逃避交警处罚，二是在双方协议赔偿后又到保险公司报案补偿。这种情况多数是在外地出险已经处理完毕，回来后又以单方事故的名义向保险公司索赔。

4）事故发生后夸大、扩大损失或者迅速追加保额

夸大损失是指保险标的发生保险事故后，被保险人制造伪证，虚报损失，这种欺诈手段比较低劣，容易被保险公司发现。扩大损失是指保险事故发生后，有的保户为了获得高额的保险赔偿，故意扩大损失程度，导致一些本来可以制止的事件发生。车主觉得事故重大，损失严重而且未足额投保，就先找熟人或营销人员到保险公司批改投保单后，再报案。

投保人或被保险人对于所发生的交通事故，提供虚假证明，夸大损失程度，从而更多地得到保险赔偿金。其途径有二：①事故车辆未经勘查定损擅自撤离现场或送去修理，等汽修厂修复后再以来不及报案或无通信信号等借口要求保险公司赔偿；②机动车事故后，入院观察治疗的伤残人员以此为借口要求开取与伤残无关的药品、补品，伤者家属体检医药等费用一并划入伤残人员账户，而且涉及第三者死亡伤残案件的索赔金额一般都比较大。

还有的投保人平时不注重保养车辆，待车辆出事后一并修理，通过勾结定损人员或修理厂家，擅自扩大修理范围，将不属于保险事故的修理费用纳入保险损失。

5）出险在先，投保在后，伪造投保和出险时间

在机动车辆已经肇事或受到损失的情况下，隐瞒真相向保险公司投保，然后再报案索赔骗取赔偿金，这一欺诈手段比较简单，其典型特点是出险时间与保险起保日或终止日十分接近，且投保的险种一般都保全保足。其实施手段有两种。①伪造出险日期。通过关系由有关单位出具假证明，伪造、编造事故证明，单车事故肇事后保留现场，暂不报案，待投保后才按正常程序向保险人报案索赔，保险人即使去现场查勘，若不深入调查了解很难察觉。涉及人员伤亡，则通过涂改病历、发票及医疗证明的日期，以达到欺诈的目的。②伪造保险日期。投保人串通保险签单人员，内外勾结，利用“倒签单”的手法，将起保日期提前，浑水摸鱼，有的车辆在到期脱保后要求保险人按上年保单终止日续保也属此类。此类现象多发生在外地，本地车主驾车在外地发生车祸后，利用发达的通信设备直接与家人或朋友迅速联系到保险公司营业部或业务员，特别是利用营销人员多揽业务的心理，专门到营销人员处办理保险，第二天或当晚再向保险公司报案。这类欺诈虽然经常发生，但只要保险公司严格承保手续，及时进行查勘，是完全能够防止的。比如，个体户杨某于 1999 年 12 月 3 日向保险公司报案，称其桑塔纳轿车于 12 月 1 日在滁州出险，经济损失 6 万元，要求保险公司定损、理赔。经过保险公司和有关部门协同调查，证明出险时间应为 1999 年 11 月 30 日，而其投保时间是 1999 年 12 月 1 日，属于先出险，后索赔，遂作出拒赔的决定。

6）损失处理中的欺诈

这类欺诈的形式基本上是一致的，保险事故发生后，很多保户在报告保险标的损坏程

度、数量或毁损的价值、被盗的财产时，都会有所夸大，可能仅仅是为了从保险公司榨出一点点钱以弥补自负额的影响，或是作为未足额保险的对策。与其他险种保险诈骗类型相比，在车险中投保人的骗赔手法具有隐蔽性、职业化、团体化等特点，而且车险骗赔金额小，数量多，更难觉察。虽然骗赔手法多式多样，但其中还是有一些共性，一是报案大多不在第一现场。二是前后陈述不一致。骗赔者报案时对出险经过的描述与后来调查时的当面陈述往往前后矛盾。三是精通索赔要点。骗赔者对车险理赔有较为深入的研究，掌握索赔要点，对保险公司的索赔流程较为熟悉，而且在索赔时态度较为苛刻，经常威胁要投诉，以转移理赔人员的注意力，同时不愿意保险公司追溯第一现场。

3. 保险代理人诈欺

车辆保险的销售主要是通过代理方式，车险的代理人通常由汽车销售商和修理厂来充当。车主在保险公司授权的汽车销售商代理公司处购买了保单后通常就理解为该公司也有权为自己进行理赔，销售商往往也对此许下承诺，但销售商在收到受损车辆后还是要送到修理厂。在修理厂方面，当人们修车时它就向客户承诺可以提供一条龙服务，其中包括索赔。

出于方便的考虑车主选择了汽车销售商和修理厂提供代办服务。保险车辆出险之后，车主将保险索赔资料交给销售商或修理厂，留下自己的行驶本、驾照、身份证等重要证件，委托其代为向保险公司索赔，这就给了别有用心的工作人员以可乘之机。同时市场的不规范也使部分中介的骗赔行为成为可能。市场上假货泛滥，维修厂和驾驶员很容易买到价格与正品相差甚远的假冒伪劣产品，在巨大利润的诱惑下，一些不法维修厂与个别保险公司雇员或是某些投保人勾结，诈骗保险公司保险金。

保险代理人对保险公司的欺诈概括起来，有四类骗保形式，即编造事故和原因、制造事故、扩大损失、重复索赔，其中扩大损失和重复索赔常见，主要有以下三种情况。①在收到客户的受损车辆后，以较低档的材料为客户修理，却以高档材料的价格向保险公司索赔，这样不同档次材料的价格差就被修理厂占有了。②故意加大险损。车主将车放在修理厂离开后，修理厂就将报修的车进行二次撞击，本来只是磕磕碰碰的小问题，修理厂趁车主不在时故意砸坏车盖车玻璃等，再拍下照片按严重损害程度向保险公司索赔。这样原本几百元的损失，修理厂可以向保险公司报到几千元甚至更高。而车主对此一无所知，车主往往得到的是小额，而修理厂却向保险公司骗取了高额保险赔偿金。③保险代理人多次将车主的车开到保险公司不同支公司进行定损理赔，非法赚取更多。

一些保险公司指定的维修厂，由于与保险公司签订合作协议可以提成部分利润，于是对有合作关系的保险公司的受保车和别的车辆实行不同的维修价格，故意抬高其他保险公司受保车辆的维修费用。而更多非保险公司指定的维修厂为了赚取更多利润，在维修过程中常常偷工减料，或者以次充好，该换的零件不换，只是擦一下或喷次漆等。一些正当的兼业保险中介，存在着挪用保险费、"埋单"等现象。一些保险代理公司集中业务后，和多家保险公司签订代理合同，向其索取高额手续费，或者取价高者代理，并以此误导消费者，甚至与保险人发生赔款或代理纠纷时还拖欠着保险费。

这样，在客户不知情的情况下，保险代理人采取多种手段在客户的车辆上做手脚，欺骗客户和保险公司并从中获利。一方面修理厂使用劣质的产品进行维修，使车辆的安全性能受到影响，使车主驾车的安全程度大打折扣，严重者甚至会威胁到驾车者的生命安全，另一方面，如果一辆车经常高额向保险公司索赔，即是代表该车发生过多起或者是较严重的驾驶事故,这将会在保险公司留下该车主的不良保险纪录,到第二年投保人续保车险时,保险公司有权提高所投车险的保险费率,上升幅度最高可达30%。如果连续多年有不良记录,保险公司还有可能拒保,这样就会损害投保人的合法权益。

此外,保险代理公司或取得兼业资格的4S店、修理厂等保险中介机构在投保人购买机动车交通事故责任强制保险时,诱导、误导投保人在责任限额内重复投保,强制投保人购买其他保险产品,提出附加其他条件的要求,或与不具备机动车交强险经营资格的保险公司开展机动车交强险中介业务往来等行为,都会损害到投保人利益。

7.2.2　汽车保险欺诈的特征

1.汽车保险欺诈与一般财产保险欺诈的不同

机动车辆保险业务是财产保险的一部分,是保险公司的一大骨干险种。与一般财产保险欺诈相比,机动车保险欺诈道德风险高,因为其最大特点在于机动车辆是动产,并且作为交通工具,其在交通运输环境等综合因素的影响下极易发生各种意外事故,不仅机动车辆本身受损,还会造成他人人身和财产损害。正因为此,"碰撞"又是机动车辆保险条款诸多险别中所列举的头条首项保险责任,其次随着机动车辆保险业务的迅猛发展,相伴而来的机动车保险欺诈骗索赔的数量也在与日俱增,并呈现持续上升态势,加之保险欺诈方式比一般财产欺诈方式繁多,速度超过了其他财产保险欺诈,当面对一些涉嫌机动车撞损欺诈骗赔案件时,保险公司虽然有时掌握一些外围线索和情况,但由于调查访问不及时,痕迹勘查检验、调查取证不到位,反欺诈体制不健全,在假象面前往往力不从心、束手无策,难以收集到确实充分的欺诈骗赔证据,致使一些理应拒赔的除外责任案件和蓄意欺诈案件骗赔得逞。

2.保险欺诈与其他民事欺诈相比的特点

同其他民事欺诈相比较,保险欺诈具有以下特点。

(1)具有很强的隐蔽性。首先,保险欺诈者作为保险合同的一方当事人或关系人,与保险人之间的保险合同所掩盖,难以引起社会公众和保险人的怀疑。其次,保险经营对象十分广泛,涉及社会经济生活的各个领域,保险人不可能对每一个投保人都进行详细的调查,再次,保险欺诈实施欺诈行为的时间十分充裕,不仅在保险合同的有效期限内,而且在保险合同订立之前和订立时,均可实施欺诈行为。由于欺诈行为都是经过欺诈者的周密安排和精心策划的,保险人即使怀疑,也很难搜集到有关欺诈的证据。

(2)具有严重的社会危害性。保险欺诈不仅侵犯了保险人的合法权益,也是对整个社会财产的严重侵害,更主要的是对他人的人身安全也构成了极大的威胁。涉及人身保险中,有的投保人、受益人,为了谋取巨额保险金,不惜铤而走险,故意杀害被保险人,造成了极大的社会危害。正是为了有效打击这类恶性保险欺诈犯罪,以减少对社会的危害,各国法律除规定保险欺诈者的民事责任外,还规定了保险欺诈者的刑事责任。

(3)带有很强的干扰性。合同欺诈行为人的欺诈行为,把要约或承诺的错误条件反映到相对人大脑中,使相对人在规避合同风险和实现预期利益的决策中作出与自己本来意愿不一致甚至相反的决策——错误的意思表示。相对人的"意思自治"由于行为人干扰而成为"意思他治"。

(4)具有非法性。欺诈行为都危害了社会经济秩序,损害了他人的合法权益,在法律上属于应受禁止的非法行为。

在市场经济条件下,保险是组织经济补偿最科学、最合理、最经济、最可靠的办法。作为一项社会公益性很强的商业活动,其发展日益蓬勃,成为我国的一项朝阳产业,备受世人关注。

签订机动车保险合同后,双方的保险法律关系就以保险合同方式确立了。一方为投保人、被保险人、受益人,享有保险事件发生后的保险金请求权,负有如约支付保险费义务;另一方为保险人即保险公司,享有依法合理使用保险费的权利,承担赔偿或给付保险金责任。与其他双务合同一样,保险双方权利义务对等,并互为因果。但是保险合同所体现的法律关系又有其特殊性:第一,投保方获取保险金以保险事件发生为条件,保险金可高于保险费,甚至是保险费的几百倍、上千倍。这极易诱发道德危机。第二,保险合同条款为格式条款,投保方难以对之作出全面正确的理解,保险公司可能利用投保方的这一弱点,逃避保险责任。因此,保险法律关系须建立在最大诚信的基础上,保险双方严格遵循《合同法》《保险法》规定履行自己的义务。

7.3 汽车保险欺诈常用手段分析

7.3.1 汽车保险欺诈常用手段

在财产保险欺诈中,欺诈行为人的欺诈手段和方法是多种多样的,为了向保险公司隐瞒事实真相从而骗取保险赔偿金。欺诈人可能编造各种谎言,提供伪造或变造的单证,逾额保险,制造各种假象等使保险索赔从表面上看似乎合情合理,促使保险公司误以为所谓的“保险事故”造成的“损失”属于其保险责任范围,而错误地支付或准备支付保险赔偿金。因此,造成财产保险欺诈的表现形式也体现了多样性的特点。每一个具体的欺诈行为都可能根据具体情况有不同的表现形式,同一种发生的欺诈行为也表现出复杂性和多样性。但是在欺诈者的纷繁多变的欺诈手段和方式中也体现出一定的规律性。在分析了大量案例以后,可将汽车保险欺诈归纳为如下几类情况。

1. 利用汽车合同欺诈

保险欺诈是建立在合法保险合同基础上的,与其他合同欺诈或金融欺诈有所不同。汽车保险欺诈是建立在合法汽车保险合同基础上的,这类车险欺诈行为是直接利用合同的签订实现欺诈目的。主要表现在以下方面。

(1)投保人签订合同时故意虚构保险标的,拟骗取保险赔偿金,投保人为了骗取保险赔偿金,而虚构了一个根本不存在的保险标的与保险人订立保险合同,并据此保险合同向保险人索要赔偿金。

(2)已签订合同,发生事故后冒充保险标的物,拟骗取保险赔偿金。主要指一些不法分子利用与保险标的物相像的其他物冒充标的物进行的保险欺诈行为,即通常所说的“冒名顶替”或“移花接木”等手段,对型号相同的几辆车,只投保一辆,哪辆出险就报哪辆,实际上是一份保险合同保了几辆车的风险。有这么一个案件即属于此类。上海的宋某与曹某各有一辆昌河牌小客车,二人是朋友关系,宋某的车参加了保险,而曹某的车没有保险。某年2月曹某的车出了事故受损,曹宋两人为了骗取保险金,合谋上演了一出移花接木的闹剧。当时由宋某声称自己的车发生了事故,向保险公司索赔,并提供了事故车的照片和当地交管部门的证明材料复印件,正是这个字迹模糊的复印件引起了理赔人员的怀疑。经过保险公司多方查证,发现证明材料是对原件进行涂改复印的,而且受损车的发动机号码与被保险的车不符,同时最后也发现了宋某完好无损的车辆。于是一起冒充被保险车轮的保险欺诈行为被揭穿。

(3)未签订合同,受损后再投保,拟骗取保险赔偿金,投保人在标的物已经灭失或受到损失的情况下,隐瞒真相向保险人进行投保,之后再通过索赔骗取保险赔偿金。这一欺诈行为一般发生在标的从未被保险的情况下,也可能发生在标的曾经被保险的情况下,但保险有效期过后却未及时续保的情况下,在汽车保险业务中,最常见的就是出事后报案将发案时间提前,或疏通交管部门关系将发案时间提前。再投保而后索赔,或是过了保险期而又没有续保的车辆出事后马上续保再索赔。例如,某县投保人农民郝某于2007年8月15日在未验车的情况下,与某保险公司签订了一份卡车的保险合同,数天后车主郝某报案称该车于8月23日发生事故,当即保险公司派人出现场并将事故车送修,并同意支付8 000元赔偿金,而郝某认为赔偿过低而拒领赔偿金。事拖两年后,郝某向法院起诉,要求保险公司除赔偿1.8万元修车费外,还应赔偿30万元的营运损失费。一审判决对保险公司不利,在上诉过程中保险公司对此案进行了重新调查,经过不懈的努力,终于找到了两年前开事故车的肇事司机,了解到了一个关键事实,事故发生时间不是在投保后,而是在投保前的一天,即8月14日。案情完全被颠倒了过来,法院最终为保险合同无效,郝某承担全部损失。

(4)重复签订合同,拟骗取超额保险赔偿金。重复保险是指投保人对同一保险标的、同一保险利益、同一保险事故分别向两个以上保险人订立保险合同的保险。财产保险是一种补偿性的保险,保险人对被保险人的赔偿数额,仅以被保险人因保险标的遭受的实际损失为限,不法分子为了骗取额外的保险赔偿金,往往故意向多个保险人进行保险,并隐瞒重复保险的情况,在保险事故发生后分别向不同的保险人提出保险金索赔的要求,以期同时获得多份赔偿,或是以超出保险标的实际价值的金额进行保险。

2. 利用汽车保险标的物的保险利益欺诈

(1)未发生事故,故意编造未曾发生的汽车保险事故,拟骗取保险赔偿金。投保人在没有保险事故发生的情况下,虚构事实,谎称发生了保险事故骗取保险赔偿金。如有的保户将车辆转让给他人,为了达到牟取非法利益的目的,伪造有关证据材料,向保险公司报称车辆“被盗”,要求取得赔偿。例如,刘某在某保险公司投保一台东风140客车,在投保期将到的前三天,刘某报案称保险车辆被盗,由于公安局暂时未破案,保险公司便向刘某付了5.6万元赔偿金。此后,保险公司并未放弃此案,经过和公安局的共同努力,终于侦破了此案,不过不是盗车案,而是保险欺诈案,原来刘某眼看一年保险到期,又没有出事故,白白交纳了保险费,感到很亏,故发恶意,偷偷将车卖掉,再去骗保。

(2)未发生事故,故意制造汽车保险事故,拟骗取保险赔偿金。行为人出于各种原因,在没有发生保险事故的情况下故意制造财产损失的保险事故,并借此向保险公司索赔。如对已快报废的车辆装饰后投保高额保金,然后精心策划保险事故发生,再索求赔偿。有这样一个案件,停薪留职的朱某,购得一辆准备报废的小汽车,该车原保险金额为4万,朱某办理了保险过户手续后开起了出租,由于该车年久失修,无法正常运营,于是朱某动起了制造事故骗取保险的邪念。他将车从悬崖推下,并点油燃烧,之后又用石头将车砸伤,制造车毁人伤的交通事故,当他向保险公司索赔时,却万万没有想到,他这场自编自演的闹剧却被人在无意中完全目睹了,其收场只能是自食其果。

(3)发生了事故,但故意扩大财产损失程度,拟骗取保险赔偿金。保险事故发生时,被保险人本应有责任尽力采取必要的措施,防止或者减少损失。但投保人出于某种目的对有些标的放任损失发生,不仅不采取补救措施,反而扩大损失程度,从而向保险公司进行索取赔偿。

3. 利用汽车保险责任欺诈

(1)将免除责任,变通为赔偿责任,拟骗取保险赔偿金,对于保险合同责任范围外的原因造成的事故,不法分子故意对造成事故的原因作虚假的陈述或者隐瞒事实的真相,使保险公司误以为所发生的事故是保险合同约定的保险责任范围内的事故,并承担本不应承担的责任。如有的驾驶员酒后驾车出事,根据《机动车保险条款》除外责任第五条规定:“饮酒、吸毒、药物麻醉、无有效驾驶证”均属保险条款除外责任,损失是不能获得赔偿的,但被保险人为了达到骗赔目的,往往找关系出具证明为非饮酒出险,要求保险公司予以赔偿。

例如,2003 年北京市某房地产公司经理张某驾驶一辆法拉利轿车,因酒后开车被撞毁,张某为骗取保险金,以蒙混手段从某交管部门开出了“机动车辆保险出险证明”,1 年后便以 109 万的修车费单据向某保险公司索取赔偿金,一辆新法拉利的价值为 120 万,而修理费竟达 109 万,这引起了保险公司的注意,于是派人到市交管部门核实“交通事故认定书”情况,经核查,这份事故认定书是在没有必要的法律手续的情况下,工作人员违反办案程序而私自签章出具的,交管部门出函予以撤销,保险公司最后不予赔偿。

(2)将无责任或少部分责任变通为部分或全部责任,拟骗取保险赔偿金。例如,行人赵某在主干道没有人行横道的地方突然横穿马路,李某驾驶汽车刹车不及,将赵某撞致重伤,医疗费约 8 万元,交警认定行人赵某负全部责任,司机李某不负责任,但赵某家属多次纠缠司机李某,声泪俱下,诉说家庭负担沉重,要求李某承担经济赔偿,司机李某到交警部门,推翻原来证词,说行人过马路时并未猛跑,是自己超速,要求承担一半责任。交警由于认定车速手段不足,加之认为反正由保险公司赔款,就将事故责任更改行人与司机同等,保险公司分付 4 万元。

7.3.2 汽车保险欺诈案例分析

1. 案情介绍

2005 年某日,某单位司机蔡某报案,称自己驾驶的捷达轿车,行驶在 308 国道某路段时,不慎倾覆,车辆损毁,并有人员受伤。

保险公司林某、张某于 30 分钟内抵达事故现场。查勘表明,司机蔡某具有 10 多年驾龄,且在连续 4 年的投保中,未出现索赔。而此次事故损失较大,玻璃全部破碎、驾驶室变形、左侧车厢板受损、空调、油箱、水箱等破裂,估计损失在 1 万元左右。事故原因为:高速行驶时,右前轮碾压人行道上一块较大的石头,导致车辆向左侧倾翻,并侧向滑行数米。事故调查的过程中还获悉,有目击者看到出事前汽车像蛇一样扭着走了一段路程后压到石头后翻车。

林某、张某对受伤人员进行了调查,蔡某及几名随车人员伤情不大,但有一位姓李的女士伤势较重。司机蔡某回忆事发经过说:当时车速约为 50 千米/小时,由于对方来车跨过了中线,自己一时心急,猛打方向盘时导致了翻车。

林某、张某根据现场查勘和人员描述,认为该案存在一些疑点。

(1)司机蔡某经验丰富,且驾驶记录良好,在车速不高的情况,所谓一时着急发生事故的可能性不大。

(2)目击者反映车像蛇一样扭着走了一段路程,司机蔡某对此未予说明。

(3)车辆在向左侧倾翻,且玻璃破碎、驾驶室变形、左侧车厢极受损的情况下,司机蔡某受伤不重,而李女士受伤较重的情况可疑。

(4)308 国道为双向 4 车道,两边各有不小于 3 m 的人行道。当时并未超车,在左侧快车道行驶的可能性不大,即使对方来车超过中线,也不可能撞向在慢车道行驶的捷达。由此看来,司机蔡某的证言不真实。

(5)现场查勘证实:人行道上的石头靠近人行道外侧,离慢车道约 2.5 m。汽车应该不会撞上它。

从以上疑点可以得出一个初步判断,即该案还存在隐情。于是,林某、张某开始着手解决一个问题,即:捷达轿车为什么会偏离行车道,驶入人行道?可能的原因为:转向系统机械故障,转向失灵;轮胎损坏,导致方向偏离;路面打滑,摩擦系数小;司机疲劳开车,有打盹现象;司机酒后开车,判断错误;驾驶室内发生人为打斗,导致方向偏离;紧急避让过路的行人或动物;由技术不熟练的人或根本没有开过车的人开车所致。经林某、张某的逐一排除,认为只有“由技术不熟练的人或根本没有开过车的人开车所致”最有可能。于是两位查勘人员对车上受伤人员进行逐一询问,并与受伤严重的李女士重点交谈。最后,案情真相大白:原来李女士刚开始学驾驶,准备过段时间去考驾照,恳求蔡某想过把开车瘾,增强自己的考试信心,并让蔡某当“教练”给予指导,未想李女士驾驶方向掌握不住,来回“画龙”,司机蔡某给她扶正方向时,李女士又紧抓方向盘导致偏离了行车道,进而导致了事故发生。

2. 案例分析

这是一起典型的冒名顶替案。先是由不具备驾驶资格的李女士开车出事,再由具备驾驶资格的司机蔡某顶替,谎称事故是由自己造成的,从而想骗取保险公司的赔款。该种情况出现的原因是,被保险人知道机动车辆保险条款中有对不具备驾驶资格的人员驾驶车辆导致的事故损失保险公司不予赔偿这一规定。另外,该案的识破,完全凭借查勘定损员林某和张某的仔细查勘,否则,该案给予保险赔偿也是“顺理成章”的。所以对保险欺诈案件的预防必须要有一支经验丰富、工作认真的查勘队伍。

7.4 汽车保险欺诈的预防

面对汽车保险欺诈日益增多的客观现实,通过对其产生原因的分析,根据各类骗保案件不同的特点,再加上在实践中取得的经验和吸取的教训,可制定以下措施遏制汽车保险欺诈现象的蔓延。

1. 加强保险知识和法律知识的宣传普及

防止保险欺诈的决定因素是公众意识。因此,保险公司应该加大保险知识和相关法律法规的宣传,增强公民的保险意识和法制意识。让广大公民充分认识到保险业不是福利事业,减少对保险认识的误区,为保险业营造良好的经营环境。

2. 加强与有关部门合作

首先,加强与政法部门合作。一旦发现汽车保险的欺诈骗赔案件,保险公司应严格依法处理,绝不姑息迁就;充分发挥法律法规的作用,对应负行政责任的,应配合有关行政部门予以查办,对构成犯罪的,要积极配合政法部门将犯罪分子绳之以法;其次,加强与司法鉴定部门合作。保险公司应该加强与司法鉴定部门的联系,发挥各自的特长,以期从科学证据上充分揭露汽车保险欺诈犯罪。再次,加强与警方合作。一些可疑的索赔案件可借助警方的刑事侦查优势,达到有效识别汽车保险欺诈案的目的。第四,加强行业合作。各保险公司应在不泄漏商业秘密的前提下,进行反欺诈合作。通过建立全行业的数据库,实现信息共享,利用技术手段防止重复保险和多次索赔现象的发生。

3. 发挥公众监督作用

俗话说:“要想人不知,除非己莫为。”尽管汽车保险欺诈骗赔行为具有隐蔽性,但是如果广泛发挥社会力量,注重收集相关信息,对刻意的欺诈骗赔行为也是不难识破的。为此,应建立和完善相关的制度,发挥社会公众的监督作用,如建立汽车保险欺诈举报制度,对揭发、检举欺诈行为的单位和个人,按挽回保险损失数额的一定比例给予奖励。在社会公众的广泛监督下,使保险欺诈行为成为众矢之的。

4. 加强内部制度建设

(1)加大反汽车保险欺诈骗赔工作的投入。保险公司要提高对反保险欺诈骗赔工作的认识,加大对反保险欺诈骗赔工作的投入,为反保险欺诈骗赔工作配备必要的人力,注意对反保险欺诈骗赔专门人才的培养。从国外保险业的经验看,对反欺诈的初始投入最终可得到3~6倍的回报。

(2)加强风险评估,提高承保质量。风险防范须从承保抓起:在验标与核保工作上,当投保人提出投保申请后,保险公司应严格审查申请书中所填写的各项内容和与汽车有关的各种证明材料。必要时,应对汽车进行详细的调查,以避免保险欺诈的发生;在实务操作上,应严格按照承保业务操作规程,对投保车辆进行风险评估。

(3)建立高水平的理赔队伍。高素质的从业人员,是做好理赔工作、识别保险欺诈的基本保障。目前,汽车工业发展迅猛,新技术、新材料随着新款车型的不断推出而日新月异,这就要求理赔人员必须及时了解信息和掌握新技术、新工艺,加快新知识的学习与更新。对此,保险公司可以招聘一些车辆保险与理赔专业的高校毕业生从事车险理赔工作,同时,对员工进行经常性的新知识培训,从而保证拥有一支高水平的理赔队伍。

(4)加强查勘定损工作。主要是加强第一现场查勘率,加快对索赔案件的反应速度。经验表明,很多汽车保险欺诈骗赔案件事先被保险人并未作特别充分的骗赔准备,保险公司理赔人员的迅速反应,可以制止和揭穿一些欺诈案件。

(5)完善内部监控机制。首先,要对员工加强思想教育,增强风险意识,把防范和化解风险作为公司生存和发展的根本所在。其次,保险公司内部要建立承保核审制度,对所要承揽的业务要按程序对风险进行多次识别、评估和筛选,以便有效控制责任,确保承保质量。再次,要建立规范的理赔制度,实行接案人、定损人、理算人、审核人、审批人分离制度和现场查勘双人制,人人把关、各司其职,互相监督,严格防范,以确保理赔质量。对以赔谋私或内外勾结实施欺诈骗赔者,必须依法严惩。

5. 完善汽车保险欺诈的民事责任

当被保险人、投保人、受益人单独实施汽车保险欺诈时,违反了汽车保险合同的义务,应承担违约责任,当相关单位及其工作人员,如鉴定人、证人、评估人、车辆修理厂等与被保险人、投保人、受益人共同实施车险欺诈行为时,被保险人、投保人、受益人承担违约责任,其他相关单位及其工作人员承担侵权责任,当相关单位及其工作人员或第三人单独实施汽车保险欺诈行为时,应承担侵权责任。由此可见,汽车保险活动中,凡实施欺诈行为,拟骗取保险金的自然人和法人都应视作汽车保险欺诈的责任主体,而不仅仅是被保险人、投保人、受益人。仅把被保险人作为违约责任主体是恰当的,但要把被保险人作为汽车保险欺诈的民事责任唯一责任主体,必然放纵了相当部分的违法者,而且会误导更多人以身试法。

6. 明确汽车保险欺诈的认定标准

(1)明确骗取保险金(数额较大)是保险诈骗罪的既遂、未遂的区别标准,而不是罪与非罪的标准。在保险诈骗罪中,骗取数额较大的保险金是行为人主观目的与客观行为的统一,对于以骗取数额较大甚至数额巨大的保险金为目的实施欺诈行为,而实际上只骗得数额较小的保险金或者因骗行被揭穿而没有骗得保险金的,应当以犯罪未遂处罚。当然如果行为人一开始就以骗取数额较小的保险金为目的,则不构成本罪。

(2)明确汽车保险欺诈行为人向保险人申请索赔,是构成欺诈责任的标准。无论主体是谁,只要向保险人申请索赔,并骗取保险金的,都应认为对保险人构成侵权,但已向保险人申请索赔,未骗取保险金的,应予以行政处罚。另外当汽车保险欺诈主体是被保险人时,则应当视为被保险人侵犯保险人财产权利的侵权责任和违反汽车保险合同义务的违约责任。

7. 借鉴外国经验,成立反汽车保险欺诈组织

建议借鉴美、英、德等国先进经验,成立反汽车保险欺诈组织。反汽车保险欺诈组织首先要建立汽车保险案件索赔信息中心,对汽车保险案件的时间、损失、原因等统计分析,找出那些出险频率高、理赔次数多、精心策划的惯犯进行汽车保险欺诈的规律,加强各保险公司之间的信息交流,实现保险行业间,保险与交通事故处理部门之间信息共享,让重复骗保、连续骗保,以骗保为职业的信息自动预警提醒保险人,避免上当。

该组织应该利用自己的专门技术知识与科技手段为打击汽车保险欺诈提供强有力的工具,为立法机构提供可靠的反汽车保险欺诈的立法建议。

该组织性质同样可以借鉴英、美国家,以保险协会会员、保险人等组成,为非营利性组织,经费来自保险公司交纳的会费,想必这些费用的支出将远远小于每年用于支付汽车保险欺诈的经费。

我们也应当看到,我国汽车保险业的经营环境尚不尽如人意,需要强化监督管理和完善法规建设。面对层出不穷的欺诈骗赔手段,从经营的角度而言,保险公司要加强内外两个方面的工作以防止汽车保险欺诈骗赔现象的蔓延:对内,重视反欺诈工作和重视员工素质的提高,以及加强承保与理赔工作的管理;对外,加强保险知识和保险法规的宣传普及工作,加强与相关部门的合作,以及充分发挥公众的监督作用等。同时,从自身做起倡导诚实守信的社会道德准则。

第2部分 技能训练

实训项目 汽车保险欺诈案例分析

实训目标

(1)对常见汽车保险欺诈案件能够进行识别。

(2)能够利用汽车保险知识对欺诈案例进行分析。

实训案例

案例一:1998年5月,王某将其私有的捷达牌轿车向某市多家保险公司投保了足额的车辆损失险和第三者责任险,车辆损失险保险金额为13万元,保险期为一年。同年8月,王某伙同几名保险公司内部工作人员策划制造该车停车时被其他车辆撞毁、肇事车辆逃逸的案件,并伪造现场,分别从各保险公司骗取高额保险赔偿金30多万元,事后王某与其他几人私分。不久,此事败露,被公安机关立案侦破。

请根据上述资料,结合所学内容,对案例进行分析。

案例二:被保险人陈某的车辆发动机故障,送去某修理厂维修时对方称可免费维修,但需陈某协助制造事故骗取保险金。陈某一时贪图小便宜答应了李某。2012年9月,修理厂李某驾驶陈某的丰田车与另一台还没修好的宝马车相撞,故意制造了一起交通事故,并向保险公司报案。保险公司现场勘查发现疑点众多,经调查,陈某承认本案为修理厂故意制造事故,并主动放弃索赔。

请根据上述资料,结合所学内容,对案例进行分析。

案例三:韩某酒后驾车,发生事故致使车辆严重损坏。为能获得保险理赔,他便打电话找王某过来顶包,王某也喝了酒,便又叫来赵某来顶包。赵某到现场后,谎称自己是驾驶员,保险公司赔付张某保险金人民币21万余元。2012年9月,韩某、王某、赵某均被法院以保险诈骗罪判刑,其中韩某被判有期徒刑五年。

请根据上述资料,结合所学内容,对案例进行分析。

课后练习

1. 名词解释

①汽车保险欺诈;②超额投保;③重复保险;④隐情投保。

2. 简答题

(1)汽车保险欺诈的成因是什么?

(2)汽车保险欺诈的危害是什么?

(3)汽车保险欺诈的常见表现形式有哪些?

(4)如何预防汽车保险的欺诈发生?

3. 论述题

(1)简述汽车保险欺诈的特征。

(2)简述汽车保险欺诈的常用手段。

参 考 文 献

[1]周延礼．机动车辆保险理论与实务．北京：中国金融出版社，2001.

[2]李景芝，赵长利．汽车保险与理赔．北京：国防工业出版社，2007.

[3]张庆洪，何清堃．机动车辆保险．北京：机械工业出版社，2006.

[4]王云鹏，鹿应荣．车辆保险与理赔．北京：机械工业出版社，2003.

[5]梁军．汽车保险与理赔．北京：人民交通出版社，2004.

[6]谷正气．轿车车身．北京：人民交通出版社，2002.

[7]张俊．汽车车身修复专门化．北京：人民交通出版社，2004.

[8]王灵犀，王伟．机动车辆保险与理赔实务．北京：人民交通出版社，2004.

[9]曾娟．机动车辆保险与理赔．北京：电子工业出版社，2005.

[10]刘海东，杨立宇，吴淑梅．道路交通事故处理与赔偿：事故篇．北京：法律出版社，2002.